POR QUE CAEM OS PRESIDENTES?

CONTESTAÇÃO E PERMANÊNCIA NA AMÉRICA LATINA

André Luiz Coelho

mórula
EDITORIAL

FAPERJ

REVISÃO
Milene Couto

PROJETO GRÁFICO
Patrícia Oliveira

CIP-BRASIL. CATALOGAÇÃO NA PUBLICAÇÃO
SINDICATO NACIONAL DOS EDITORES DE LIVROS, RJ
Elaborado por Gabriela Faray Ferreira Lopes — CRB 7/6643

C614p

Coelho, André Luiz
Por que caem os presidentes? : contestação e permanência na América Latina / André Luiz Coelho. – 1. ed. – Rio de Janeiro: Mórula; FAPERJ, 2022.
384 p. ; 21 cm.

Inclui bibliografia
ISBN 978-65-81315-17-7

1. Presidencialismo – América Latina. 2. Democracia –América Latina. 3. Movimentos sociais. 4. Impeachment. I. Fundação Carlos Chagas Filho de Amparo à Pesquisa do Estado do Rio de Janeiro. II. Título.

22-78366 CDD: 321.80428
CDU:32-057.177.1(8)

Rua Teotônio Regadas 26 sala 904
20021_360 _ Lapa _ Rio de Janeiro _ RJ
www.morula.com.br _ contato@morula.com.br
/morulaeditorial /morula_editorial

NOTA DO AUTOR

O presente livro apresentará ao leitor o resultado de minha tese de doutorado em Ciência Política, defendida no ano de 2013, no Instituto de Estudos Sociais e Políticos da Universidade do Estado do Rio de Janeiro (IESP-UERJ), sob o título "Por que caem os presidentes? Contestação e permanência na América Latina", sob a orientação da professora Maria Regina Soares de Lima.

De lá para cá muita coisa mudou. Outras, nem tanto. Escrevo essa "nota do autor" em abril de 2022, quase dez anos após a redação da tese. Ainda assim, em praticamente cada frase que revisei deste trabalho, pude perceber a relevância da pesquisa e a atualidade do tema da instabilidade política e presidencial na América Latina.

O leitor deve saber também que este livro deveria ter sido publicado há alguns anos. Fui premiado ainda em 2015 em um edital de auxílio à editoração (APQ3) da Fundação Carlos Chagas de Amparo à Pesquisa do Estado do Rio de Janeiro (FAPERJ). Se tudo desse certo, o livro chegaria às livrarias no ano seguinte, em 2016. Contudo, anos se passaram sem que eu recebesse a verba que proporcionaria a sua editoração. Infelizmente, naquele momento o estado do Rio de Janeiro passava por uma severa crise econômica, e todas as verbas de pesquisa científica foram contingenciadas, inclusive a minha. Somente em 2019 obtive a confirmação de que o edital de 2015 fora cancelado. Um novo edital APQ3 foi lançado em 2020, e decidi concorrer mais uma vez, sendo premiado novamente em 2021. Dessa maneira, agradeço à Faperj pelo apoio à pesquisa científica no estado do Rio de Janeiro e pelo relançamento do edital de auxílio à editoração que permitiu que esta obra fosse finalmente publicada.

O passar dos anos e o surgimento de novos acontecimentos trouxeram sempre a mesma pergunta: até que ponto devo modificar o texto e atualizar o livro considerando os eventos ocorridos desde a defesa da tese? Naquela época, em 2013, eu era bem mais otimista do que sou hoje, e a América Latina era também bastante diferente. Fiz minha pesquisa vivenciando o *boom* dos governos progressistas, que naquele momento predominavam na região e apresentavam resultados promissores nos campos político e econômico, que se legitimavam a cada nova vitória eleitoral contra opositores ligados à centro-direita.

No entanto, como já deve ser de conhecimento de todos e todas, o cenário político da América Latina mudou drasticamente. Seja pela via do neogolpismo, seja pela via eleitoral, a direita e o conservadorismo se tornaram predominantes nos anos seguintes. Se considerarmos o Brasil, por exemplo, o ponto final da pesquisa que originou este livro foi dado ainda antes das manifestações de junho de 2013, da contestação ao resultado eleitoral de 2014, do neogolpe de 2016 que tirou Dilma Rousseff do poder, da prisão do ex-presidente Lula pela Operação Lava Jato, da eleição de 2018, que consagrou Jair Messias Bolsonaro como novo mandatário, e, finalmente, da desmoralização e anulação dos atos ilícitos protagonizados pelo ex-juiz Sérgio Moro e pela Operação Lava Jato como um todo.

Portanto, a resposta para a pergunta de dois parágrafos acima não foi fácil, mas tenho certeza de que foi a mais acertada. Decidi manter quase que integralmente o que foi escrito e defendido em 2013 por entender que a pesquisa que desenvolvi serve como uma análise profunda e mesmo um documento histórico dos eventos ocorridos entre 1990 e 2012 e que, sem conhecer a política da região nessas décadas, não temos a menor condição de compreender o que acontece hoje na América Latina. Do mesmo modo, se temos alguma pretensão de "prever" o futuro, é no passado que buscaremos as respostas, as táticas vitoriosas e os discursos vazios e mentirosos daqueles que chegaram a se autodeclarar vitoriosos, alardeando aos quatro cantos um suposto "fim da história". Parafraseando Cazuza, "eu vejo o futuro repetir o passado, eu vejo um museu de grandes novidades, o tempo não para".

Dessa maneira, divido em dois grupos as mudanças que fiz em relação à versão da pesquisa encerrada em 2013: primeiro, me preocupei com a correção de erros gramaticais e de redação; depois, fiz algumas adaptações ao longo de todo o livro, especialmente na introdução e na conclusão, com o intuito de não deixá-lo datado e para que pudesse "conversar" com a realidade de 2022, especialmente indicando ao leitor a gênese do que em 2013 chamei de novo modelo de ação das forças conservadoras da região para retirar presidentes do poder de maneira extraconstitucional e que, posteriormente, nomeei em diversas publicações como o fenômeno do neogolpismo.

Finalmente, espero que a leitura deste livro seja útil a todos e todas que se interessam pela América Latina e que desejam conhecer mais sobre sua histórica político-econômica e o desenvolvimento da democracia desde o fim do período autoritário na virada da década de 1980 para 1990. Tenho certeza de que encontrarão na presente obra tanto respostas para algumas dúvidas importantes como provocações necessárias para quem, seja oriundo da academia ou do público em geral, anseie por um mundo mais justo e menos desigual, em um ambiente democrático confiável com reais oportunidades para todos e todas.

AGRADECIMENTOS

Como é sabido por todos aqueles que já escreveram qualquer tipo de agradecimento, sempre é muito difícil resumir em poucas palavras todo o sentimento reunido em anos tão intensos como aqueles vividos ao longo de um processo de doutoramento e de posterior confecção de um livro em meio a tantos acontecimentos políticos e pessoais que foram tão marcantes em minha vida.

Agradeço, em primeiro lugar, a minha mãe, Edelvira Cordeiro Coelho, principal responsável por minha educação e maior incentivadora de todas as minhas iniciativas. Ao meu pai, José Farias de Souza, por todo o amor e apoio, bem como a minha tia, Maria Fatima, por ser minha segunda mãe e figura decisiva em todo esse processo. Aos dois últimos, presentes em 2013 e ausentes materialmente hoje, segue a certeza dos nossos reencontros nos meus sonhos e em cada passo que percorro em minha trajetória.

Agradeço a minha orientadora, Maria Regina Soares de Lima, uma das maiores intelectuais que já conheci, por todos os ensinamentos ao longo desses anos. Seja nas aulas, nas reuniões de orientação ou nas atividades do Observatório Político Sul-Americano, aprendi muito sobre a academia, a América Latina e a vida. Agradeço ainda aos participantes da banca de doutorado, a começar por Charles Pessanha, meu eterno mestre e amigo, principal responsável por minha escolha pela vida acadêmica. A Fabiano Santos e Argelina Cheibub Figueiredo, pelas aulas e pelos valiosos comentários, e a Octavio Amorim Neto, pela cuidadosa leitura. Agradeço também aos professores Cesar Zucco Jr., Renato Boschi, João Feres Jr., Marcelo Jasmim, Cesar Guimarães, Jairo Nicolau, Nelson do Valle e Carlos Antônio Costa Ribeiro, pelas aulas no IUPERJ/IESP. Agradeço ainda a todos os funcionários e funcionárias que fizeram e fazem daquela casa da Rua da Matriz um lugar tão especial.

Agradeço ao Estado Brasileiro por permitir que eu tivesse uma formação de excelência em uma Universidade Pública laica e gratuita. Agradeço à Coordenação de Aperfeiçoamento de Pessoal de Nível Superior (CAPES) pela bolsa de doutorado, tão importante para minha manutenção na pós-graduação, e ao Conselho Nacional de Desenvolvimento Científico e Tecnológico (CNPq) pela bolsa sanduíche de seis meses no Kellogg Institute da Universidade de Notre Dame, nos Estados Unidos. Agradeço à Fundação Carlos Chagas de Amparo à Pesquisa do Estado do Rio de Janeiro (FAPERJ) por proporcionar, por meio do edital de auxílio à editoração (APQ3), a publicação da presente obra.

Ao longo dos anos de IUPERJ/IESP, tive a alegria de construir grandes amizades, que foram e ainda são fundamentais na minha vida. Dessa maneira, agradeço imensamente aos companheiros de pós-graduação: Fidel Pérez Flores, Clayton Mendonça Cunha Filho, Guilherme Simões Reis, Debora Thomé, Felipe Borba, Fabricio Pereira da Silva, Mayra Goulart, Julia Stadler, Dawisson Belém Lopez, Daniel Jatobá, Andres Del Rio, Barbara Lamas, Carlos Pinho, Marcelo Vieira, Francisco Conceição, Soraia Marcelino, Natalia Maciel, Regina Kfuri, Carlos Henrique Santana, Luis Felipe Guedes da Graça, Cíntia Pinheiro, Cristiano Rodrigues, Renata Bichir, Daniela Tranches, Luiz Antônio Gusmão, Marcio André Santos, Diogo Tourino, Julio Canello, Arnaldo Lanzara, Igor Machado, Alexis Cortés, Flavio Carvalhaes, Daniela Vairo, Florencia Antía, Lorena Granja, entre tantos outros.

Agradeço ainda aos meus familiares e amigos que foram fundamentais ao longo desse processo: Jonatha e Mariana Fernandes, Patrícia Coelho de Velasco, Leonardo Coelho de Velasco, Marcelo Báfica Coelho, Daniella Diniz, Jefferson Soares, Márcio Malta, Mariana Carpes, Ana Carolina Delgado, Érica Gaspar, Andre Yakooub, Marcelo Quintarelli e Vinicius Sombra. Agradeço também a Anderson Gomes e a Adriane Pereira Gouvêa pelos debates e revisões não só da tese, mas de muitos outros artigos ao longo desses anos.

Agradeço aos meus colegas da Escola de Ciência Política da Universidade Federal do Estado do Rio de Janeiro (UNIRIO) pelo companheirismo, pela motivação e pelos intensos debates que muito contribuíram para o resultado final do trabalho, especialmente os professores: Fernando Quintana, Cristiane Batista, José Paulo Martins Júnior, Enara Echart, Luciana Veiga, Marcia Dias, Maria Villareal, João Roberto Lopes Pinto, Cesar Sabino, Fabio Kerche e Christian Lynch.

Tive a alegria de lecionar na graduação em Relações Internacionais do Unilasalle RJ, onde encontrei muitos colegas que ajudaram de maneiras distintas a confecção e a reflexão deste trabalho, especialmente: Ivi Elias, Fabiana Esteves Neves, Luciano Rodrigues, Fernanda Nanci, Andreia Paraquette, Jean Dittz, Carlos Frederico Coelho, Simone Fioritti e Rafael Araújo.

Durante o tempo em que estive como *Guest Scholar* no Kellogg Institute na Universidade de Notre Dame (EUA), contei com a excelente orientação do professor Scott Mainwaring, figura importante para o resultado final deste trabalho. Agradeço ainda aos professores Frances Hagopian e Michael Coppedge pelas aulas e conversas sobre a democracia na América Latina. Agradeço sobretudo a Nara Pavão, Isabel de Assis e Cas Mudde pela amizade ao longo do tempo em South Bend, em especial nos últimos meses frios e solitários. Agradeço também a amizade de Tiago Fernandes, Taylor Boas, Victor Hernández Huerta, Muireann Stewart, Daniel Kselman, Victoria Langland, Ezequiel González Ocanto, Craig Garcia, Esteban Manteca, Juan Vitulli, Juan Albarracín, Javier Osorio, Mariela Daby, Shmulik Nili, Soul Park, Oscar Ivanissevich e Olavo Nogueira Filho.

Muitos alunos e alunas foram importantes nessa jornada, e diversos deles se tornaram amigos e inspiraram debates em sala de aula, sendo posteriormente inseridos de alguma maneira na redação do presente trabalho. Agradeço também a todos os pesquisadores e pesquisadoras que passaram pelo Grupo de Pesquisa em Relações Internacionais e Sul Global

(GRISUL-UNIRIO), do qual tenho a alegria de ser um dos coordenadores e onde pude debater grande parte do conteúdo deste trabalho desde sua fundação, em 2015.

Agradeço especialmente a Ana Julia Cury, meu amor e minha companheira de vida, cujo incentivo foi fundamental para a confecção e publicação deste livro. Nossa parceria ao longo dos últimos anos trouxe muito mais luz, alegria e cor para minha vida, além de intensos debates políticos, econômicos e sobre a vida em geral, tornando a minha existência muito mais interessante e prazerosa. Agradeço ainda pela revisão de várias partes desse trabalho e por trazer a minha vida pessoas sensacionais como Vania, Izabel, Fernanda, Talita, Oscar, Henrique, Larissa, Luigi e Juliana.

Finalmente, agradeço a todos que de uma maneira ou outra ajudaram e foram importantes para a confecção deste trabalho, meus agradecimentos e sinceras desculpas pela impossibilidade de lembrar de todos.

SUMÁRIO

INTRODUÇÃO

O retorno gradual da democracia a partir do final dos anos 1970 e o advento das reformas políticas e econômicas iniciadas na década seguinte caracterizaram a emergência de um novo momento para a América Latina. Na virada da década de 1980 para 1990, o otimismo das promessas de melhoria nas condições de vida animou os cidadãos a acreditarem na mediação realizada pela política, elegendo seus representantes, membros do Executivo e do Legislativo, para mandatos fixos de quatro ou cinco anos.

Desde então a América Latina tem presenciado seu período mais longo sob a égide da democracia, que, apesar de vários percalços nas últimas décadas, se manteve na região. O aprofundamento da democracia trouxe a reboque o desenvolvimento das instituições e o aumento da participação popular. No entanto, um novo fenômeno foi percebido: a queda de presidentes eleitos em um contexto de permanência da democracia.

Esse é exatamente o objetivo deste livro, descobrir por que caem os presidentes na América Latina, analisando comparativamente a ocorrência de crises políticas e a estabilidade presidencial latino-americana no período imediatamente posterior à redemocratização e implementação das reformas estruturais na região (1990-2012).

Dois são os principais motivos para a escolha do ano de 1990 como o ponto de partida para a pesquisa: os eventos paradigmáticos da queda do muro de Berlim e o desmantelamento da antiga União Soviética, associado à criação do chamado Consenso de Washington, em um contexto no qual se acreditava no fim da Guerra Fria e da supremacia do capitalismo significando o "fim da história"; além de razões de ordem prática, por representar o ano do começo de um novo ciclo de presidentes eleitos democraticamente na região.

Já a escolha do ano de 2012 se explica em razão do presente livro ser o resultado de minha tese de doutorado, defendida no ano de 2013, no Instituto de Estudos Sociais e Políticos da Universidade do Estado do Rio de Janeiro (IESP-UERJ), sob orientação da professora Maria Regina Soares de Lima. Dessa maneira, o ano de 2012 foi o último ano completo da pesquisa antes do fim do doutorado.

Para empreender a análise, utilizei primordialmente duas abordagens distintas, mas complementares: a influência das variáveis institucionais do sistema político e a atuação da sociedade civil e dos movimentos sociais, buscando compreender quais foram os principais fatores que levaram, ou não, a sucessivas crises políticas e quedas do Executivo entre 1990 e 2012, em um trabalho que utiliza a metodologia da política comparada como guia.

Guardadas as peculiaridades, tais países possuem significativas similitudes, sobretudo se considerarmos uma série de fatores estruturais comuns à região, como, por exemplo, a dependência econômica, os significativos índices de pobreza e a desigualdade social, mas principalmente o histórico recente de crises políticas e quedas presidenciais que alguns desses Estados enfrentaram. Questões estruturais como dependência econômica e desigualdade serão percebidas neste livro como variáveis intervenientes — que por si só não explicam sozinhas as razões das quedas presidenciais, já que todos os países da região atravessaram cenários relativamente semelhantes e, ainda assim, os resultados variaram consideravelmente. Todavia, quando combinadas a outros fatores, podem ser muito importantes na definição da estabilidade presidencial. Tomemos como exemplo as quedas sofridas por Hugo Chávez na Venezuela (2002) e por Lúcio Gutiérrez no Equador (2005), em que as questões mais relevantes não eram de cunho econômico, mas de ordem política, inscritas no conflito distributivo, na luta pelo comando político dos respectivos países.

A escolha dos casos é explicada primordialmente pela diversidade de situações relativas à estabilidade dos mandatários. Um dos aspectos mais relevantes dos episódios analisados reside no fato de que todos os presidentes que deixaram o poder no período compreendido entre 1990 e 2012 — incluindo aqueles que caíram antes do tempo previsto — foram substituídos por novos presidentes civis. Essa observação demonstra que, apesar de todos os problemas enfrentados pela democracia no período, não ocorreu o retorno às soluções autoritárias das décadas anteriores[1]. As mudanças do chefe do Executivo foram entendidas naquele momento majoritariamente como alterações no interior dos regimes, e não como rupturas. Entretanto, eventos recentes como os neogolpes sofridos por Dilma Rousseff em 2016 e Evo Morales em 2019, entre outros, questionam cada vez mais a sobrevivência da democracia na região. Todavia, esclareço que, na presente obra, optamos por não analisar com detalhes os eventos ocorridos após 2012, pois, ao adicionar esses novos casos, entendo que estaríamos construindo um novo livro, diferente daquele imaginado quando da defesa do doutorado em 2013. Devo dizer ainda que já publiquei uma série de artigos desde então sobre a instabilidade presidencial na América Latina, chamando a atenção especialmente para o já aludido fenômeno do neogolpismo (e espero que no futuro essas reflexões possam originar um novo livro, centrado principalmente nos governos conservadores de centro-direita que chegaram ao poder e desafiaram a continuidade dos governos progressistas da região).

Hochstetler (2007) afirma que 23% dos presidentes latino-americanos eleitos democraticamente desde a década de 1970 foram forçados a deixar seus cargos antes do final de seus mandatos. A autora destaca a importância desses números e a pouca atenção sistemática recebida pelas quedas presidenciais nos debates acerca

---

[1] Mesmo se considerarmos as controversas quedas de Manuel Zelaya em Honduras (2009) e de Fernando Lugo no Paraguai (2012), que para muitos apresentaram quebras institucionais nos processos democráticos, podemos perceber que os presidentes eleitos pelo sufrágio foram substituídos por novos presidentes civis, e não por líderes militares, como era comum na história do presidencialismo latino-americano.

da qualidade da democracia e da instabilidade nos sistemas presidenciais. Já Marsteintredet (2009) salienta que as diferenças entre os casos de interrupção de mandatos presidenciais na América Latina foram pouco exploradas pela literatura, que, ao tratar todos os casos de interrupção da mesma maneira, não explica corretamente as causas e os efeitos do referido fenômeno. Segundo Hochstetler (2007), dos 40 presidentes eleitos de 1970 a 2003, 16 deles (40%) enfrentaram contestações à sua permanência no cargo e nove (23%) tiveram seus mandatos "fixos" encerrados prematuramente. Assim, os presidentes da região não podem pressupor que terão o exercício de um mandato fixo e determinado. Do mesmo modo, a autora sugere que as eleições presidenciais diretas na América do Sul não dão aos presidentes uma legitimidade consistente que dure todo o período de seu mandato constitucional.

Pérez-Liñán (2008), em artigo que analisa a América Latina no período compreendido entre 1985 e 1995, chega a resultados semelhantes, afirmando que 13 presidentes eleitos foram removidos de seus cargos ou forçados a renunciar. Essa conta se eleva a 18 mandatários, se incluirmos os vice-presidentes ou os sucessores nomeados para completar os mandatos daqueles que tampouco conseguiram encerrar os seus ou convocaram eleições antecipadas. Assim, o autor conclui que tais acontecimentos não constituem um fenômeno passageiro restrito a certo contexto histórico, uma vez que ocorreram em contextos institucionais e econômicos diferentes.

A sucessão de episódios de instabilidade política e presidencial em boa parte dos países da América Latina e suas consequências para os cidadãos e para a região como um todo indicam a importância do estudo e dos casos escolhidos, possibilitando uma reflexão acurada de conceitos como crise política com real chance de queda de mandatários, estabilidade presidencial, governabilidade e principalmente sobre o estado da democracia na região. A ocorrência de seguidas crises políticas e econômicas, das quedas do Executivo, das diferentes respostas do sistema político e da atuação da sociedade civil organizada junto aos movimentos sociais nos leva à necessidade de um aprofundamento teórico sobre os graus de liberdade de ação dos mandatários dos países em questão.

Proponho a realização de uma análise multidisciplinar associada à utilização do método da política comparada, que permite o estudo de um número mediano de casos, identificando padrões gerais de teste e refinamento de teorias, congregando tanto métodos quantitativos como qualitativos. Creio na validade da adoção de uma perspectiva que congregue concomitantemente: o arcabouço teórico do institucionalismo, ligado à teoria da Ciência Política; a análise dos movimentos sociais e da sociedade civil, empreendida em grande parte pela sociologia e pela antropologia; e a abordagem da economia política relativa à implementação das reformas de mercado e de Estado, além da percepção da importância dos fatores estruturais políticos, econômicos e sociais de cada um dos países analisados.

Portanto, não se trata da diferenciação das arenas, mas da incorporação das dimensões do sistema político, dos movimentos sociais e das variáveis estruturais no processo decisório e da avaliação do desempenho do Executivo, levando em consideração os seus graus de liberdade de ação em momentos de crise. Sendo assim, não procuro somente considerar o papel e o efeito das instituições nas crises políticas e quedas presidenciais, mas também a relação entre Estado e Sociedade no contexto contemporâneo.

Além de debater os motivos da instabilidade presidencial na América Latina, este trabalho possui outros dois grandes objetivos: 1) descrever e explicar todos os casos de queda presidencial na América Latina entre 1990 e 2012; e 2) discutir o estado da democracia e da qualidade da representação política na região.

Com o intuito de evitar generalizações, os casos serão apreciados em dois contextos distintos e consecutivos: 1) os momentos de crise política com real possibilidade de queda presidencial; e 2) as efetivas quedas presidenciais, que não ocorrem necessariamente no mesmo período de tempo. Sendo assim, o livro foi dividido em cinco capítulos, que terão sua organização apresentada a seguir.

O objetivo do primeiro capítulo consiste em oferecer ao leitor um breve histórico das principais contribuições teóricas sobre a literatura que analisa a estabilidade política e democrática na América Latina, apresentando as bases institucionais e políticas que influenciaram a reestruturação dos sistemas políticos a partir do advento da redemocratização. Desse modo, apresentamos a trajetória das teorias e dos conceitos mais influentes sobre o presidencialismo e a democracia na América Latina, tanto de autores do Norte Global como da região, preparando terreno para o segundo momento deste trabalho, no qual foram relacionados os eventos mais importantes relativos à instabilidade política e presidencial no período compreendido entre 1990 e 2012.

O debate sobre a estabilidade política e democrática na América Latina é um tema extenso e possui um amplo histórico de contribuições relevantes nos últimos 70 anos. Contudo, não tenho o intuito de relacionar todas as correntes e autores, devido ao escopo pretendido nesta pesquisa. Busco, acima de tudo, problematizar as visões sobre o presidencialismo latino-americano, trazendo à tona desde as teorias de transição democrática e da modernização, bem como os aportes institucionalistas da virada do milênio, passando pela comparação entre presidencialismo e parlamentarismo. Serão discutidos desde autores com uma visão mais pessimista, que entendiam que a configuração do presidencialismo na região geraria inevitavelmente crises de governabilidade — Linz (1990), Valenzuela (1993) e Mainwaring (1993), dentre outros —, até aqueles que acreditam que governos minoritários não redundam necessariamente em crises políticas e de governabilidade — Chasquetti (2001), Cheibub (2002), Negretto (2003) e Badillo (2007). Um dos principais resultados dessa polêmica foi a constatação de que presidentes que são capazes de formar coalizões majoritárias possuem uma taxa de insucesso relativamente baixa e aceitável.

Vale ressaltar, no entanto, que neste primeiro momento não serão discutidas as contribuições que analisam as quedas de presidentes na América Latina em si. Essa discussão ocorria de maneira mais lateral na literatura citada no parágrafo anterior, visto que os principais temas debatidos estariam relacionados ao estudo da estabilidade democrática, uma vez que a democracia na região ainda não estava consolidada e frequentemente perdia espaço para o retorno de regimes autoritários.

Já a finalidade do segundo capítulo será apresentar os principais eventos de crises políticas com chance de queda de presidentes, bem como a própria dinâmica das quedas de mandatários ocorridas nos países da América Latina entre 1990 e 2012, principal objeto de análise deste trabalho. Neste capítulo será realizado um breve histórico dos mandatos presidenciais em cada um dos casos analisados neste livro, contemplando principalmente os acontecimentos políticos e econômicos dos países que enfrentaram crises políticas e/ou sofreram quedas presidenciais. São três as principais fontes bibliográficas utilizadas: os bancos de eventos do Observatório Político Sul-Americano (Opsa — http://www.opsa.com.br/), do *Keesing's World News Archive* (http://www.keesings.com/) e do *Barcelona Centre for International Affairs* (Cidob — http://www.cidob.org/es).

Após realizar no primeiro capítulo um breve histórico das principais contribuições teóricas sobre a literatura que analisa a estabilidade política e democrática na América Latina a partir do fim da Segunda Guerra Mundial até pouco depois da virada do milênio, o terceiro capítulo tem como objetivo apresentar o "estado da arte" sobre o tema da instabilidade presidencial na região na primeira década do século XXI.

Serão analisadas, sobretudo, as obras produzidas majoritariamente por três autores: o argentino Aníbal Pérez-Liñán, a canadense Kathryn Hochstetler e o norueguês Leiv Marsteintredet, que perceberam que, diferentemente do que acontecia no passado, as quedas de presidentes não aconteciam mais com a ação direta das forças militares. Teria ocorrido um aprendizado por parte das forças conservadoras acerca do alto custo da realização de um golpe militar clássico nos moldes concretizados no passado, já que naquele momento tanto a população como a opinião pública internacional não vislumbravam com bons olhos o retorno do autoritarismo, exercendo forte pressão para que esse tipo de estratégia não fosse mais utilizado. Com o advento dos neogolpes na década seguinte, as afirmações categóricas feitas acima talvez não tenham a mesma sustentação hoje, principalmente quando analisamos o papel das instituições políticas em diversos processos controversos de destituição de presidentes ocorridos entre 2009 e 2021.

Os referidos autores identificaram também que o novo padrão de destituição de mandatários na região ocorreria principalmente em razão dos conflitos do chefe do Executivo com as demais instituições do país (principalmente o Legislativo) em um contexto de forte pressão das ruas pela saída dos presidentes, geralmente identificados pela maioria da população como os principais culpados pelas crises políticas e econômicas. Todo esse processo, também diferentemente do que acontecia no passado, passou a ocorrer dentro das normas constitucionais vigentes, ao menos na maioria dos casos.

No quarto capítulo analiso o fenômeno da instabilidade política e presidencial, lançando mão de duas das vertentes mais clássicas do estudo do tema: 1) a análise da ação da sociedade civil e dos movimentos sociais e 2) a explicação institucional. Um dos principais argumentos seria o de que nenhuma das duas dimensões possui um caráter predominantemente explicativo sobre a outra, mas que seria exatamente a interação de ambas que aumentaria o poder explicativo da análise sobre o surgimento das crises presidenciais, seu desenvolvimento, e, principalmente, para a previsão de possíveis resultados. A queda dos governos geralmente envolveria uma "interação dialética" entre o povo e as instituições, em que os protestos das ruas adquiriram um papel determinante.

No que diz respeito especificamente aos movimentos sociais, estruturei a discussão considerando dois argumentos fundamentais: sua atuação na promoção das principais mobilizações contra presidentes e na influência e eventual organização de partidos que funcionaram como braços políticos para a representação institucional de seus interesses. Destarte, longe de serem considerados elementos desestabilizadores da democracia na região, os movimentos sociais podem ser qualificados em grande parte como os principais defensores da soberania popular, utilizando as mobilizações contra presidentes como forma de restabelecer o equilíbrio político de seus países, considerando os anos analisados na presente obra.

Sobre as explicações de cunho institucional, realizou-se inicialmente uma reflexão sobre a constante tensão relacionada ao progressivo acréscimo do hiperpresidencialismo na região e as possíveis consequências em relação à governabilidade, aos conflitos entre os poderes, à articulação dos sistemas partidários e à responsividade dos políticos eleitos aos anseios dos eleitores. Inserido nesse contexto, apresentamos ainda os casos de estelionato eleitoral na América Latina e suas consequências para a instabilidade política e presidencial dos países analisados.

O último capítulo apresenta inicialmente o conjunto de dados que compilei sobre as crises presidenciais e quedas de mandatários na América Latina, oferecendo em seguida uma breve reflexão sobre três casos de instabilidade presidencial e suas consequências: Honduras (2009), Equador (2010) e Paraguai (2012). Buscou-se mostrar a plausibilidade de se encarar esses três episódios como uma estratégia de golpes ilegais contra os mandatários identificados com ideologias de esquerda, consistindo em um novo modelo da ação política das elites conservadoras e antidemocráticas na região. Teria ocorrido uma espécie de aprendizagem desses grupos de que o sistema político dos países latino-americanos geralmente voltava ao equilíbrio depois de longos períodos conturbados somente após a queda dos presidentes, identificados pela população como as principais fontes dos problemas dos países. Assim, teria sido desenhada uma tática de ação rápida e objetiva que não contava com a utilização das mobilizações sociais, mas com o apoio de setores oposicionistas dos respectivos

Congressos, das Forças Armadas e, em alguns casos, do Sistema Judicial para efetivar suas ações, realizadas de forma eminentemente extraconstitucional.

Na última parte deste trabalho, apresento a conclusão e os principais resultados obtidos, e encerro oferecendo uma breve discussão sobre democracia e representação, além de algumas considerações sobre as inovações institucionais que ocorreram em razão dos eventos de crise política e quedas de presidentes entre 1990 e 2012, apontando possíveis caminhos para a democracia na região.

AS PRINCIPAIS CONTRIBUIÇÕES TEÓRICAS SOBRE ESTABILIDADE POLÍTICA E DEMOCRÁTICA NA AMÉRICA LATINA

O presente capítulo possui dois objetivos primordiais: discutir sucintamente as definições de democracia mais utilizadas na análise dos países da América Latina para, em seguida, apresentar ao leitor um breve histórico das principais contribuições teóricas da literatura que analisa a estabilidade política e democrática na região.

Pretende-se realizar uma discussão teórica que proporcione o entendimento da trajetória dos conceitos e demonstre as abordagens mais aceitas na contemporaneidade. A intenção é situar o leitor acerca do *estado da arte* das teorias sobre democracia e presidencialismo na América Latina, preparando terreno para o segundo momento deste trabalho, no qual serão relacionados os principais eventos relativos à instabilidade política e presidencial no período compreendido entre 1990 e 2012.

A DISCUSSÃO SOBRE DIFERENTES CONCEPÇÕES DE DEMOCRACIA E A BUSCA POR UM MODELO SUBSTANTIVO E INCLUSIVO

De acordo com Sartori (1994), confluem três grandes tradições de pensamento político na teoria contemporânea da democracia: 1) a teoria clássica, denominada aristotélica; 2) a teoria medieval, de origem romana; e3) a teoria moderna, que se apoia na obra de Maquiavel. Acredito que a discussão teórica de tais tradições já tenha sido amplamente considerada por obras anteriores, além de não constituir o objetivo fundamental deste trabalho, de maneira que irei concentrar o debate nas reflexões contemporâneas sobre democracia desenvolvidas ao longo do século XX.

A concepção de democracia utilizada neste trabalho ultrapassa a visão minimalista de Schumpeter (1984), para quem a democracia seria um método político, um arranjo institucional para se chegar à decisão política. Desse modo, o aspecto essencial do regime democrático seria a capacidade do cidadão escolher seus representantes, que, por sua vez, travariam uma luta competitiva pelos votos do povo. Ao dar ênfase aos procedimentos da democracia, o autor se aproxima do realismo político. Segundo Schumpeter (1984), existe democracia onde há vários grupos em concorrência pela conquista do poder através de uma luta que tem por objeto o voto popular.

A definição de democracia para Linz (1994) se aproxima por seus caracteres mínimos à definição de Schumpeter (1984). De acordo com Linz (1994, p. 16), a democracia é caracterizada como um governo *pro tempore*, em um regime em que o eleitorado em intervalos regulares pode tornar seu governo *accountable* e impor uma mudança.

Utilizo como fio condutor da concepção de democracia utilizada neste trabalho as definições de Robert Dahl, especialmente aquelas presentes em seu clássico livro *Poliarquia: Participação e Oposição*, obra em que desenvolve o conceito que se configurou como marco teórico e referência obrigatória a qualquer estudo posterior sobre o assunto. No seu entender, a concepção de poliarquia é necessária, na medida em que:

> Nenhum grande sistema no mundo real é plenamente democratizado, prefiro chamar os sistemas mundiais que chegam mais perto de poliarquia. [...] As poliarquias podem ser

> pensadas então como regimes relativamente (mas incompletamente) democratizados, ou, em outros termos, as poliarquias são regimes que foram substancialmente popularizados e liberalizados, isto é, fortemente inclusivos e amplamente abertos à contestação pública (Dahl, 1997; p. 31).

Dahl (1997) procura trazer a discussão para a realidade política, afastando-se do conceito de democracia direta, e sua respectiva rejeição à ideia de representação política[2], para refletir sobre como aprimorar as poliarquias existentes e fazer com que outros países possam alcançá-las.

O referido autor cria um modelo teórico com a poliarquia, uma espécie de tipo ideal weberiano, que vai muito além de uma concepção meramente procedimental. De acordo com seu ponto de vista, uma das características-chave da democracia é a importância da contínua responsividade[3] do governo às preferências de seus cidadãos (Dahl, 1997, p. 25). Nesse sentido, estabeleceu oito requisitos para uma democracia de larga escala[4] — outra denominação para a poliarquia —, elencados a seguir: 1) liberdade de formar e aderir a organizações; 2) liberdade de expressão; 3) direito a voto; 4) elegibilidade para cargos públicos; 5) direito de líderes políticos disputarem apoio/votos; 6) fontes alternativas de informação; 7) eleições livres e idôneas; e 8) instituições democráticas.

O primeiro pressuposto fundamental para a realização da democracia seria, portanto, a garantia do acesso integral de todos

---

2 Na democracia direta, o cidadão vota diretamente nas propostas de políticas públicas, e não em representantes. Deve-se entender, no entanto, que o conceito de representação política da maneira que conhecemos atualmente resulta de um longo processo construído ao longo dos séculos XVIII e XIX.

3 Um governo é responsivo se adota políticas que são sinalizadas pelos eleitores como as preferidas. Tais sinais podem incluir desde pesquisas de opinião a diversas formas de ação política direta e, durante as eleições, votos em plataformas políticas bem definidas. Ver: Przeworski, Stokes e Manin, (1999, p. 8).

4 A democracia em larga escala contempla a diversidade local, regional, étnica, racial, religiosa, política, ideológica, de estilos de vida etc. (Dahl, 1997).

os cidadãos a plenas oportunidades, que se desdobraria em três requisitos básicos: 1) a capacidade de formular preferências; 2) a capacidade de exprimir preferências; e 3) ter preferências igualmente consideradas na conduta do governo.

Segundo Bobbio et al. (1998), sob o nome de pluralismo democrático está o entendimento de vários autores da Ciência Política norte-americana da teoria que se opõe ao elitismo e que, mesmo admitindo a existência de elites no poder, sustentam a concorrência destas. O autor identifica na célebre obra de Tocqueville, *A Democracia na América*, a fonte de inspiração para o pluralismo democrático. Para Dahl (1997), o axioma fundamental de um sistema pluralista é a negação de um único centro de poder soberano e a afirmação da existência de muitos centros de poder, dos quais nenhum possa ser soberano. No Estado pluralista, não existe uma fonte única de autoridade que seja competente e absolutamente abrangente em tudo. Assim: "um regime político competitivo e, portanto, uma poliarquia, dificilmente será mantido sem uma ordem social pluralista. Uma ordem social centralmente dominada é mais favorável a um regime hegemônico do que a um competitivo" (Dahl, 1997, p. 73).

Compartilhando semelhante caminho, Adam Przeworski (1994) afirma que, em uma democracia, várias forças políticas competem entre si dentro de estruturas institucionais, sendo que os participantes da competição democrática investem recursos econômicos, organizacionais e ideológicos desiguais na disputa. Desse modo, os protagonistas da ação democrática seriam coletivamente organizados, ou seja, capazes de formular interesses coletivos e agir estrategicamente para torná-los realidade.

Contribuindo para o debate, Limongi (1997) argumenta que a democracia para Dahl (1997) é o fruto de um cálculo de custos e benefícios feito por atores políticos em conflito, que preferem reprimir a tolerar seus adversários. Contudo, é fundamental a ponderação do agente sobre a real quantidade de recursos que dispõe para a ação e as vantagens de realizá-la. Sendo assim, a oposição será tolerada pela situação quando for menos custoso fazê-lo do que aceitar o risco de perder o poder para a primeira em eleições livres. De maneira análoga, a oposição aceita participar da competição eleitoral quando esta opção lhe for menos custosa do que a conquista do poder pela via revolucionária. Consequentemente, a democracia seria sustentada a partir de um equilíbrio de forças, ou seja, quando nenhum grupo social está em condições de eliminar os demais, constituindo o fruto de um cálculo de atores políticos em conflito inseridos em uma relação estratégica.

Outra abordagem possível da democracia contemporânea é construída por Arend Lijphart (2003), que analisa as dimensões que afetam a distribuição do poder político, distinguindo dois principais modelos de organização em uma ordem democrática: o modelo majoritário (modelo de *Westminster*), que é o governo pela maioria, de acordo com os anseios de uma maioria simples legitimada sob a lógica *o vencedor leva tudo*, em um distrito uninominal; e o modelo consensual ou consociativo, de representação proporcional, que considera a exigência de uma maioria como um requisito mínimo, já que não se satisfaz com mínimas maiorias, buscando ampliar o seu tamanho.

Enquanto o modelo majoritário concentra o poder político nas mãos de uma pequena maioria, com o predomínio do poder Executivo (governo unitário e centralizado), o modelo consensual, por sua vez, tenta compartilhar, dispersar e limitar o poder de várias maneiras, buscando uma relação mais equilibrada entre o Executivo e o Legislativo (federalismo e descentralização). Outra diferença identificada por Lijphart (2003) consiste na afirmação de que o sistema majoritário de democracia é exclusivo, competitivo e combativo, enquanto o modelo consensual se caracteriza pela abrangência, negociação e concessão. Como afirma Jairo Nicolau (1999), os defensores da representação majoritária salientam sua vocação para produzir governos unipartidários, como também a maior capacidade de controle dos representantes pelos representados e a representação territorial. Já os defensores da representação proporcional destacam sua capacidade de produzir uma relação mais equânime entre votos e cadeiras e a necessidade de o parlamento garantir a representação de minorias.

Para Samuel Huntington (1994), no entanto, vários pontos deveriam ser adicionados às definições de democracia relacionadas até o momento. O autor critica a definição apenas em termos eleitorais, que considera mínima e precária, afirmando a necessidade de considerar conotações muito mais abrangentes. Huntington (1994) acredita na possibilidade de se incorporar à definição de democracia um conceito de estabilidade ou de institucionalização. Nesse sentido, afirma que governos eleitos podem ser ineficientes, corruptos, dominados por interesses específicos e incapazes de adotar as políticas exigidas pelo bem público. Portanto, pode-se conceber que uma sociedade escolha seus líderes políticos por meios democráticos, mas que tais líderes não exerçam um poder real, uma vez que podem simplesmente ser *testas de ferro ou marionetes de algum outro grupo*.

Já Scott Mainwaring (1993) acredita que a definição de democracia deve ser mínima, mas não submínima, devendo incluir todos os aspectos essenciais desse conceito, mas não propriedades que não sejam necessariamente características do que ele entende por democracia. Em relação às definições anteriores e fazendo explícita referência às democracias latino-americanas, Mainwaring (1993) acrescenta que uma das propriedades necessárias para a caracterização das democracias contemporâneas deve ser a garantia de que as autoridades eleitas devem deter o genuíno poder de governar, em oposição às situações em que os governantes eleitos são ofuscados pelos militares ou por alguma figura não eleita que domine os bastidores.

Finalmente, após a apresentação de diversos autores e conceitos que caracterizam a democracia contemporânea, apresento a definição de democracia utilizada neste trabalho, semelhante à de Mainwaring, Brinks e Pérez Liñán (2001). Para os autores, a democracia abarcaria todo regime que agregasse quatro características: 1) um governo eleito em eleições livres e justas; 2) a existência de boas proteções para as liberdades civis; 3) um eleitorado que inclua a maior parte da população adulta; e4) a não ocorrência de nenhuma interferência de militares ou qualquer outro ator não eleito nos domínios dos poderes eleitos constitucionalmente.

INTERPRETAÇÕES TEÓRICAS SOBRE A ESTABILIDADE POLÍTICA E DEMOCRÁTICA NO PRESIDENCIALISMO LATINO-AMERICANO

Após realizar uma breve discussão acerca das definições de democracia mais utilizadas na análise dos países da região e apresentar o conceito utilizado neste trabalho, esta seção tem como objetivo debater as principais interpretações teóricas sobre a estabilidade política e democrática na América Latina. Trata-se de um tema extenso, que possui um amplo histórico de contribuições relevantes nos últimos 70 anos. Contudo, não tenho intuito de relacionar todas as correntes e autores, devido ao escopo escolhido para esta pesquisa. Busco, acima de tudo, problematizar as visões sobre o presidencialismo latino-americano, trazendo à tona desde as teorias de transição democrática aos aportes institucionalistas da virada do milênio, passando pela comparação essencialmente pessimista entre presidencialismo e parlamentarismo realizada por autores como Juan Linz (1990) e Arturo Valenzuela (1993).

Porém, vale ressaltar que neste momento não serão discutidas as contribuições que analisam as quedas de presidentes na América Latina em si, uma vez que esse assunto será retomado de maneira mais detalhada na terceira parte deste trabalho. Assim, o capítulo está organizado da seguinte forma:

Inicialmente, analiso as primeiras discussões teóricas sobre a estabilidade na democracia, dando ênfase tanto à teoria da modernização quanto às teorias de transição democrática. Saliento que a análise do presidencialismo na América Latina, e seu desempenho efetivo, ainda não é o foco principal, mas sim a preocupação com a estabilização desse novo modelo democrático no continente e suas possibilidades para o desenvolvimento econômico dos países.

Na segunda parte, discuto algumas das principais referências teóricas sobre a estabilidade política no presidencialismo no início dos anos 1990, abordando os polêmicos artigos de Juan Linz (1990) e Arturo Valenzuela (1993). Com uma visão essencialmente pessimista sobre o futuro do presidencialismo e da democracia na região, os referidos autores buscam na comparação entre parlamentarismo e presidencialismo justificar as supostas falhas desse último sistema de governo, que invariavelmente redundaria em instabilidade, caos e quebra democrática.

Em seguida, abordo a reviravolta teórica ocorrida após a segunda metade da década de 1990, quando uma série de pesquisadores desconstruiu com bases em pesquisas que utilizaram dados empíricos os argumentos da geração anterior, mostrando que o presidencialismo latino-americano tem suas virtudes e que não está fadado ao desastre. Pelo contrário, seria inclusive mais estável que o parlamentarismo. Essa nova corrente, formada majoritariamente por autores nascidos abaixo do Rio Grande, reivindica a importância da análise das instituições para o presidencialismo latino-americano.

Finalmente, encerro com uma breve análise sobre as características essenciais que delimitam uma democracia, principalmente aquelas que considero que devem ser utilizadas para o exame das democracias presidencialistas latino-americanas na contemporaneidade.

AS PRIMEIRAS DISCUSSÕES TEÓRICAS SOBRE A ESTABILIDADE DA DEMOCRACIA: A TEORIA DA MODERNIZAÇÃO E AS TEORIAS DE TRANSIÇÃO DEMOCRÁTICA

Os primeiros estudos sobre o tema da estabilidade política foram produzidos após o fim da Segunda Guerra Mundial, em um ambiente de euforia e grande crença na democracia. Naquele momento existia uma espécie de consenso pós-guerra, marcado pela reconstrução da Europa. Oriunda desse contexto, trazemos a primeira corrente teórica discutida nesta seção: a denominada teoria da modernização. De acordo com Theotônio dos Santos (2000):

> Sociólogos como Talcott Parsons e Merton; antropólogos como Levy-Bruhll, Franz Boas e Herkovics; politólogos como Lipset, Almone, e Apter, desenharam um modelo ideal mais ou menos coerente do que seria esta sociedade moderna, com técnicas de verificação empírica mais ou menos desenvolvidas para detectar o grau de modernização alcançado pelas sociedades concretas (Dos Santos, 2000, p. 4).

A teoria da modernização sustentava intelectualmente a convicção da necessidade da estabilidade democrática. Existia a percepção de que a democracia seria o ponto culminante do desenvolvimento político. Guardadas as devidas proporções, podemos afirmar que se estabelecia em seu cerne uma abordagem que sustentava o caráter evolucionista da democracia. Limongi (1997, p. 15) defende que a teoria da modernização se baseia em uma concepção de teoria linear da história, ou seja: "supõe que a história seja única, que todo e qualquer país, em qualquer momento da história, passa pelos mesmos estágios. Assim, os países subdesenvolvidos representariam o passado dos países desenvolvidos e estes o futuro daqueles".

Laisner (2008, p. 13) assegura que por conta de seu desenvolvimento no pós-guerra, caracterizado por fatores tais como o surto de industrialização após permanecer marcada por sua herança colonial exportadora de produtos primários, a América Latina constitui um dos principais palcos para o estudo da teoria da modernização[5].

Todavia, a teoria não buscava explicar apenas o que ocorria na América Latina. Concomitantemente ao que acontecia na região, alguns países da África e da Ásia colocavam em marcha o processo de descolonização, buscando a modernização prometida nos processos de desenvolvimento econômico.

Fernando Limongi (1997), ao redigir o prefácio da edição brasileira do clássico *A Poliarquia*, de Robert Dahl (1997), sustenta que a teoria da modernização é:

> Normalmente definida como o processo de transformações sociais pelo qual as sociedades passam ao transitar do tradicional ao moderno, processo em meio ao qual ocorre a diferenciação e a autonomização das diferentes esferas da vida social. A obtenção de uma democracia estável é o ponto culminante desse processo, marcado pelo aparecimento e incremento prévio da urbanização, educação, comunicação de massa, burocratização etc. (Limongi, 1997, p. 13).

Assim, existiria uma relação direta entre o grau de modernização de uma sociedade e a democracia. Limongi (1997) cita uma passagem clássica de Seymour Lipset sobre o tema em discussão:

> Talvez a generalização mais comum, associando os sistemas políticos a outros aspectos da sociedade, seja a de que a democracia está relacionada com a situação de

---

5 Laisner (2008) assevera que as primeiras iniciativas rumo à democratização analisadas pela teoria da modernização estariam inscritas no contexto da "segunda onda de democratização" analisada por Samuel Huntington (1994) em seu clássico *A terceira onda: a democratização no final do século XX*.

> desenvolvimento econômico. Quanto mais próspera for a nação, tanto maiores são as probabilidades de que ela sustenha a democracia. Desde Aristóteles até a atualidade, os homens têm argumentado que só numa sociedade abastada, em que relativamente poucos cidadãos vivam no nível de pobreza real, poderá existir uma situação em que a massa da população inteligentemente participe na política e desenvolva a autodisciplina necessária para evitar sucumbir aos apelos de demagogos irresponsáveis. Uma sociedade dividida entre uma grande massa pobre e uma pequena elite favorecida resultará numa oligarquia (domínio ditatorial do pequeno estrato superior) ou em tirania (ditadura de base popular). (Lipset apud Limongi, 1997, p. 13)

De acordo com Lipset (apud Limongi, 1997, p. 14), a teoria da modernização defendia que a estabilidade da democracia em alguns países decorreria de uma série de transformações advindas do processo de modernização. O aumento da riqueza geraria uma melhor distribuição de renda, ampliando as classes médias e diminuindo a distância entre estas e as classes mais pobres. O processo de urbanização também ajudaria, aproximando os mais pobres de melhores condições de vida, além de aumentar suas perspectivas de acesso a essas condições. Tais processos influenciariam a receptividade das normas democráticas, pois tornariam menos acirrada a disputa pelo poder entre os grupos dominantes. Caso isso ocorresse, o aumento da riqueza geraria uma alteração dos valores e estilos políticos desses grupos, que passariam a tratar com mais consideração os estratos inferiores e seus direitos de participação no poder.

Portanto, autores como Seymour Lipset (apud Limongi, 1997, p. 14) afirmam que a estabilidade política decorreria do processo de modernização da sociedade em andamento, gerando mudanças sociais profundas e estruturais, quando condizentes com o regime. Para a teoria da modernização, a estabilidade da democracia decorreria das transformações levadas a cabo na estrutura social pelo avanço da modernização. A sociedade moderna geraria uma estrutura social condizente com a democracia, ao alterar a pirâmide de sua estratificação, diminuindo o tamanho das classes inferiores e ampliando o das classes médias. Tais transformações afetariam o conflito social e, consequentemente, sua tradição política, tornando-o moderado.

De acordo com Lipset (apud Limongi, 1997, p. 14) "uma numerosa classe média tempera o conflito, ao premiar os partidos moderados e democráticos, e ao punir os grupos extremistas". Ao mesmo tempo, as classes inferiores teriam sua renda e nível educacional elevados, o que permitiria que esses indivíduos transformassem sua visão política imediatista para desenvolver perspectivas a longo prazo. Assim, afirma Limongi (1997, p. 14), "desapareceriam as razões para conflitos sociais violentos e extremados, abrindo-se a possibilidade de resolvê-los de maneira pacífica, isto é, por meio da competição eleitoral".

A severa crítica de Limongi (1997) à teoria da modernização discutida no prefácio de "A Poliarquia" defende que nesse tipo de abordagem existiria pouco espaço para se estudar a transição de regimes. Destarte, as instituições políticas teriam menos importância do que a estrutura social. Não existiria política que pudesse contribuir de maneira direta para a democracia, mas apenas de maneira indireta, via apoio à modernização.

De acordo com Limongi (1997), a visão linear e evolucionista de Lipset só seria rompida com a obra de Barrington Moore Jr., que observou não existir uma única rota através da qual os países transitariam do tradicional para o moderno. Segundo sua perspectiva, a democracia dependeria, basicamente, das alianças de classe consumadas ao longo do processo de modernização. Segundo o pensamento de Barrington Moore Jr. (apud Limongi, 1997), os regimes políticos dependeriam do momento em que os países iniciaram seu processo de modernização. Com base em tal afirmação, Limongi (1997) assevera que a inferência feita por Lipset não seria válida, isto é, não seria possível inferir o futuro dos países subdesenvolvidos pelo que se passou com os países desenvolvidos.

O maior exemplo das falhas da teoria da modernização estaria presente justamente no chamado "terceiro mundo", em que a modernização estaria associada à emergência de regimes autoritários. No caso sul-americano, isso não teria acontecido em apenas dois países — Colômbia e Venezuela.

Outro importante pesquisador da teoria da modernização, Samuel Huntington, autor de *Political Order in Changing Societies*, tem sua contribuição analisada por Laisner (2008). De acordo com Feres Jr. (2005, p. 139), Huntington se insere em uma tradição de autores que desenvolveram teorias para explicar a instabilidade não apenas na América Latina, mas em todos os países considerados subdesenvolvidos da época.

Huntington (1968) faz uma revisão da obra de Lipset (1967), buscando reelaborar a relação entre desenvolvimento e democracia. A ligação com a discussão da estabilidade política é clara, visto que uma de suas principais preocupações seria justamente discutir os meios de promover a ordem pública.

Em sua explicação, Huntington (1968) afirma que os acontecimentos no final da década de 1960 mostraram que a modernização na periferia, diferentemente do que esperava Lipset (1967), parecia estar mais associada à emergência de regimes autoritários que de regimes democráticos. Baseado nessa percepção, Huntington (1968) construiria o principal argumento de seu livro, segundo o qual todos os processos de instabilidade que ocorreram nos países do então chamado "terceiro mundo", principalmente naqueles em processo de modernização da Ásia, África e América Latina, teriam sido em grande parte produto de rápida mudança social e mobilização de novos grupos para a política em conjunção com o lento desenvolvimento das instituições políticas.

Desse modo, o desenvolvimento econômico e a estabilidade política seriam dois objetivos independentes, e o progresso em direção a um deles não teria necessariamente ligação com o progresso do outro. Ou seja, para Huntington (1968), o desenvolvimento econômico não levaria necessariamente à estabilidade, ao contrário, visto que em alguns casos os programas de desenvolvimento econômico poderiam promover a estabilidade política, enquanto em outros casos poderiam prejudicar gravemente tal estabilidade.

Para Feres Jr. (2005, p. 141), as consequências da modernização aludidas por Huntington (1968), tais como urbanização, aumento da alfabetização, industrialização e comunicação em massa, contribuiriam para ampliar a consciência política, multiplicar demandas e estender a participação política. Todos esses fatores, no pensamento conservador de Hntington (1968), incidiriam na "rápida mobilização de novos grupos políticos" e enfraqueceriam as fontes tradicionais de autoridade política e as instituições tradicionais, resultando em instabilidade política e desordem. Dessa maneira, eventos como greves políticas, guerrilhas, insurreições, golpes civis e militares, revoltas e revoluções seriam manifestações concretas de instabilidade e desordem para Huntington (1968) na visão de Feres Jr. (2005, p. 141).

Assim, Estados Unidos, Grã-bretanha e União Soviética eram apresentados por Huntington (1968) como exemplos de sistemas políticos efetivos, enquanto no outro extremo da oposição estariam os países da África, Ásia e *Latin America*, que careceriam da "falta de valores culturais modernos" (Feres Jr., 2005, p. 141). Logo, precisariam ser "modernizados". Contudo, Feres Jr. (2005, p. 144) demonstra em seu texto a clara preferência de Huntington (1968) pela ação "modernizadora" dos Estados Unidos na América Latina: "os americanos devem urgentemente corrigir suas políticas e enfocar a promoção da estabilidade social no Terceiro Mundo, antes que o perigo vermelho o faça" (Feres Jr., 2005, p. 144). Trata-se da conhecida prescrição, tanto por parte dos intelectuais como dos *policymakers* do Norte Global, para que sua agenda de imposições econômicas e políticas fosse mais uma vez adotada pelos países do Sul Global.

Contudo, a crítica mais forte à teoria da modernização viria da chamada teoria da dependência, realizada por autores como Fernando Henrique Cardoso e Enzo Faletto, Raúl Prebisch,

Theotonio dos Santos, Andre Gunder Frank, entre outros. Theotônio dos Santos (2000, p. 4), por exemplo, ressalta o caráter etnocêntrico e conservador da teoria da modernização:

> Por mais que tais construções teóricas pretendessem ser construções neutras em termo de valores, era impossível esconder a evidência de que se considerava a sociedade moderna, que nascera na Europa e se afirmava nos Estados Unidos da América, como um ideal a alcançar e uma meta sociopolítica a conquistar. Era mais ou menos evidente também uma aceitação tácita de que a instalação desse modelo de sociedade e de democracia constituía uma necessidade histórica incontestável (Dos Santos, 2000, p. 4).

Já Andre Gunder Frank (apud Feres Jr., 2005, p. 168) refuta as principais teses da teoria da modernização ao afirmar que os países subdesenvolvidos não passaram por qualquer mudança histórica significativa, posto que seu subdesenvolvimento na verdade corresponderia à perpetuação do atraso e do tradicionalismo. Na visão de Gunder Frank, os países considerados "desenvolvidos" pela teoria da modernização na verdade nunca teriam passado por um estágio anterior de "subdesenvolvimento", ou seja, nunca teriam sido subdesenvolvidos, mas apenas pouco desenvolvidos. Dessa maneira, "subdesenvolvimento" não seria simplesmente a mera negação do desenvolvimento, mas uma condição que resulta da transformação de uma economia pouco desenvolvida autossuficiente em uma economia dependente, a serviço das necessidades e dos mercados dos países capitalistas desenvolvidos (Feres Jr., 2005, p. 170).

Feres Jr. (2005, p. 134) também adverte para o conservadorismo das teorias da modernização citando as políticas implementadas na América Latina pela administração do presidente norte-americano John Fitzgerald Kennedy ao longo dos anos 1960. Tais iniciativas tinham entre seus objetivos a estabilização da região por meio do fomento de programas de "modernização pelo desenvolvimento" e um conjunto de políticas de "segurança com modernização", que tinham como pano de fundo a intenção de evitar o avanço do comunismo na região.

Coutinho (2005) afirma que a sucessão de golpes militares na América Latina nos anos 1960 e 1970 teria modificado o ânimo do pensamento político internacional, constituindo a antítese do período eufórico anterior. O período cético das visões de estabilidade seria marcado pela descrença e pelo medo, promovendo duas grandes correntes teóricas: uma marxista, interessada na crise de legitimidade dos regimes democráticos — Habermas (apud Coutinho, 2005) e Claus Offe (apud Coutinho, 2005) —; e outra pluralista, preocupada com a perda de legitimidade dos sistemas políticos — Huntington (apud Coutinho, 2005) e King (apud Coutinho, 2005).

Segundo Coutinho (2005), a tese pluralista, por melhor comportar a ideia de equilíbrio das forças políticas, acabou servindo de base para as discussões sobre estabilidade entre institucionalistas e racionalistas, em meio a outros, que apontavam a participação como elemento desestabilizador. Esse período constituiria o florescimento da chamada "Escolha Racional" nas Ciências Sociais, com autores como Olson (apud Coutinho, 2005), Keneth Arrow (apud Coutinho, 2005) e William Riker (apud Coutinho, 2005), bem como do institucionalismo.

Com o gradual retorno da democracia na América Latina a partir do final da década de 1970, diversos foram os pesquisadores que discutiram a passagem de regimes autoritários para democráticos não só naquele momento histórico, mas ao longo de todo século XX, pelas mais diferentes abordagens. Avritzer e Costa (2004) afirmam que as chamadas teorias da transição democrática constituíram um dos filões mais ricos das Ciências Sociais no Brasil e na América Latina nas últimas décadas. Para alguns autores, a grande quantidade de literatura produzida sobre o tema teria dado lugar a duas novas subdisciplinas estreitamente inter-relacionadas: a *transitologia* e a *consolidologia*, esta última referente à discussão acerca dos requisitos necessários para a consolidação democrática.

Vitullo (2001) define o conceito de transição como o período, de duração extremamente variável, que transcorre entre a queda de um regime e a tomada do completo controle das redes do poder por parte do regime que vem a substituí-lo. No caso concreto da transição democrática, esta é considerada encerrada quando o novo regime logra instituições regulares e uma constituição majoritariamente acatada, quando as novas autoridades conseguem impor sua supremacia aos militares ou às nomenclaturas que anteriormente detinham o controle do aparelho estatal.

O referido autor observa que as análises contemporâneas[6] do tema concentram sua atenção na atuação das elites políticas e suas eleições, opções e estratégias. Assevera que a democracia passou a ser vista, a partir de então, como o resultado das habilidades, tomadas de decisões e estratégias racionais desdobradas pelos grupos dirigentes e atores políticos mais relevantes. Desde essa nova ótica, os diversos quadros e situações políticas dos processos de democratização seriam definidos por atores, ações e caminhos escolhidos, e não mais pelas grandes questões econômicas ou sociais. O papel assumido pelas instituições políticas passa a ser então cada vez mais preponderante.

Em *Poliarquia*, Dahl (1997) reflete sobre o possível itinerário rumo à democracia em larga escala, e seus caminhos possíveis, relacionando várias possibilidades. Para o autor, a poliarquia plena é um sistema do século XX e teve três momentos até chegar ao atual: de 1876 a 1930, entre 1950 e 1959 e de 1980 aos dias atuais.

Huntington (1994) marca o início do que chamou de *terceira onda de democratização no mundo moderno*[7] com o advento da

---

6 De autores como Di Palma (1990); O'Donnell, Schmitter e Whitehead (1986).

7 Para o autor, uma onda de democratização consiste em transições de regimes não democráticos para democráticos, que ocorrem em um período específico e que significativamente são mais numerosos do que as transições na direção oposta durante tal período. Normalmente envolve também liberalização ou democratização parcial nos sistemas políticos que não se tornam completamente democráticos.

Revolução dos Cravos, em 1974, que derrubou a regime autoritário salazarista em Portugal após 48 anos no poder, classificando o evento como *um começo implausível de um amplo movimento mundial na direção da democracia*. O autor afirma que após uma onda global de afastamento da democracia nos anos 1960 e no início dos anos 1970, o movimento oposto se deslocou para a América Latina, com uma nova onda democrática tomando lugar no final dos anos 1970. Relata que nos 15 anos seguintes, cerca de trinta países passaram do autoritarismo à democracia e pelo menos vinte outros foram afetados pela onda democrática. Nesse contexto, o primeiro país do continente a se redemocratizar foi o Equador, de forma gradual e pactuada, após o processo de afastamento dos militares iniciado em 1977, a elaboração de uma nova Constituição no ano seguinte e, finalmente, o retorno das eleições presidenciais em 1979.

Limongi (1997) resume de certa maneira toda a discussão empreendida até aqui com a seguinte passagem:

> Como se vê, explicações calcadas na teoria da modernização tornaram-se, progressivamente, pessimistas. Segundo Lipset, a intensidade do conflito social diminuiria com o avanço do processo de modernização. Moore corrige-o afirmando que isso seria verdade apenas quando fossem eliminados os privilégios das classes agrárias. Huntington acrescenta que a modernização desestabiliza a democracia ao intensificar o conflito social. Para os países do Terceiro Mundo, o destino estaria selado. Tanto a manutenção da ordem tradicional quanto a sua dissolução resultaria em soluções necessariamente autoritárias. A crer nesses diagnósticos, nada que os cidadãos do Terceiro Mundo viessem a fazer poderia alterar a sua sorte. Desses argumentos decorre a mais completa impotência política (Limongi, 1997, p. 18).

Em contraste, o pluralismo de Dahl (1997) em *Poliarquia* afiança que as chances da democracia dependeriam do grau de pluralismo da sociedade ou, em outras palavras, da preservação da liberdade política. Portanto, nenhum grupo social teria acesso exclusivo a quaisquer recursos de poder, ou seja, nenhum grupo social poderia garantir sua preponderância sobre os demais. E isso aconteceria, ao contrário do que Lipset (apud Limongi, 1997) afirmou, independentemente do processo histórico de desenvolvimento e não estando restrito às sociedades modernas.

Przeworski, Alvarez, Cheibub e Limongi (2000, p. 48), em pesquisa que analisam 135 países entre 1950 e 1990, afirmam que os países normalmente mantêm o mesmo tipo de regime ao longo do tempo, ainda que as orientações políticas e o arcabouço institucional nem sempre permaneçam os mesmos. Os autores asseveram que um dos resultados da observação de suas pesquisas demonstraria que as democracias seriam mais frequentes em países desenvolvidos, enquanto as ditaduras seriam mais comuns em países pobres. Contudo, Przeworski, Alvarez, Cheibub e Limongi (2000) afirmam que a condição dos regimes dependeria mais do momento em que nasceram do que das condições que encontraram ao longo do processo histórico. Portanto, países ricos seriam democráticos não porque a democracia surgiria em função do desenvolvimento econômico adquirido durante um período autoritário, mas porque sempre que uma democracia surge em um país rico sua possibilidade de se perpetuar no tempo seria muito maior. Assim, os autores asseguram não ter detectado nenhum sinal de que o desenvolvimento econômico necessariamente redundaria em uma maior previsibilidade da emergência de democracias. Em outras palavras a "teoria da modernização parece ter pouco, ou nenhum, poder explicativo"[8] (Przeworski; Alvarez; Cheibub; Limongi, 2000, p. 137, tradução nossa).

Luis Felipe Miguel (2003, p. 123) contribui com esta discussão afirmando que, paralelamente ao retorno da democracia, outro processo contraditório ocorreu: "a deterioração da adesão popular

---

[8] *"In sum, modernization theory appears to have little, if any, explanatory power".*

às instituições representativas. É possível detectar uma crise do sentimento de estar representado". Nesse sentido, sustenta que questões como a inclusividade do regime, a formação e formulação da agenda política pelos grupos dominantes e o acesso aos meios de comunicação de massa e às esferas de produção de interesses coletivos deveriam ser levados em consideração.

Avritzer e Costa (2004) chamam a atenção para o fato de que os anos 1990 consolidaram uma nova abordagem sociológica da democratização. Esta procurou demonstrar que, ao lado da construção de instituições democráticas, a vigência da democracia implica a incorporação de valores democráticos nas práticas cotidianas, penetrando nos tecidos das relações sociais e da cultura, revelando as modificações observadas. A democratização passaria então de um momento de transição para um processo permanente e nunca inteiramente acabado de concretização da soberania popular. Para tal, a incorporação de conceitos como sociedade civil e espaço público tornar-se-iam fundamentais.

Finalmente, tanto Limongi (1997) como Laisner (2008) chegam à mesma conclusão no que diz respeito à grande importância das mudanças teóricas propostas por Dahl (1997) em *Poliarquia*, que acabaram por tornar este livro uma obra "seminal". Para Laisner (2008, p. 21), "constitui uma obra de transição entre os paradigmas anteriores de explicação do desempenho da democracia e os novos paradigmas traçados nesta tradição que então se impõe". Conforme argumenta Limongi (1997), a abordagem presente em *Poliarquia* consiste na adoção de variáveis institucionais como determinantes para explicar a estabilidade da democracia. Ao contrário das interpretações da teoria da modernização, nas poliarquias dois tipos diferentes de arranjos institucionais trariam consequências para a eficácia do governo: o primeiro teria a ver com as relações entre o Executivo e as demais forças políticas importantes do país, principalmente com o Legislativo; e o segundo estaria relacionado com os partidos políticos. Como afirma Limongi (1997):

> Dahl rompe com o esquema explicativo imposto pela teoria da modernização. Variações institucionais são invocadas para explicar o sucesso da democracia. Ainda que desenvolva pouco esse tema, é impossível não notar que os pontos levantados por Dahl — relações Executivo-Legislativo e sistema partidário — acabaram por se constituir nos polos estruturadores do movimento neo-institucionalista dos anos 80 (Limongi, 1997, p. 20).

Sobre o neoinstitucionalismo, que começa a se desenvolver a partir da década de 1970, Laisner (2008, p. 12) argumenta que tal abordagem teórica busca estudar o desempenho da democracia voltando-se aos arranjos institucionais e anunciando a autonomia desses arranjos em relação às características socioeconômicas da sociedade, numa tentativa de contraponto às teorias anteriores.

Ao finalizar esta seção, percebemos a importância das explicações oriundas principalmente de duas vertentes, aquela de cunho sociológico e aquela de cunho institucional, para a discussão sobre o tema da estabilidade política na região desde o fim da Segunda Guerra Mundial. Nas próximas subdivisões deste capítulo, trataremos mais detalhadamente as explicações que levam em consideração majoritariamente as instituições para a análise da estabilidade política e democrática na América Latina, a começar pelas importantes e polêmicas obras publicadas no início dos anos 1990.

A DISCUSSÃO SOBRE ESTABILIDADE POLÍTICA NO PRESIDENCIALISMO NO INÍCIO DOS ANOS 1990 – LINZ E VALENZUELA

Nesta seção, analisaremos os influentes artigos publicados por Juan Linz (1990) e Arturo Valenzuela (1993), obras fundamentais para se entender a época em que foram publicadas. Calcados na comparação entre presidencialismo e parlamentarismo, os referidos autores defendem a supremacia do segundo modelo em relação ao primeiro, identificando no presidencialismo latino-americano uma série de falhas, incongruências e inconsistências que levariam fatalmente ao caos e à instabilidade política, não só em relação à sobrevivência dos mandatos presidenciais, mas também em relação à preservação do regime democrático como um todo.

JUAN LINZ E A SUPERIORIDADE DO PARLAMENTARISMO FRENTE AO PRESIDENCIALISMO

Em um dos mais importantes artigos publicados na virada da década de 1980 para 1990, o cientista político Juan Linz (1990) compara os sistemas presidencialista e parlamentarista, tendo como foco especial as novas democracias latino-americanas. Ao longo do seu texto, tenta demonstrar a superioridade do parlamentarismo e as supostas fraquezas do presidencialismo, lançando mão de uma série de argumentos que influenciaram toda uma geração de estudiosos do tema. Para Linz (1990, p. 52), o parlamentarismo possui um desempenho historicamente superior ao presidencialismo, e essa realidade teria como consequência direta uma maior propensão à estabilidade da democracia no primeiro modelo. Tal conclusão seria especialmente verdadeira se aplicada a países com grandes disputas políticas e alto número de partidos políticos.

De acordo com Linz (1990, p. 52), os Estados Unidos seriam praticamente a única democracia presidencialista com um longo histórico de continuidade constitucional, tomados quase como uma espécie de tipo ideal weberiano em detrimento dos demais modelos de presidencialismo existentes até então.

O autor busca determinar algumas características gerais do presidencialismo, considerando em um primeiro momento os *relevantes poderes constitucionais dos presidentes* — que geralmente incluem controle total sobre a composição do gabinete e da administração pública —, além da eleição direta e do mandato que corresponde a um período de tempo fixo.

Nesse momento, Linz (1990, p. 54) critica o mandato fixo, uma das principais características do presidencialismo, por sua rigidez, que não deixaria espaço para ajustes que poderiam eventualmente ser necessários ao longo de um mandato que passa por variadas situações de crise. Em relação à estabilidade dos mandatários no cargo, ao contrário do que acontece no parlamentarismo, o presidente não necessitaria de um voto de confiança do Parlamento para se manter no poder em momentos de crise. Linz também critica essa característica do presidencialismo. Para ele significaria que um presidente usualmente só pode deixar o poder através de novas eleições com ocorrência periódica ou através de medidas drásticas como um processo de *impeachment*.

Refletindo mais sobre a estabilidade política no presidencialismo, Linz (1990, p. 53) identifica na constante tensão entre o Executivo e o Legislativo uma das fontes com maior potencial de conflito e instabilidade. Segundo o autor, não teria sido por acidente, mas sim pelas características inerentes ao presidencialismo, que no passado as Forças Armadas se sentiram tentadas a intervir para a resolução dos conflitos entre Executivo e Legislativo, agindo de maneira análoga a de um poder moderador clássico. Linz (1990) assevera que provavelmente os Estados Unidos seriam uma das únicas exceções, reforçando sua ideia de que o mencionado país serviria como modelo para sua concepção de presidencialismo.

Uma das características mais importantes do presidencialismo residiria no fato de que grande parte dos mandatários clama por uma maior legitimidade de seus cargos, visto que são escolhidos de maneira "plebiscitária" e direta, enquanto os parlamentares geralmente são eleitos de maneira indireta através da votação proporcional. Essa "crença de legitimidade" citada por Linz (1990, p. 53) poderia levar a situações extremas como, por exemplo, o conflito aberto entre um Executivo minoritário e um Legislativo dominado por partidos de oposição. Em tais situações, como será visto mais detidamente a seguir, Linz (1990) afirma que muitas vezes o presidente não possui incentivos para realizar governos de coalizão e mesmo não deseja uma concertação mais efetiva com o Parlamento, por acreditar que sua maior legitimidade lhe garante também um amplo apoio popular que o permite inclusive passar por cima de outros poderes constituídos.

O conflito, no entanto, tenderia a uma escalada maior, já que os legisladores também acreditariam possuir a mesma legitimidade democrática do Executivo. A tensão poderia aumentar ainda mais quando a maioria dos deputados e senadores representa uma opinião política oposta daquela representada pelo mandatário (que acontece quando o partido do presidente não possui maioria no parlamento). Nessas circunstâncias, pergunta Linz (1990), quem teria de fato maior legitimidade? Ambos, o que demonstraria um dos perigos inerentes ao presidencialismo: a erupção de um conflito que pode ter consequências dramáticas para a estabilidade democrática dos países presidencialistas.

Ainda sobre o mesmo tema da estabilidade, Linz (1990, p. 53) afirma que o caráter plebiscitário da escolha do presidente e sua consequente crença na legitimidade que daí derivaria teriam sido desenhados constitucionalmente com o intuito de evitar que interesses particulares representados na legislatura interferissem de maneira negativa na trajetória dos mandatários. Mas, ao contrário, teriam estimulado efeitos perversos, como a personalização dos presidentes em seu cargo e uma possível fetichização do poder que os levaria a ações indevidas para a perpetuação na presidência. O autor lista alguns "remédios constitucionais" que visam limitar os superpoderes dos presidentes, tais como: a proibição da reeleição; a apreciação obrigatória pelo Legislativo acerca de algumas ações presidenciais[9]; os mecanismos de *impeachment*; a independência judicial; e as instituições de supervisão como a *Contraloría* do

[9] Creio que muitas das características elencadas por Linz nessa passagem fazem referência indireta à conhecida teoria da separação de poderes calcada no famoso *checks and balances* presente tanto em Montesquieu como nos autores federalistas, entre muitos outros.

Chile (Linz, 1990, p. 54). Nesse ponto, o autor retoma a ideia de que os militares também poderiam ser encarados como um poder moderador e limitador às ações do Executivo, podendo mesmo ter utilidade em certas culturas políticas. O que Linz (1990) não deixa claro, no entanto, são os terríveis danos à cultura e a permanência democrática que golpes impetrados por forças militares causaram em países presidencialistas ao redor do mundo — principalmente na América Latina, objeto deste trabalho.

Assim, Linz (1990) introduz alguns dos temas que no futuro próximo figurarão entre os assuntos mais debatidos pelos cientistas políticos e operadores do Estado: a contradição e a dificuldade oriundas do desejo de um Executivo forte e estável e a possibilidade dessa característica gerar presidentes extremamente poderosos, provocando prejuízos para a democracia. Desse momento em diante, o autor se dedica a tecer fortes críticas ao presidencialismo, que serão discutidas nos próximos parágrafos.

Para Linz (1990, p. 56), o presidencialismo seria irrefutavelmente problemático porque opera segundo a regra eleitoral majoritária, ou, nas palavras do autor, *winner take all*, o que constituiria um arranjo político que seria na verdade um jogo de soma zero[10], com todo o potencial negativo para ocasionar o conflito que esse tipo de jogo possui. Um dos perigos das "eleições de soma zero" estaria representado na rigidez dos mandatos presidenciais. Vencedores e perdedores seriam nitidamente definidos por todo o período presidencial, e com isso não existiria esperança ou estímulo para alianças ou formação de governos de coalizão. Apenas novas eleições seriam responsáveis pela mudança do cenário político. Isto faz com que os perdedores fiquem quatro ou cinco anos

---

[10] Bobbio et al. (1998, p. 1239) definem um jogo de soma zero como um jogo entre duas pessoas, entendendo-se pessoa em sentido mais amplo de participante, individual ou coletivo (grupo, coalizão). No jogo, a expressão "soma zero" indica que a soma algébrica dos lucros é igual a zero, ou seja, por outras palavras, que uma pessoa ganha o que a outra perde.

sem qualquer acesso ao Executivo ou à patronagem. Essa situação inevitavelmente exacerbaria a tensão e redundaria em um aumento da polarização política, podendo consequentemente gerar novas crises de governabilidade.

De acordo com Linz (1990, p. 62), a interação entre um presidente popular e a multidão que lhe dá apoio poderia gerar um sentimento de temor entre seus oponentes e um clima político recheado de tensão. Algo relativamente parecido poderia ocorrer quando um presidente possui um forte apoio militar — o que seria facilitado pela falta de um ministro de defesa que possa ser uma ameaça ao mandatário[11]. Essa característica de ministros fracos e leais aos presidentes demonstraria a grande diferença entre presidencialismo e parlamentarismo (em que geralmente um ministro não dependeria tanto assim da decisão do presidente para se manter no gabinete). Tal particularidade tornaria o gabinete menos independente do presidente, que inclusive possui mais poderes para demitir ministros em qualquer situação.

---

11 Uma das possíveis relações com essa situação seria o fenômeno do cesarismo, que é definido por Gramsci (apud Bobbio et al., 1998, p. 160) como "uma situação em que as forças em luta se equilibram de maneira catastrófica, isto é, se equilibram de tal forma que a continuação da luta não pode findar senão com a destruição recíproca [...] então, o Cesarismo designa a solução arbitrai, confiada a um grande personagem, de uma situação histórica-política caracterizada por um equilíbrio de forças de perspectivas catastróficas". Bobbio et al. (1998, p. 161), ao analisar o cesarismo contemporâneo, citam a obra de Max Weber. De acordo com Weber, "as tendências cesaristas, sobretudo quando ocorrem em estruturas institucionais de tipo liberal-democrático, desempenham a indispensável função de controlar o poder crescente da burocracia. Eliminada como inadequada a hipótese da eleição direta dos burocratas e dado por suposto o inevitável aumento da importância da burocracia, fruto de um processo mais geral de racionalização iniciado pelo capitalismo moderno, a única solução está na presença de um líder — um presidente eleito pelo povo ou um chefe parlamentar vencedor nas eleições —, 'homem de confiança das massas' e por isso capaz de exercer domínio sobre os funcionários burocráticos e de lhes limitar o poder".

Linz (1990, p. 64) argumenta que uma das vantagens mais citadas do presidencialismo seria a estabilidade do Executivo, quando inicialmente comparada com a instabilidade dos gabinetes no parlamentarismo (principalmente se levadas em consideração as democracias multipartidárias da Europa Ocidental, como a terceira e quarta República Francesa). No entanto, se tal comparação for analisada com mais profundidade, afirma o autor, irá mostrar que o grau de instabilidade no presidencialismo seria maior do que no parlamentarismo, pois muitas vezes essas mudanças no interior do gabinete seriam apenas superficiais. A explicação seria a manutenção no sistema parlamentarista dos mesmos partidos e lideranças no poder, bem como das coalizões partidárias.

Outro ponto importante, diz Linz (1990), consistiria na maior facilidade de se retirar um primeiro-ministro do poder, se comparado ao tormentoso processo para a retirada de presidentes. Neste ponto o autor critica novamente a rigidez dos mandatos no presidencialismo, que "engessariam" os presidentes no poder por muito tempo, ainda que em situações praticamente insustentáveis, enquanto no parlamentarismo o mandato do primeiro-ministro seria flexível, mostrando que o referido sistema estaria mais bem desenhado para se adaptar às crises políticas e econômicas, permitindo de modo mais fácil a troca do chefe do Executivo. Baseado nisso, Linz (1990, p. 64) afirma que "substituir um presidente que perdeu a confiança de seu partido ou de seus eleitores é um assunto extremamente difícil. Mesmo quando a polarização já foi intensificada ao ponto da violência e da ilegalidade, um presidente obstinado pode continuar no poder". Assim, a possibilidade de um *impeachment* seria na verdade incerta e constituiria um processo muito demorado e custoso politicamente, principalmente se comparado à simplicidade do voto de confiança no parlamentarismo. Portanto, afirma Linz (1990), o que no parlamentarismo seria encarado como uma crise de governo pode se tornar uma séria crise de regime no presidencialismo.

Como será visto nas próximas seções deste capítulo, uma das principais críticas ao trabalho de Linz (1990) estaria relacionada a suas conclusões dramáticas em relação ao presidencialismo latino-americano baseada em uma pesquisa que analisou um curto período (o artigo foi publicado no início dos anos 1990, e a maioria dos países da América Latina retornou à democracia ao longo dos anos 1980, ou início dos anos 1990). Outra crítica possível às suas conclusões diz respeito a um escasso número de observações em seu trabalho. Ou seja, fundamentado em um curto período e poucas observações, Linz (1990) tentou construir uma teoria com ambições generalistas sobre o presidencialismo na região, que em sua maioria foram refutadas de maneira praticamente definitiva em trabalhos publicados posteriormente por autores e autoras críticos à abordagem conservadora e etnocêntrica de Linz.

ARTURO VALENZUELA E A MANUTENÇÃO DO DISCURSO DA SUPERIORIDADE DO PARLAMENTARISMO E DAS FRAQUEZAS DO PRESIDENCIALISMO

O segundo autor discutido nesta seção é Arturo Valenzuela (1993), em seu artigo *Presidentialism in Crisis*, no qual lança mão de uma dura crítica ao presidencialismo latino-americano ao comparar suas possíveis deficiências em relação à estabilidade política e dos mandatários com a suposta superioridade do parlamentarismo.

Valenzuela (1993, p. 3) inicia seu primeiro artigo citando o argumento "da moda" do início dos anos 1990, sob os auspícios do "fim da história" de Francis Fukuyama (1992), defendendo que a democracia liberal deveria ser percebida como um sistema de governo que a partir daquele momento não seria mais desafiada nem pela direita nem pela esquerda, visto sua demonstração de superioridade frente ao socialismo. Podemos perceber, já nessa primeira afirmação, o viés etnocêntrico dos argumentos que sustentam a base teórica de sua obra.

Mirando o passado recente de autoritarismo na região, Valenzuela (1993) demonstra como uma das suas principais preocupações naquele momento evitar a ingerência dos militares na política. O autor afirmava que presidentes eleitos deveriam obter total autoridade sobre seus países, visto que a autonomia histórica das Forças Armadas poderia constituir um entrave para a consolidação das novas democracias latino-americanas (Valenzuela, 1993, p. 4). Outro aspecto fundamental para a solidificação dessas democracias passaria obrigatoriamente pela revisão do que considerava *inadequada performance das instituições democráticas e seus procedimentos*, bem como a falta do chamado *Rule of Law* na região. Em sua opinião, o *legado nefasto do autoritarismo na estabilidade desses países* teria resultado na constituição de sistemas partidários fragilizados que muitas vezes cairiam nas indesejadas soluções populistas.

Calcado nos argumentos desenvolvidos nos parágrafos anteriores, Valenzuela (1993) desenvolve um dos seus argumentos mais famosos, no qual analisa os efeitos da representação de lista aberta nos países da América Latina:

> Sistemas eleitorais baseados em representação proporcional em grandes distritos e com a lista aberta de candidatos controlada pelos líderes dos partidos acabaram por criar um abismo entre os representantes eleitos e seus eleitores. A corrupção teria minado a confiança nos líderes eleitos, criando um cinismo profundo em relação à política e aos assuntos públicos[12] (Valenzuela, 1993; p. 4, tradução nossa).

---

[12] *"Electoral systems based on proportional representation (PR) in large districts and with closed candidate lists controlled by party bosses have created a gulf between elected representatives and their constituents. Corruption has undermined trust in elected leaders, thus breeding a profound cynicism concerning politics and public affairs".*

Ainda que reconheça algumas boas realizações no presidencialismo latino-americano, tais como as reformas estruturais macroeconômicas e a luta contra a corrupção em alguns países, representada na queda dos presidentes do Brasil e da Venezuela no início dos anos 1990, Valenzuela (1993) não tem o menor pudor de apontar seu desdém em relação ao presidencialismo tal qual ele é realizado na região. Em sua opinião, tanto os políticos que implementaram as reformas estruturais como os acadêmicos que analisaram a América Latina teriam prestado pouca atenção para uma dimensão crítica que vai direto *ao coração da governabilidade democrática na América Latina*: a crise das democracias presidenciais. De país em país, sistemas políticos baseados na separação de poderes teriam falhado ao não conseguir gerar o consenso necessário para governar. Para Valenzuela (1993), embora a América Latina tenha rivalizado com a Europa na elaboração de seu sistema eleitoral e judicial, os latino-americanos teriam concebido suas instituições e organização do governo depois dos Estados Unidos, fazendo desse país a pátria por excelência do presidencialismo.

Retomando o argumento, o pesquisador afirma que muitas explicações de cunho cultural ou econômico foram dadas para provar a instabilidade política e econômica da região. Contudo, afirma ele, recentemente uma série de intelectuais e *institutional reformers* teria começado a argumentar que o presidencialismo exacerbaria a paralisia e a ingovernabilidade. Para reforçar seu argumento, utiliza um exemplo absurdo: o plebiscito para a escolha do sistema de governo ocorrido no Brasil em 1993. Segundo o próprio, mesmo com a vitória do presidencialismo, pesquisas teriam demonstrado que a maior parte "dos brasileiros mais bem educados" e da classe política prefeririam o parlamentarismo (Valenzuela, 1993, p. 5).

A partir desse momento, Valenzuela (1993) inicia sua argumentação em favor do parlamentarismo. Nesse sistema, os governos seriam gerados e sustentados por maiorias parlamentares. Assim, com a perda da maioria, ou uma nova coalizão majoritária, são criadas, ou são chamadas, novas eleições. Desse modo, o autor afirma que a fragilidade do presidencialismo estaria na falha frequente em assegurar maiorias legislativas seguras e cooperativas, um problema que aconteceria particularmente em sistemas multipartidários ou sistemas bipartidários fragmentados, que teria sido agravado pela rivalidade natural dos entes (poderes) do governo. De maneira contrária aos regimes parlamentaristas, os países presidencialistas não possuiriam soluções prontas para o impasse político que nasceria quando um presidente não pode comandar uma coalizão majoritária (ou seja, a saída não seria natural, e a sua construção seria um problema). O resultado geralmente seria a paralisia que debilitaria o governo, um efeito que aconteceria particularmente quando o presidencialismo coexistisse com sistemas multipartidários (Valenzuela, 1993, p. 5).

Por outro lado, os mesmos problemas não aconteceriam no presidencialismo norte-americano, afirma. Naquele país, assevera o referido autor, o sistema de *checks and balances* funcionaria de fato para limitar os poderes do presidente. Aqui, Valenzuela (1993) destila seu etnocentrismo ao realizar uma espécie de "ode" ao presidencialismo norte-americano. Diz o autor que, ao contrário do que aconteceu nas Constituições dos países latino-americanos, o maior temor daqueles que elaboraram a Constituição norte-americana seria a de evitar a possibilidade de um poder quase "real" dos presidentes.

Em sua análise da Carta Magna dos Estados Unidos e das consequências positivas para o presidencialismo nos EUA, o autor elenca os seguintes fatores que teriam feito a diferença para consolidar esse modelo: 1) a separação de poderes efetivamente bem-sucedida, incluindo o desenvolvimento da Suprema Corte como um árbitro entre os dois poderes; 2) a tradição de controle civil sobre os militares; e 3) a prática do federalismo.

O bipartidarismo norte-americano também seria um dos fatores decisivos para a estabilidade da democracia e dos governos naquele país. Segundo Valenzuela (1993), teria sido exatamente sua conformação que permitiu a formação de maiorias seguras para o apoio dos presidentes. Apenas na segunda metade do século XX, esse panorama teria mudado, com o surgimento de governos divididos ou experiências minoritárias. Contudo, o aparecimento dessas dificuldades nunca teria chegado a criar de fato uma crise de governabilidade efetiva, já que a proteção resiliente de instituições seculares teria servido de escudo para isso (Valenzuela, 1993, p. 6).

Os países da América Latina, no entanto, mesmo tendo copiado esse *institutional framework* dos Estados Unidos, teriam suas tradições legais, práticas políticas e clivagens socioeconômicas muito mais assemelhadas àquelas encontradas em países da Europa continental. Com isso, a centralização e o modelo *winner takes all* da América Latina acabaram se transformado em fonte de patronagem, diz Valenzuela (1993). Outro desvio recorrente seria o fato de as Cortes Supremas na América Latina por muitas vezes ficarem sob o controle do Executivo. Em razão disso, não teriam a liberdade necessária para atuarem como árbitros dos conflitos com o Legislativo, tal qual aconteceria nos Estados Unidos.

Sobre os sistemas multipartidários da região, os principais problemas seriam a falta de ideologia e o fisiologismo dessas organizações. Caminhando nesse sentido, o excesso de clivagens sociais compartilhado com a adoção de sistemas eleitorais de representação proporcional explicaria a grande tendência na direção do multipartidarismo ou bipartidarismo fragmentado na América Latina. Por definição, afirma Valenzuela (1993), o multipartidarismo e o bipartidarismo fragmentado seriam muito menos sujeitos a produzir maiorias legislativas e tenderiam à paralisia.

O problema da formação de governos majoritários estaria em grande parte na já citada "certeza" dos presidentes latino-americanos de que estariam acima do Congresso em termos de legitimidade, já que o Legislativo seria fracionado por representar interesses tão diversos e pela própria fórmula eleitoral proporcional. Assim, os presidentes teriam duas alternativas: ou procurar o apoio dos chefes do Legislativo ou adotar uma estratégia de confronto, governando via decretos. Em sua visão, o presidente ofereceria muito pouco aos líderes dos partidos da oposição, no máximo algumas cadeiras no gabinete ou alguma pequena liberdade na condução da política. Desse modo, o melhor a fazer, na percepção dos líderes dos partidos de oposição, seria se distanciar o máximo de presidentes não populares. A partir dessa atitude, os legisladores perceberiam que o melhor seria a falha do presidente, já que qualquer eventual ganho seria creditado aos líderes partidários, e não aos legisladores individualmente.

Para Valenzuela (1993), a falta do incentivo à reeleição no presidencialismo latino-americano seria um dos principais motivos para a dificuldade de formar coalizões majoritárias na região. Na época em que seu artigo foi publicado, à exceção da Guatemala, nenhum país da América Latina permitia a reeleição. Tal fato seria mais um incentivo para os legisladores abandonarem com antecedência os presidentes em busca de suas próprias trajetórias. Não existiria, portanto, incentivo para a cooperação, mesmo entre membros do mesmo partido, estabelecidos em diferentes áreas do governo. Desse modo, a conformação de presidentes fortes na América Latina seria um grande problema, já que o importante papel do Legislativo ficaria em segundo plano, dificultando ainda mais a formação de coalizões (Valenzuela, 1993, p. 10).

O somatório dos fatores apresentados por Valenzuela (1993) redundaria necessariamente, ou melhor, quase religiosamente, em crises políticas. Para o autor, tais crises seriam normalmente resolvidas no âmbito do parlamentarismo via substituição do primeiro-ministro, estruturação de uma nova maioria legislativa ou convocação de novas eleições. As mesmas opções teriam grande possibilidade de se tornarem crises constitucionais no presidencialismo, segundo o pesquisador.

Baseado nas poucas experiências democráticas ocorridas até aquele momento na América Latina, Valenzuela (1993) afirma que a paralisia do governo poderia acontecer em um país quando um presidente perdesse apoio político, iniciando um perigoso espiral que enfraqueceria o incumbente, podendo tornar o país ingovernável. Esses são os casos clássicos em que tal situação teria ocorrido: Alfonsín na Argentina e Siles Suazo na Bolívia. Já outros presidentes, como Alan García no Peru, Sarney no Brasil e Cerezo na Guatemala, passaram de crise em crise e conseguiram sobreviver, mas deixaram um legado negativo aos seus sucessores: países mergulhados em crise e com grande dificuldade de restaurar a ordem. Segundo Valenzuela (1993), o maior problema seria — com exceção de casos extremos como os de Collor no Brasil e Andrés Pérez na Venezuela, acusados de corrupção e por isso destituídos via um processo de juízo político — que o presidencialismo não possuiria respostas constitucionais para o problema de presidentes que falharam em seus mandatos, mas ainda deveriam cumprir alguns anos na presidência. Assim, um presidente que não pode ser acusado de crimes ainda pode perdurar no poder por anos, mesmo que não tenha condições para tal.

Finalmente, Valenzuela (1993) encerra o artigo retomando seu principal argumento crítico, que considera fatores intrínsecos da ingovernabilidade do presidencialismo: sociedades complexas com sistemas partidários fragmentados ou multipartidários precisariam encontrar maneiras confiáveis para provocar a cooperação e estimular a formação de coalizões majoritárias de governo. Os países latino-americanos, prossegue o autor, deveriam ter em mente que somente a constituição de um regime multipartidário não significa de maneira alguma a chave para o sucesso e para a estabilidade (Valenzuela, 1993, p. 15).

RESUMINDO OS ARGUMENTOS: POR QUE SUPOSTAMENTE O PARLAMENTARISMO SERIA SUPERIOR AO PRESIDENCIALISMO?

Nesta seção, discutirei as abordagens teóricas que analisaram a estabilidade do presidencialismo latino-americano por meio da comparação com o parlamentarismo, geralmente exaltando esse último em detrimento do primeiro.

Como visto anteriormente, vários autores sustentam que maiorias divididas dificultam a formulação de políticas públicas, pois as forças de oposição ao presidente possuiriam um potencial poder de veto capaz de impedir a aprovação das iniciativas do Executivo. Linz (1994) acredita que o sistema parlamentarista garante mais durabilidade aos governos do que o presidencialista. Mainwaring (1993) critica o sistema presidencialista, ou mais especificamente o multipartidarismo no presidencialismo, que dificultaria as relações de cooperação entre o Executivo e o Legislativo.

Em novo artigo publicado 11 anos depois da obra analisada na seção anterior, Valenzuela (2004) retoma a discussão iniciada em 1993, mostrando mais uma vez sua clara preferência pelo parlamentarismo em detrimento do presidencialismo. Para o autor, o histórico recente do presidencialismo latino-americano é grave e profundamente preocupante, colocando em risco a existência da democracia e sua continuidade no futuro em todo o hemisfério ocidental. Seu principal argumento seria sobre as já propaladas dificuldades do presidencialismo em lidar com crises em razão de suas diversas características e que o presidencialismo, ao contrário do parlamentarismo, não teria instrumentos que impedissem que uma crise de falta de liderança se tornasse posteriormente uma crise institucional ou mesmo um conflito com ampla participação popular. Após longa discussão em que procura igualmente demonstrar as vantagens do parlamentarismo, Valenzuela (2004) lista os elementos do presidencialismo que mais causariam instabilidade, caso a troca pelo parlamentarismo não fosse realizada nos países da América Latina: 1) eleições concorrentes para todos os cargos do Executivo e do Legislativo; 2) sistema eleitoral de lista fechada; 3) prerrogativa presidencial de descartar o Congresso e convocar novas eleições legislativas; e 4) uma etapa adicional poderia exigir a renúncia do presidente, caso ele não fosse capaz de formar uma coalizão majoritária, ficando então a cargo do Congresso escolher um novo presidente para terminar o mandato de seu antecessor (Valenzuela, 2004, p. 16).

Por outro lado, os resultados encontrados por Przeworski, Alvarez, Cheibub e Limongi (2000) aparentemente reforçariam as teses de Linz (1990) e Valenzuela (1993). Durante o período analisado pelos autores (1950-1990), 28% das democracias parlamentares em todo mundo (e não somente na América Latina) caíram, enquanto um percentual muito maior de democracias presidencialistas (54%) não se sustentou.

No entanto, Przeworski, Alvarez, Cheibub e Limongi (2000) atestam ainda que, muito mais frequente na democracia, a instabilidade política afetaria o desempenho econômico apenas nas ditaduras[13]. Esse fato seria explicado pela maior incidência de guerras nas ditaduras e, como consequência, maiores danos de curto-prazo para a economia. Do mesmo modo, as mudanças no chefe do Executivo, ainda que também menos frequentes na ditadura do que na democracia, afetariam economicamente, sobretudo, o primeiro regime. De modo análogo, as chamadas "efervescências sociopolíticas", tais como greves e manifestações contra o governo, ainda que também mais frequentes na democracia, retardariam o crescimento apenas das ditaduras.

Nesse sentido, as noções de que a alternância de cargos ou outras manifestações populares de oposição ao regime, como greves e manifestações, deveriam ser consideradas como eventos de "instabilidade" na democracia soam absurdas para os autores. Tais fenômenos ocorreriam justamente porque essa é a dinâmica da democracia, que permite a livre opinião dos seus cidadãos. Sob tal perspectiva, a democracia seria "inerentemente instável".

---

[13] Przeworski, Alvarez, Cheibub e Limongi (2000, p. 19) classificam como regimes democráticos aqueles em que: 1) o chefe do Executivo foi eleito; 2) a legislatura foi eleita; e 3) há a existência de mais do que apenas um partido. Os regimes democráticos podem ser parlamentaristas, presidencialistas ou mistos. Já os regimes autoritários, por seu turno, podem ser "burocracias" — regimes institucionalizados que promulgam leis — ou "autocracias" — regimes com nenhuma lei proclamada.

Desenvolvendo algumas questões elencadas acima, Przeworski, Alvarez, Cheibub e Limongi (2000) afirmam que mudanças no chefe do Executivo não teriam as consequências negativas esperadas nas democracias — e no presidencialismo. Duas são as explicações apresentadas: os obstáculos institucionais inerentes ao sistema democrático e/ou as motivações daqueles que governam na democracia. Entretanto, nas ditaduras, o crescimento econômico diminui significativamente quando o período constitucional dos governantes é ameaçado.

Portanto, os autores concluem que a instabilidade política retardaria o crescimento apenas nos regimes autoritários. Assim, criticam a visão de Huntington (1968) de que o crescimento econômico não seria influenciado pelo tipo de regime (ditadura ou democracia), mas pela sua estabilidade. Para Przeworski, Alvarez, Cheibub e Limongi (2000), a referida hipótese seria logicamente incoerente, já que instabilidade política não pode ser definida independentemente das instituições políticas. Portanto, afirmam que a democracia é sustentável quando seu esquema institucional promove um arranjo normativo e político desejável, mas também quando tais instituições conseguem lidar com as crises que usualmente ocorrem quando os referidos objetivos não são alcançados.

Como será demonstrado na próxima seção deste capítulo, nos anos subsequentes às publicações de Linz (1990) e Valenzuela (1993), vários autores se dedicaram a desconstruir as principais conclusões obtidas por ambos, principalmente as previsões catastróficas que fizeram sobre o futuro do presidencialismo e da estabilidade política na região. Se em um primeiro momento os artigos citados tiveram grande repercussão na academia, sendo consideradas por alguns como "análises definitivas" no contexto do "fim da história" do início dos anos 1990, a história mostrou que é dinâmica e nem sempre pré-determinada. O presidencialismo na América Latina, apesar de vários contratempos, venceu. Sendo assim, serão analisados na seção seguinte deste capítulo os críticos dessa primeira "leva" da literatura, essencialmente pessimista.

O ESFORÇO CRÍTICO DE REVISÃO DO PESSIMISMO OU A ÊNFASE NO PRESIDENCIALISMO LATINO-AMERICANO QUE DEU CERTO: A IMPORTÂNCIA DA FORMAÇÃO DE COALIZÕES DE GOVERNO

De acordo com Anastasia, Ranulfo e Santos (2004, p. 55), a primeira fase dos estudos sobre o presidencialismo na região — Linz (1990), Valenzuela (1993) e Mainwaring (1993) — comparava o presidencialismo com o parlamentarismo, afirmando que o presidencialismo seria um obstáculo para a consolidação das democracias no continente, já que usualmente geraria governos minoritários, divididos, conflitos entre poderes, impasse e paralisia decisória.

Já a segunda geração de estudos, formada por autores como Shugart e Carey (1992), Mainwaring e Scully (1995) e Jones (1995), questiona a condenação pura e simples do presidencialismo, chamando a atenção para as variações no presidencialismo a partir das relações entre Executivo e Legislativo. Para eles, a questão principal que deve ser levada em conta consiste na investigação dos efeitos combinados dos sistemas de governo, sistemas partidários e regras eleitorais[14].

A terceira geração inicia uma investigação mais sistemática sobre o presidencialismo de coalizão na América Latina, dando continuidade ao trabalho pioneiro de Abranches (1988) a partir de autores como Deheza (1997), Amorim Neto (2006), Figueiredo e Limongi (1999), Altman (2001), Chasquetti (2001), Cheibub (2002), Negretto (2003) e Badillo (2007).

O foco dessa literatura é a formação de gabinetes presidenciais. O processo da construção das coalizões de governo deveria buscar sempre superar o conflito entre Executivo e Legislativo, através da ação estratégica dos presidentes na formação de seus ministérios. A constituição e a duração das coalizões de governo

---

[14] Determinadas regras eleitorais, como calendário, tipo de lista e formato de cédula, aumentariam a chance de cooperação entre Executivo e Legislativo.

estariam diretamente condicionadas em função dos acordos estabelecidos entre o chefe do Executivo e os partidos com assento no Parlamento. Tais acordos envolveriam necessariamente a distribuição de postos ministeriais a pessoas indicadas pelos partidos da coalizão e, em contrapartida, o apoio destes à agenda proposta pelo governo ao Congresso.

A presente seção se dedica primordialmente a discutir obras publicadas no contexto da segunda e terceira gerações, essencialmente crítica à abordagem pessimista em relação ao presidencialismo no início dos anos 1990. Essa nova leva demonstra que as conclusões iniciais que preconizam a superioridade do parlamentarismo frente ao presidencialismo tal qual ele é realizado na América Latina não estariam necessariamente corretas. Por exemplo, se os argumentos sobre os *perils of presidentialism* estivessem corretos, democracias presidenciais estariam em grave risco de queda quando o Congresso e o presidente pertencessem a partidos diferentes. No entanto, a democracia ainda persiste na América Latina, apesar das muitas dificuldades dos últimos anos.

Uma das principais obras desse "movimento de revisão" seria a pesquisa realizada por Cheibub (2002). Discutindo as diferenças entre presidencialismo e parlamentarismo, considerando primordialmente a estabilidade dos chefes de governo, o autor salienta que é mais difícil ocorrer a queda de um governo no presidencialismo do que no parlamentarismo. Isso aconteceria porque, ao contrário do afirmado anteriormente, os países presidencialistas da América Latina foram capazes de formar coalizões majoritárias de governo.

Cheibub, Przeworski e Saiegh (2004) afirmam que a diferença entre esses dois sistemas reside no fato de que no presidencialismo o governo não pode ser substituído unicamente pelo desejo da maioria da legislatura. Nesse caso, as considerações necessárias são o voto de desconfiança no parlamentarismo e o *impeachment* (que também pode ser chamado de impedimento ou juízo político) no presidencialismo, que possui tramitação e condições legais mais impeditivas do que o voto de desconfiança.

De acordo com Chasquetti (2001), o trabalho de Linz (1990) sobre as vantagens do parlamentarismo e os defeitos do presidencialismo marcou o início do intenso debate acerca da relação e da influência dos desenhos institucionais sobre os processos democráticos. A crítica inicial de Linz (1990) sobre o presidencialismo estava centralizada na dupla legitimidade dos poderes, originada pela eleição independente do presidente e do Congresso, pela rigidez dos mandatos e sua duração preestabelecida, além do majoritarismo ou lógica de soma zero por ele derivado.

Cheibub (2002, p. 285) corrobora a explicação de Chasquetti (2001), identificando na primeira fase das reflexões sobre o presidencialismo na América Latina no início dos anos 1990 a gênese do argumento que a instabilidade no presidencialismo teria sua origem na separação de autoridade entre Executivo e Legislativo, nos governos minoritários, em situações de paralisia, entre outros. Demais explicações daquele momento diziam respeito à suposta falta de princípios constitucionais que serviriam para resolver os conflitos entre Executivo e Legislativo, como, por exemplo, o voto de desconfiança típico dos regimes parlamentaristas. Desse modo, governos minoritários em situações de paralisia teriam incentivos para buscar soluções extraconstitucionais para resolver seus problemas de governabilidade, tornando os regimes presidencialistas mais propensos à instabilidade ou mesmo à eventual morte.

Para Chasquetti (2001), a principal resposta a essa primeira geração "pessimista" sobre o presidencialismo latino-americano seria oriunda das pesquisas de Shugart e Carey (1992), que trouxeram uma série de argumentos e dados que colocaram em dúvida a validade dos resultados de Linz (1990), Valenzuela (1993), entre outros.

Shugart e Carey (1992) entendiam que algumas das principais críticas ao presidencialismo feitas por Linz (1990) seriam na verdade virtudes desse sistema de governo. Os autores afirmam que a rigidez de mandatos deveria ser observada como um atributo de previsibilidade do regime de governo; a eleição presidencial considerada um elemento de transparência do sistema; e a dupla legitimidade dos mandatos, de maneira análoga à indicada pela teoria dos governos presidencialistas, como um instituto que favorece a prestação de contas e os controles entre os governantes (*checks and balances*). Entretanto, de acordo com Chasquetti (2001), Mark Jones (1995) afirma que de todas as críticas ao presidencialismo, a da dupla legitimidade seria efetivamente a mais problemática, por gerar riscos vinculados à existência de governos divididos ou de presidentes com minorias parlamentares.

Para Cheibub (2002), a literatura influenciada por Linz (1990) credita a instabilidade das democracias presidencialistas às deficiências na separação de poderes, principalmente a relação entre Executivo e Legislativo, que usualmente criaria governos minoritários e situações de *deadlock*. Tais regimes sofreriam com a ausência de princípios constitucionais prontos para solucionar as situações de conflito entre o Executivo e o Legislativo, como no caso do voto de confiança dos regimes parlamentares. Para essa literatura, tais situações de crise serviriam de incentivo para os atores agirem de maneira extraconstitucional, levando os sistemas presidencialistas à instabilidade ou mesmo à morte.

Segundo Cheibub (2002), a ocorrência de situações de *deadlock* dependeria de uma combinação de fatores políticos e institucionais: por um lado, da distribuição de cadeiras no Congresso ou, mais especificamente, da distribuição de cadeiras dominadas pelo governo; e, por outro, dos requisitos institucionais necessários para o veto presidencial, que seriam a existência de poder de veto presidencial na legislação, o tipo de maioria (simples ou qualificada) necessária no Congresso para derrubar o veto presidencial e, finalmente, a necessidade de votação em uma ou duas câmaras. O *deadlock* não ocorreria quando o controle da maior parte das cadeiras do Legislativo pertencesse ao partido do presidente.

Cheibub (2002) discorre também sobre o *trade off* entre representação e governabilidade, que estaria presente quando refletimos sobre as relações entre Executivo e Legislativo e poderes de agenda no que concerne à organização do Congresso. Existiriam, então, dois caminhos possíveis para esse *trade off*. O primeiro restringiria a representação, limitando a variedade de possibilidades inerentes ao processo político em si. A utilização de leis que restringissem a organização partidária e reorganizassem o sistema eleitoral acabaria reduzindo o número de partidos, buscando aumentar o poder do Executivo em obter apoio legislativo substancial e, consequentemente, o aumento da governabilidade. O outro caminho permitiria mais possibilidades ao processo político, ao mesmo tempo que limitaria o papel que a representação individual possui na deliberação e no processo decisório.

Outro autor que reforça o entendimento de Chasquetti (2001) e Cheibub (2002) é Negretto (2003), para criticar a já propalada literatura do início dos anos 1990 que associou repetidamente regimes presidencialistas, fragmentação partidária e presidentes minoritários com governos não efetivos, grande nível de conflitos Executivo-Legislativo e mesmo instabilidade democrática. Para Negretto (2003), diversos estudos de caso publicados logo em seguida teriam provado que tais argumentos não seriam de todo válidos, colocando em dúvida a significância da correlação entre essas variáveis. O autor atribui a escassez de resultados convincentes à falta de atenção que as referidas pesquisas concederam a outras variáveis que não a distribuição de cadeiras do partido do presidente no Legislativo. Dessa perspectiva, o principal objetivo seria identificar se um governo seria unido — quando o partido do presidente possui a maioria das cadeiras no Congresso — ou dividido — quando o partido do presidente não possui a maioria das cadeiras no Congresso. O governo dividido é associado geralmente pela literatura a *gridlock*, inconstitucionalidade, atos unilaterais e conflito partidário.

De acordo com Negretto (2003), a ideia de que apenas um presidente majoritário poderia assegurar um governo estável e um regime democrático efetivo encontraria evidências empíricas apenas na experiência latino-americana das décadas de 1960 e 1970, especificamente para os casos da Colômbia, Costa Rica e

Venezuela, que contavam com no máximo três partidos na época. Contudo, com a retomada da democracia na região a partir de 1978, o multipartidarismo se mostrou como uma das principais características dos sistemas presidencialistas da América Latina. De acordo com o autor, de 1978 a 2002, 80 presidentes foram democraticamente eleitos na região, dos quais apenas 26 (32%) foram majoritários e 54 (68%) minoritários. No entanto, apesar das consecutivas crises políticas que alguns desses países enfrentaram e das previsões sombrias da literatura, a democracia não fracassou na região.

Assim, Negretto (2003) se aproxima de novas perspectivas teóricas sobre a região, que demonstram a relativa estabilidade de regimes presidencialistas com presidentes minoritários nas últimas duas décadas, apoiadas em resultados estatísticos. Para corroborar seu argumento, o autor cita especificamente o trabalho de Cheibub (2002), que demonstra que mesmo governos em situações de *deadlock* conseguem permanecer no poder.

Para Negretto (2003), as pesquisas sobre o desempenho dos presidentes na região devem necessariamente ser capazes de construir explicações alternativas sobre os fatores que levam a quedas presidenciais ou sobre a qualidade da democracia. Assim, a distribuição de cadeiras no Legislativo ou o nível de fragmentação partidária seriam apenas indicadores quantitativos, mas não mecanismos causais que explicariam a performance das democracias presidencialistas. Nesse caso, a análise dos poderes de agenda e de veto dos presidentes, além das coalizões de governo, seriam fundamentais. Sendo assim, o mesmo pesquisador propõe uma nova classificação em seu estudo, substituindo a simples divisão entre presidentes majoritários e minoritários para governos presidenciais majoritários e minoritários.

Cheibub, Przworski e Saiegh (2004) também seguem na direção oposta à de Linz (1994) e argumentam que seria mais difícil um presidente cair no presidencialismo do que no parlamentarismo. Assim, ao refletirem sobre a estabilidade dos governos democraticamente eleitos, chamam a atenção para a necessidade de se levar em consideração que o estudo da estabilidade presidencial no parlamentarismo e no presidencialismo possui certas condicionalidades que necessariamente devem ser observadas. De acordo com os autores, a principal diferença entre os dois sistemas residiria no fato de que no presidencialismo o governo não pode ser substituído mesmo se a maioria da legislatura deseje[15]. Nesse caso, as considerações necessárias são o voto de desconfiança no parlamentarismo e o *impeachment* (ou impedimento) no presidencialismo, que possui sua tramitação e suas condições muito mais impeditivas do que o voto de desconfiança. Como os presidentes com minoria no Parlamento não caem no sistema presidencialista — já que não há mecanismo semelhante ao voto de desconfiança no parlamentarismo —, Altman (2000) identifica possíveis consequências para esse fato: 1) governos divididos ou *stalemate* (empate); 2) crise constitucional; 3) tentativas de fraude da legislatura; 4) *impeachment*; e 5) instabilidade do regime.

Contudo, Cheibub, Przworski e Saiegh (2004) salientam que alguns governos minoritários que não sobreviveram sob o parlamentarismo seriam capazes de obter (e efetivamente obtêm) êxito no presidencialismo. Sendo assim, um presidente pode gerir um governo minoritário sem crise em determinadas situações, desde que consiga formar coalizões majoritárias e estáveis. Caso não obtenha seu objetivo, pode mudar o ministério e formar uma nova coalizão. Quando o presidente tem poder de agenda e capacidades de imprimir restrições à forma de votar, é capaz de controlar o resultado.

Trabalhos como os de Przeworski, Cheibub e Saiegh (2004) comparam a montagem entre gabinetes no parlamentarismo e no presidencialismo, e os resultados são os seguintes: 1) no

---

15 A não ser que um processo de impedimento (*impeachment*) tenha sido iniciado. Contudo, um processo geralmente não está relacionado a questões de divergência de escolhas políticas, mas a casos de transgressão presidencial, como corrupção, incapacidade mental, entre outros.

parlamentarismo o efeito de um fracasso na formação dos gabinetes seria as eleições antecipadas; já no presidencialismo o governo se mantém no poder mesmo enfrentando uma oposição majoritária no Congresso; e 2) enquanto no sistema parlamentar, em geral, o maior partido é tido como o responsável pela liderança no processo de negociação para a formação do gabinete, dele fazendo necessariamente parte, no presidencialismo o partido do presidente faz parte do ministério, independentemente do seu tamanho. Tais diferenças, portanto, não corroboram a tese de maior instabilidade no presidencialismo.

Os autores mostram também que não existe distinção marcante entre os dois sistemas quando o Parlamento é altamente fragmentado: em ambos os casos a probabilidade de formação de coalizões majoritárias é alta. Além disso, defendem a desmistificação de governos de minoria, em que nem sempre ocorre o caos, mas sim uma estratégia em que o Executivo pode não querer sacrificar postos ministeriais por conta da proximidade de sua agenda com o partido mediano no Legislativo.

Badillo (2007), no artigo intitulado "Gobernando sin mayorías parlamentarias em América Latina", busca compreender os componentes que determinam a possibilidade de articular consensos entre os poderes Executivo e Legislativo na arena parlamentar, ou ainda quais os elementos que favorecem ou limitam a capacidade dos presidentes de implementar suas agendas políticas em um contexto de minoria parlamentar. A autora, ao analisar os sistemas presidencialistas latino-americanos, sustenta em seu principal argumento que quanto maior a distância ideológica, menores são as possibilidades de se formarem coalizões legislativas. Dessa maneira, se aproxima do argumento de Chasquetti (2001) e Cheibub (2002) sobre a importância da polarização do sistema político como um dos principais fatores para a instabilidade dos regimes presidencialistas.

Para Badillo (2007), variáveis como o desenho institucional, além de reformas políticas e eleitorais, permitiram que o poder

Legislativo operasse com maiorias divididas. Nesse contexto, a autora chama a atenção também para a possibilidade de que um governo unificado entre Executivo e Parlamento possa limitar o contrapeso dos poderes.

Contudo, demonstra que a agenda presidencial no período analisado em seu artigo (1996-2006) obteve um grau elevado de êxito, seja em governos unificados ou com maiorias divididas. Quando o presidente não possui maioria no Congresso, necessita procurar outros mecanismos para implementar seu programa de governo. Nesse processo, sua capacidade estaria estreitamente relacionada com a interação entre seus poderes constitucionais de veto e decreto, que lhe outorgam maior flexibilidade para exercer sua agenda política mesmo sem contar com a maioria legislativa.

Para Badillo (2007), os mecanismos para governar com estabilidade política estão diretamente relacionados com a capacidade de ambos os poderes (Legislativo e Executivo) formarem coalizões partidárias e sancionar as iniciativas de lei que fazem parte da agenda do governo. A autora aponta a institucionalização do sistema partidário como um dos fatores importantes para a formação de coalizões legislativas. Sistemas partidários pouco institucionalizados teriam pouca disciplina e baixa coesão interna para formar coalizões mais duradouras. Badillo (2007) utiliza a definição de Mainwaring e Scully (1995) para caracterizar quando um sistema de partidos é institucionalizado: 1) há concorrência regular entre partidos; 2) os partidos possuem raízes estáveis na sociedade; 3) os partidos e as eleições são os mecanismos que determinam quem governa; e 4) as organizações partidárias são relativamente sólidas.

Badillo (2007) assevera que um dos elementos mais importantes para determinar a capacidade presidencial de implementar políticas seria a estrutura ideológica do sistema partidário. Quanto mais fragmentado ideologicamente, mais difíceis seriam os acordos parlamentares, que se mostrariam mais vulneráveis. Desse modo, a autora entende a polarização como a distância ou proximidade percebida pelas elites políticas (em geral, os membros do Parlamento), em termos de quão próximos ou distantes se percebem dos demais partidos, considerando principalmente as plataformas eleitorais e as posições ideológicas dos partidos. Nessa passagem, podemos perceber os princípios do teorema do eleitor mediano de Downs (1957).

Para Badillo (2007), as coalizões entre partidos se favorecem quando existe uma estreita distância ideológica entre eles. Sendo assim, o partido mediano normalmente será aquele a orientar a votação. Assim, uma das particularidades dos governos de maioria dividida é a possibilidade de concorrência entre os partidos, com a institucionalização do dissenso, no qual as forças de oposição adquirem valor qualitativo para a consolidação da democracia. Do mesmo modo, a ausência de maioria absoluta[16] no Congresso do partido do presidente pode propiciar maior equilíbrio entre os poderes, aumentando o papel do Legislativo como instância com capacidade decisória na elaboração de políticas, afirma a autora.

Portanto, ao fim desta seção podemos perceber que diferentes autores e autoras, a partir de variadas perspectivas teóricas, chegaram às mesmas conclusões: a opção dos mandatários pela formação de coalizões majoritárias nos sistemas multipartidários da América Latina tenderia a aumentar a possibilidade concreta da manutenção da estabilidade política e dos chefes de governo no contexto do presidencialismo na região.

INSTITUIÇÕES, PRESIDENCIALISMO E ESTABILIDADE DEMOCRÁTICA NA AMÉRICA LATINA

Complementando a parte anterior, debateremos mais especificamente nesta seção sobre a importância da análise institucional para o estudo teórico e factual dos conceitos de estabilidade

---

16 Badillo (2007) caracteriza como governo de maioria absoluta ou governo unificado quando o partido do presidente alcança 50% mais um dos assentos do Congresso.

política e democrática. Muito além de refutar as obras pessimistas do início dos anos 1990, os autores da segunda e terceira geração já apresentados anteriormente procuram analisar mais a fundo o presidencialismo latino-americano, suas principais instituições e possibilidades no contexto da primeira década dos anos 2000. Algumas dessas reflexões serão retomadas em capítulos futuros deste livro.

Uma das principais abordagens acerca dos temas da democracia, dos mandatos presidenciais e mesmo do desempenho das instituições democráticas pode ser encontrada em Mainwaring e Pérez-Liñán (2005, p. 14). Os autores identificam algumas excepcionalidades relevantes nas democracias latino-americanas que merecem maior atenção e reflexão: 1) o número elevado de quedas presidenciais não constitucionais de presidentes democraticamente eleitos; 2) a erosão de alguns regimes democráticos para semidemocráticos; 3) o aumento da eleição de presidentes que se declaravam contrários aos sistemas partidários de seus países, trazendo potenciais consequências negativas para a democracia; e 4) o declínio da legitimidade da democracia medido em diversas pesquisas de opinião na região desde a última onda de democracia iniciada em 1978.

Para Mainwaring, Brinks e Pérez-Liñán (2001), a solidez do regime na América Latina seria mais bem explicada pela ação recíproca dos fatores estruturais, pelo desempenho do regime e pela atitude política das massas. Hagopian e Mainwaring (2005) também refletem sobre como a combinação de variáveis estruturais negativas, como pobreza, desigualdade e baixo desempenho do regime, facilmente produzem efeitos corrosivos para sua qualidade e solidez. Segundo os autores, a experiência latino-americana desde 1978 demonstra que o impacto do desempenho econômico seria mediado por fatores políticos. Portanto, não seria o bom ou mau desempenho econômico dos governos o fator preponderante para a estabilidade política do país, mas principalmente os elementos políticos internos, como a qualidade dos representantes eleitos. Esse fator explicaria como países em situações econômicas desfavoráveis seriam mais ou menos frágeis a situações de crises políticas.

No entanto, o foco desta seção é a discussão da importância da análise mais detalhada das instituições para o presidencialismo latino-americano. Um dos aspectos mais importantes para a solidez do regime, segundo Hagopian e Mainwaring (2005), seria exatamente a qualidade da representação política[17]. Anastasia, Ranulfo e Santos (2004) concebem como postulado: quanto mais plurais e institucionalizados forem os instrumentos de representação e participação política, maior será a estabilidade do regime democrático[18].

Tais considerações vão ao encontro das reflexões de Mainwaring e Scully (2008), em que a ideia específica de um sistema partidário institucionalizado seria importante para a efetiva governança democrática[19] e eminentemente um produto da terceira onda de democratização. Para os autores, um sistema partidário institucionalizado provê estrutura para a democracia política na arena eleitoral e na legislatura. Desse modo, se os mesmos partidos participam da contenda eleitoral ao longo de um período considerável,

---

17 Como visto na seção anterior, Cheibub (2002) também discute sobre a importância da qualidade da representação política, relacionando-a com a reflexão sobre os dilemas da governabilidade.

18 Para Coutinho (2005), o segredo para a estabilização democrática estaria na criação de instituições inclusivas que organizem as relações de governo e oposição. Da mesma forma, a inclusão de representantes políticos seria uma peça-chave no processo de estabilização dos regimes na América do Sul. Quanto maior a inclusão, maior será a estabilidade do país.

19 Mainwaring e Scully (2008, p. 113) definem governança democrática como "a capacidade dos governos democráticos para implementar políticas que aumentem o bem-estar político, social e econômico de um país. Governos democráticos bem-sucedidos implicam razoável manutenção de práticas de alta qualidade democrática, promovendo crescimento econômico, segurança aos cidadãos e enfrentando os sérios problemas sociais (pobreza, desigualdade de renda, baixa qualidade nos serviços sociais) que afetam, ainda que em diferentes graus, os países da América Latina."

acabam conferindo estabilidade ao sistema, gerando mais previsibilidade na ação dos atores e nas escolhas políticas, uma vez que os partidos políticos ajudam a reduzir os custos de informação e transação. Como resultado, torna-se mais difícil o aparecimento dos chamados *outsiders*, que seriam menos afeitos e até mesmo hostis à existência de instituições formais e às regras do jogo. Além disso, sistemas partidários institucionalizados dariam pequenas pistas de informação sobre o conteúdo programático dos partidos. Por esse motivo, quando o sistema partidário não é institucionalizado, os eleitores possuem poucas pistas sobre a orientação programática dos partidos e seus candidatos, da mesma maneira que o *accountability* programático se torna mais difícil.

De acordo com Chasquetti (2001), a maioria dos estudos recentes sobre estabilidade democrática seguiu os critérios teóricos e metodológicos propostos por Dahl (1997) para a definição e operacionalização dos regimes poliárquicos. No artigo em questão, o autor utiliza como indicador de estabilidade democrática a determinação se os titulares do Executivo e Legislativo concluem ou não seus mandatos constitucionais. Tal definição, entretanto, parte do pressuposto de que os governantes são eleitos mediante eleições competitivas e sob um regime de garantias constitucionais. Dito isto, afirma que a possibilidade de interrupção de mandatos pode ser caracterizada por: 1) golpe de Estado; 2) renúncia do presidente; 3) impedimento (*impeachment*) contra o presidente; ou 4) fechamento do Congresso pelo mandatário. Mainwaring (1993), por sua vez, considera como democracia estável todos aqueles sistemas políticos que durante 25 anos consecutivos mantiveram eleições abertas e competitivas, sufrágio universal e garantias para liberdades civis.

Mainwaring e Scully (2008, p. 120) também relativizam os resultados encontrados por Linz (1990), afirmando que com o passar do tempo foram diminuindo os trabalhos que reforçavam a ideia de "como deveriam ser as instituições no presidencialismo" a partir de sua comparação com o parlamentarismo. A principal resposta contrária às obras de Linz (1990) e Valenzuela (1993) — e ao artigo do próprio Mainwaring (1993) — seria a sobrevivência da democracia na América Latina com um baixo número de quebras democráticas (apenas três até 2008, época em que o artigo foi publicado).

Assim, Mainwaring e Scully (2008, p. 120) chamam a atenção para as análises recentes que examinam as virtudes do presidencialismo, principalmente a partir do estudo das consequências da interação de diferentes arranjos institucionais. Esse novo tipo de abordagem — que percebe a ênfase das instituições políticas formais como chave para o desenvolvimento — não teria ficado circunscrita apenas à academia, mas teria influenciado também a percepção de algumas instituições financeiras internacionais, especialmente do Banco Interamericano de Desenvolvimento (BID). Tais enfoques explorariam diversas possibilidades da análise institucional como, por exemplo, a reflexão sobre como as alterações nas regras das nomeações eleitorais mudariam as estruturas e, por conseguinte, a governança.

Entretanto, Mainwaring e Scully (2008) mostram certo ceticismo em relação à possibilidade de reformas nas instituições políticas formais como chave para o desenvolvimento. Os autores afirmam, citando o mesmo exemplo utilizado anteriormente, que leis eleitorais não seriam capazes de explicar as principais diferenças relativas ao sucesso governamental entre uma instituição e outra. Desse modo, essas duas décadas de conhecimentos acumulados não teriam sido capazes de produzir receitas para a melhoria das instituições ou mesmo do resultado das possíveis combinações entre instituições. Assim, os impactos das instituições políticas formais, tais como regras eleitorais, regras de nomeação, poderes constitucionais dos presidentes e arranjos federativos, teriam seus resultados mediados por outros fatores políticos e domésticos de cada um dos países da região.

Mainwaring e Scully (2008) também apontam que a governança democrática efetiva nem sempre satisfaz aspirações populares.

De acordo com os autores, a qualidade da governança democrática é importante para os cidadãos, mas não é o que mais importa. Os cidadãos também seriam sensíveis a outras questões. Cientes disso, os líderes políticos podem usar símbolos e criar estilos de lideranças para obter apoio popular, mesmo na falta de uma governança democrática efetiva[20].

Muitos fatores contribuem para produzir sucesso ou falhas na governança democrática. As experiências recentes latino-americanas levariam à conclusão de que é a combinação específica desses fatores, mais do que a adoção de algumas políticas individuais, que seria importante. Apenas mudanças políticas individuais ou de instituições formais com um esforço para reproduzir casos de sucesso não seria garantia de êxito. Pelo contrário, poderiam se transformar em falhas.

A partir dessa conclusão, Mainwaring e Scully (2008) criticam a adoção generalizada das *policy prescriptions* indicadas pelo famoso "Consenso de Washington" no final dos anos 1980 e início dos 1990. Para os referidos autores, a simples recomendação de um tipo de reforma ou a combinação de algumas reformas específicas implementadas em um país como modelo a ser exportado para outros países, somente porque foram efetivas no primeiro país, estaria completamente errada. Portanto, o desafio para os analistas do presidencialismo na América Latina seria discernir quais lições gerais bem-sucedidas poderiam ser percebidas em detrimento daquelas que seriam apenas aparentemente corretas, mas de fácil generalização e aplicação, e com resultados duvidosos.

20 Mainwaring e Scully (2008) afirmam que Hugo Chávez teria conseguido tais resultados de forma magistral na Venezuela.

CONCLUSÃO

O objetivo deste capítulo foi oferecer ao leitor um breve histórico das contribuições teóricas mais importantes sobre a literatura que analisa a estabilidade política e democrática nos países presidencialistas da América Latina. Acredito que a principal inferência ao fim deste capítulo seja a constatação de que a referida discussão apresenta definições sobrepostas e muitas vezes não coincidentes.

Inicialmente, empreendeu-se a apresentação de diferentes concepções contemporâneas acerca da democracia, especialmente aquelas que fazem referência aos países da América Latina. Nessa seção foram apresentadas as diferentes visões sobre o tema dos seguintes autores: Schumpeter (1984), Linz (1994), Mainwaring (1993), Huntington (1994), Przeworski (1994), Sartori (1994), Dahl (1997), Bobbio et al. (1998), Lijphart (2003) e, finalmente, Mainwaring, Brinks e Pérez-Liñán (2001) — a definição utilizada neste trabalho. De acordo com os autores, a democracia abarcaria todo regime que agregasse quatro características: 1) um governo eleito em eleições livres e justas; 2) a existência de boas proteções para as liberdades civis; 3) um eleitorado que inclua a maior parte da população adulta; e 4) a não ocorrência de nenhuma interferência de militares ou qualquer outro ator não eleito nos domínios dos poderes eleitos constitucionalmente.

Após uma breve discussão sobre a teoria democrática contemporânea na América Latina, iniciou-se o debate sobre a literatura clássica que analisa a estabilidade política na região. As primeiras obras sobre esse tema surgiram ainda na primeira metade do século XX e tinham como uma de suas características predominantes a recorrência em relacionar estabilidade política a questões econômicas, muitas vezes confundindo os conceitos de estabilidade política e estabilidade econômica, considerados eventualmente semelhantes ou demasiadamente imbricados para serem separados. Inseridos nesse contexto estavam as teorias da modernização e as teorias de transição democrática.

Para Lipset (apud Laisner, 2008, p. 14), a teoria da modernização sustentava que a estabilidade da democracia em alguns países decorreria de uma série de transformações advindas do processo de modernização. Dessa maneira, o aumento da riqueza geraria uma melhor distribuição de renda, ampliando as classes médias e diminuindo a distância entre estas e as classes mais pobres. Ao mesmo tempo, teria lugar um aumento no processo de urbanização, que aproximaria os pobres de melhores condições de vida, aumentando suas perspectivas de acesso a uma série de benefícios. Huntington (1968) acreditava que a urbanização, o aumento da alfabetização, a industrialização e a comunicação em massa contribuiriam para ampliar a consciência política, incidindo na "rápida mobilização de novos grupos políticos". Essa mudança poderia ser perigosa e até mesmo indesejada, afirma o autor, visto que enfraqueceria as fontes tradicionais de autoridade política e instituições tradicionais, resultando em instabilidade política e desordem. Assim, episódios como greves políticas, guerrilhas, insurreições, golpes civis e militares, revoltas e revoluções seriam manifestações concretas de instabilidade e desordem.

A teoria da modernização foi duramente criticada anos depois, principalmente por autores oriundos da América Latina, que ressaltaram sua visão conservadora, linear e evolucionista. A crítica mais forte à teoria da modernização veio dos autores ligados à "teoria da dependência". Theotônio dos Santos (2000) observa o caráter etnocêntrico e conservador da teoria da modernização, enquanto Andre Gunder Frank (apud Feres Jr., 2005, p. 168) adverte que os países considerados "desenvolvidos" pela teoria da modernização na verdade nunca teriam passado por um estágio anterior de "subdesenvolvimento". Dessa maneira, "subdesenvolvimento" não seria simplesmente a mera negação do desenvolvimento, mas uma condição que resulta da transformação de uma economia autossuficiente pouco desenvolvida em economia dependente, a serviço das necessidades e dos mercados dos países capitalistas desenvolvidos.

Przeworski, Alvarez, Cheibub e Limongi (2000) demonstram que as democracias seriam mais frequentes em países desenvolvidos, enquanto as ditaduras seriam mais comuns em países pobres. Entretanto, os autores afirmam que a condição dos regimes dependeria mais do momento em que nasceram do que das condições que encontraram ao longo do processo histórico. Sendo assim, países ricos seriam democráticos não porque a democracia surgiria em função do desenvolvimento econômico adquirido durante um período autoritário, mas porque sempre que uma democracia surge em um país rico sua possibilidade de se perpetuar no tempo é muito maior. Complementando o argumento, Przeworski, Alvarez, Cheibub e Limongi (2000) não detectaram nenhum sinal de que o desenvolvimento necessariamente redundaria em uma maior previsibilidade da emergência de democracias. Em outras palavras, a "teoria da modernização parece ter pouco, ou nenhum, poder explicativo" (Przeworski, Alvarez, Cheibub e Limongi, 2000, p. 137).

Apesar de também considerarem a influência das variáveis econômicas, a discussão desenvolvida a partir dos anos 1990 relacionava estabilidade política e democrática muito mais a condições de governabilidade e estabilidade presidencial, inscrevendo a discussão primordialmente na esfera da política, e não da economia. Explicações mais recentes, portanto, teriam se distanciado das abordagens sobre as condições econômicas e sociais e se concentrado nos arranjos institucionais.

Assim, um dos aspectos centrais que perpassaram o presente capítulo consiste na discussão sobre estabilidade política e sua relação com as maiorias parlamentares e sistemas partidários, que se dividia em dois grupos opostos: aqueles que acreditavam que governos com apoio minoritário no Congresso levariam necessariamente a situações prejudiciais para a governabilidade — Linz (1990), Valenzuela (1993) e Mainwaring (1993), entre outros; e aqueles que acreditam que governos minoritários não redundariam necessariamente em baixa governabilidade — Cheibub (2002), Chasquetti (2001), Negretto (2003) e Badillo (2007).

Os autores da primeira geração — Linz (1990), Valenzuela (1993) e Mainwaring (1993) — defendem a supremacia do parlamentarismo frente ao presidencialismo (nos moldes em que ele é realizado na América Latina), identificando no segundo modelo uma série de falhas, incongruências e inconsistências que levariam fatalmente ao caos e à instabilidade política, não só em relação à sobrevivência dos mandatos presidenciais, mas também à preservação do regime democrático como um todo.

Os autores da geração seguinte — Cheibub (2002), Chasquetti (2001), Negretto (2003) e Badillo (2007), entre outros — criticaram o que chamaram de "premissas alarmistas" em relação ao presidencialismo latino-americano, baseadas em pesquisas que analisaram um curto período e um escasso número de observações. Apesar disso, tentaram construir uma teoria com ambições generalistas sobre o presidencialismo na região.

Esse grupo de teóricos procurou demonstrar que a instabilidade política no presidencialismo latino-americano não seria uma condição intrínseca ao sistema, mas surgiria apenas em alguns arranjos institucionais específicos, como no caso de presidentes minoritários que não conseguiram ou não quiseram formar coalizões de governos em sistemas multipartidários. Tais perspectivas discutem, entre outros, o impacto da formação de gabinetes, a distribuição das cadeiras do partido do presidente e da coalizão de governo no parlamento, além dos atributos do presidencialismo para a estabilidade. Uma das principais conclusões desses autores seria a de que presidentes que são capazes de formar coalizões majoritárias possuem uma taxa de insucesso relativamente baixa e aceitável, não ocorrendo, portanto, maiores prejuízos para a estabilidade política dos países em que esse arranjo consegue ser formado.

Por fim, os autores aqui analisados chamaram a atenção para a necessidade de novas pesquisas sobre o presidencialismo na América Latina. Tais investigações deveriam ser desenhadas desde o aumento dos estudos de caso para comprovar teorias mais abrangentes de escopo comparativo até a utilização de novas técnicas e métodos, ampliando a explicação para além dos fatores institucionais, como realizado no passado. Cabe salientar, no entanto, que a literatura debatida neste capítulo ainda não analisou diretamente o fenômeno da queda de presidentes, que é o tema deste trabalho.

Sendo assim, os capítulos seguintes buscarão aprofundar a reflexão aqui iniciada. No próximo capítulo, serão apresentados os principais eventos de crises políticas com chance de queda de presidentes, além da efetiva destituição de mandatários no período compreendido entre 1990 e 2012.

OS PRINCIPAIS EVENTOS DE CRISE POLÍTICA E QUEDAS DE PRESIDENTE NA AMÉRICA LATINA

Após ter apresentado um breve histórico da discussão teórica acerca da estabilidade política e democrática desde o fim da Segunda Guerra Mundial, além de definir sucintamente o conceito de democracia utilizado neste trabalho, o presente capítulo tem o objetivo apresentar os principais eventos de crises políticas com chance de queda de presidentes, bem como a própria dinâmica das quedas de mandatários ocorridas nos países da América Latina entre 1990 e 2012, principal objeto de análise deste trabalho.

O período escolhido é o imediatamente posterior ao retorno da democracia e da implementação das reformas de mercado. Dois são os principais motivos para a escolha do ano de 1990 como o ponto de partida para a pesquisa: o evento paradigmático da queda do muro de Berlim, associado à criação do chamado Consenso de Washington no ano anterior; além de razões de ordem prática, por representar o ano do começo de um novo ciclo de presidentes eleitos democraticamente na região.

BREVE INTRODUÇÃO AOS CASOS

Neste capítulo, realizo uma breve revisão dos principais eventos de crises políticas com chance de queda de presidentes, como também da própria dinâmica das quedas de mandatários ocorridas nos países da América Latina entre 1990 e 2012. Da lista dos 20 países aqui analisados, somente foram excluídos dois: Cuba, por se tratar de um regime socialista de mais de 50 anos, e Haiti, pelas extremas dificuldades enfrentadas pelo país na estabilização de sua democracia nas últimas décadas. Sendo assim, realizo inicialmente uma breve apresentação dos países analisados, seguida de uma tabela na qual elenco os períodos presidenciais e destaco as quedas de mandatários para finalmente analisar mais detalhadamente cada um dos casos.

Um dos aspectos relevantes para a escolha dos casos reside no fato de que países como Equador e Bolívia — que estão entre os países mais instáveis politicamente — apresentaram trajetórias semelhantes tanto em relação às seguidas quedas presidenciais como também na forma peculiar que se apresentaram e os atores envolvidos no processo. O caso argentino também se assemelha muito aos anteriores, considerando a grave crise política e econômica atravessada pelo país no início dos anos 2000, redundando em quebras institucionais e renúncia de presidentes.

Já o declínio do chamado *Punto Fijo* e dos partidos tradicionais, bem como o agravamento da crise política e econômica, também provocou quebras institucionais e instabilidade presidencial na Venezuela. Sendo assim, tanto o retorno de Hugo Chávez à presidência após o golpe de 2002 como a posterior consulta popular de 2004 — que assegurou sua permanência no poder — constituem eventos importantes e que devem ser estudados a partir da comparação com episódios semelhantes nos demais países aqui elencados. Do mesmo modo, os anos da presidência de Fujimori no Peru foram ricos em instabilidade política, com eventos como o autogolpe em 1992 e duas reeleições tidas como ilegais, além de sua posterior renúncia nos anos 2000. Já em 2009, o então presidente de Honduras, Manuel Zelaya, foi deposto do poder por forças militares que teriam agido sob o comando da Corte Suprema e do Congresso Nacional daquele país, em uma espécie de golpe travestido de constitucionalidade.

No extremo oposto dos países acima relacionados, estariam Costa Rica e Uruguai, provavelmente os mais estáveis da região. O Chile também é considerado pela literatura como um dos países com maior democracia efetiva do continente. Contudo, a permanência de Pinochet no comando do Exército até 1998, e sua posterior condição de Senador vitalício, poderiam ser considerados entrave à plena democracia no país. Em termos de estabilidade presidencial, a Colômbia também cumpre quase todos os requisitos formais necessários. Contudo, a guerra civil atravessada há décadas pelo país traz grande instabilidade política e dificuldades para a democracia. O México igualmente pode ser considerado um caso peculiar, pois trata-se de uma democracia em que um único partido permaneceu por mais de setenta anos ininterruptos no poder[21], ainda que também cumprisse com boa parte dos requisitos formais para a estabilidade presidencial. Contudo, a falta de alternância no poder e os notórios exemplos de fraude eleitoral também foram alvo de críticas da comunidade internacional.

Já o caso do impedimento de Fernando Collor no Brasil em 1992 pode ser considerado paradigmático em muitos sentidos. Sua saída do poder, através de um processo político que funcionou todo o tempo sob a égide das instituições democráticas, sua malfadada tentativa de governar com uma coalizão minoritária, bem como as relevantes manifestações populares que contribuíram para seu afastamento compõem um rico panorama para os objetivos deste trabalho.

---

[21] O Partido Revolucionário Institucional (PRI), fundado Partido Nacional Revolucionário (PNR) em março de 1929, ocupando já a presidência, permaneceu no poder até novembro de 2000, perfazendo ao todo 71 anos de supremacia no Executivo mexicano.

CASOS

Nesta seção, realizo um breve histórico dos mandatos presidenciais em cada um dos casos analisados neste trabalho, contemplando principalmente os acontecimentos políticos e econômicos dos países que enfrentaram crises políticas e/ou sofreram quedas presidenciais. Ressalto que as três principais fontes bibliográficas utilizadas nesta seção foram os bancos de eventos do Observatório Político Sul-Americano (Opsa — http://www.opsa.com.br/), do *Keesing's World News Archive* (http://www.keesings.com/) e do *Barcelona Centre for International Affairs* (Cidob — http://www.cidob.org/es). As fontes acima citadas possuem um extenso banco de dados sobre eventos políticos e econômicos ocorridos nos países da América Latina (*Keesing's* e Cidob) e América do Sul (Opsa).

A seguir, apresento uma série de tabelas em que resumo as principais informações dos países analisados, considerando diversos aspectos de sua estabilidade política e presidencial.

A tabela 1, intitulada "Período presidencial e quedas antecipadas", se encontra no Anexo 1 e apresenta os dados sistematizados de todos os presidentes eleitos entre 1990 e 2012, seus respectivos períodos presidenciais, como também as quedas presidenciais ocorridas antes do fim dos mandatos constitucionais, destacadas em amarelo. O Total 1 corresponde às quedas presidenciais ocorridas no período, considerando somente as interrupções de mandato dos presidentes constitucionalmente eleitos, perfazendo um total de 95 mandatários eleitos e 14 quedas, que representam 15% do total de eleitos. Já o Total 2 corresponde às quedas presidenciais ocorridas no período, considerando tanto as interrupções de presidentes constitucionalmente eleitos como as quedas de eventuais sucessores não eleitos, como no caso de vice-presidentes. Os números totalizam também 95 eleitos, mas correspondem a um aumento de cinco quedas em relação aos eventos do Total 1, somando ao todo 20 quedas e uma porcentagem de 21%.

Buscando estabelecer uma ordem dos países menos estáveis para os mais estáveis, calculamos a razão entre o número de quedas de cada país pelo número de eleitos do Total 2. Assim, países com nenhuma queda tiveram como resultado 0 (zero) e foram classificados como mais estáveis, sendo localizados no alto da tabela. Já a parte de baixo foi reservada para os países com maior número de quedas, sendo o Equador considerado o mais instável, com uma razão de 0,8 queda por mandatário que assumiu a presidência. A ordem da tabela 2 foi utilizada como parâmetro para a apresentação dos relatos das crises políticas e quedas de presidentes realizada neste capítulo. Países com a mesma razão foram ordenados alfabeticamente.

TABELA 2 | **RAZÃO "NÚMERO DE QUEDAS"/"NÚMERO DE CHEFES DO EXECUTIVO"**

PAÍS	TOTAL 2	MANDATO	RAZÃO
Costa Rica	6 eleitos/0 queda	4 anos	0
Chile	5 eleitos/0 queda	4 anos	0
Colômbia	7 eleitos/0 queda	4 anos	0
El Salvador	4 eleitos/0 queda	5 anos	0
México	3 eleitos/0 queda	6 anos	0
Nicarágua	6 eleitos/0 queda	5 anos	0
Panamá	4 eleitos/0 queda	5 anos	0
Uruguai	5 eleitos/0 quedas	5 anos	0
Brasil	6 eleitos/1 queda	4 anos	0,16
Peru	6 eleitos/1 queda	5 anos	0,16
R. Dominicana	6 eleitos/1 queda	4 anos	0,16
Honduras	6 eleitos/1 queda	4 anos	0,16

TABELA 2 | **RAZÃO "NÚMERO DE QUEDAS"/"NÚMERO DE CHEFES DO EXECUTIVO"** (CONT.)

PAÍS	TOTAL 2	MANDATO	RAZÃO
Guatemala	5 eleitos/1 queda	4 anos	0,2
Bolívia	6 eleitos/2 quedas	5 anos	0,33
Paraguai	6 eleitos/2 quedas	5 anos	0,33
Argentina	6 eleitos/3 quedas	5 anos	0,5
Venezuela	6 eleitos/3 quedas	4 anos	0,6
Equador	5 eleitos/3 quedas	6 anos	0,8

FONTE: ELABORAÇÃO PRÓPRIA

Com o intuito de facilitar a compreensão da trajetória histórica de cada um dos países aqui analisados, apresento na tabela 3, intitulada "Redemocratização na América Latina", os dados sobre o processo de redemocratização na região. Como o período abarcado na tabela não compreende o mesmo analisado neste trabalho, nosso intuito é apresentar de maneira objetiva e direta as principais informações de cada país em relação a três aspectos principais:

1. O tempo de duração da última ditadura antes do retorno definitivo da democracia. Uma das intenções dessa coluna é diferenciar países que passaram a maior parte do século XX já sob a égide de governos democráticos (Costa Rica), que realizaram a transição para a democracia na década de 1950 (Colômbia e Venezuela), e que integraram a terceira onda de democracia, inaugurada na região em 1979 por Equador e Nicarágua.
2. O primeiro presidente civil a tomar posse após a queda da ditadura e o período em que esteve no poder, ressaltando que nem sempre o primeiro mandatário civil a assumir oficialmente a presidência foi escolhido via sufrágio universal.

3. O primeiro presidente eleito democraticamente via sufrágio universal e o ano em que tomou oficialmente posse de seu mandato.

TABELA 3 | **REDEMOCRATIZAÇÃO NA AMÉRICA LATINA**

PAÍS	PERÍODO DA ÚLTIMA DITADURA	PRIMEIRO PRESIDENTE CIVIL/ PERÍODO	PRIMEIRO PRESIDENTE ELEITO/ ANO
Argentina	1976-1983	Raúl Alfonsín 1983-1989	Menem 1989
Bolívia	1964-1982	Siles Zuazo 1982-1985	Siles Zuazo 1982
Brasil	1964-1985	Tancredo-Sarney 1985-1990	Collor 1990
Costa Rica	1917-1919	Julio Acosta Garcia 1920-1924	Julio García 1920
Chile	1973-1990	Patricio Aylwin 1990-1994	Patricio Aylwin 1990
Colômbia	1954-1958	Alberto Lleras 1958-1962	Alberto Lleras 1958
El Salvador	1979-1992	Alfredo Cristiani 1989-1994	Armando Calderón 1994
Equador	1972-1979	Jaime Roldós Aguilera 1979-1981	Jaime Roldós Aguilera 1979
Guatemala	1954-1986	Vinicio Cerezos 1986-1991	Vinicio Cerezo 1986
Honduras	1971-1982	Suazo Cordova 1982-1996	Suazo Cordova 1981
México	1929-2000	Vicente Fox 2000-2006	Vicente Fox 2000

TABELA 3 | **REDEMOCRATIZAÇÃO NA AMÉRICA LATINA** (CONT.)

PAÍS	PERÍODO DA ÚLTIMA DITADURA	PRIMEIRO PRESIDENTE CIVIL/ PERÍODO	PRIMEIRO PRESIDENTE ELEITO/ ANO
Nicarágua	1936-1979	Daniel Ortega 1985-1990	Daniel Ortega 1985
Panamá	1968-1989	Guillermo Endara 1989-1994	Guillermo Endara 1989
Paraguai	1954-1989	Juan Carlos Wasmosy 1993-1998	Andrés Rodríguez 1989[22]
Peru	1968-1980	Fernando Belaúnde 1985-1990	Fernando Belaúnde 1985
República Dominicana	1924-1966	Joaquín Balaguer 1966-1970	Joaquín Balaguer 1966
Uruguai	1973-1985	Rafael Addiego 1985-1985	Julio Sanguinetti 1985
Venezuela	1952-1958	Edgar Sanabria 1958	Rómulo Betancourt 1959

FONTE: ELABORAÇÃO DO AUTOR

A seguir, apresentaremos os principais acontecimentos de cada país analisado em nossa pesquisa no intervalo de tempo compreendido entre 1990 e 2012.

[22] Como será demonstrado na seção específica sobre o Paraguai, o general Andrés Rodríguez foi o protagonista do golpe que derrubou a ditadura comandada por Stroessner em 1989, concorrendo e vencendo logo em seguida as eleições nacionais para a presidência.

COSTA RICA

A Costa Rica, na companhia do Uruguai, é considerada uma das democracias mais estáveis da América Latina, mantendo por mais de 50 anos eleições livres e diretas sem quedas presidenciais. O país se destaca pela inexistência de Forças Armadas desde a Constituição de 1949, possuindo apenas uma guarda civil e um corpo de guardas rurais. Tal peculiaridade mostra-se interessante para reflexões futuras, principalmente se considerarmos o histórico da região, no qual as Forças Armadas (principalmente o Exército) sempre foram um dos principais atores para a instabilidade da democracia, vide os diversos períodos autoritários que os países do continente atravessaram ao longo do século XX.

O período analisado neste trabalho inicia-se em 1990, ano em que Rafael Calderón (1990-1994), membro do Partido Unidade Social Cristã (PUSC), venceu as eleições e substituiu o então presidente Oscar Arias, do Partido Liberação Nacional (PLN)[23]. O novo mandatário enfrentou, ao longo de seu mandato, uma série de greves e protestos em razão da adoção de medidas austeras na economia do país. Nenhuma delas, entretanto, teve qualquer repercussão em relação a uma possível crise que abalasse sua permanência no poder. Anos mais tarde foi preso acusado de corrupção.

Em seu lugar assumiu José Figueres (1994-1998), do PLN, que prosseguiu com a política de austeridade e combate do déficit fiscal com corte de gastos estatais, demissão de funcionários e redução de pensões. Os principais objetivos de seu governo estavam centrados no tripé: produtividade — via desenvolvimento da tecnologia —, criação de empregos e sustentabilidade dos recursos naturais.

---

[23] Arias ficou internacionalmente conhecido por receber o prêmio Nobel da paz em 1987 em virtude de sua ação decisiva na condução de um acordo de paz regional aprovado por El Salvador, Guatemala, Honduras e Nicarágua.

Quatro anos depois, o novo mandatário, Miguel Ángel Rodriguez (1998-2002), membro do PUSC, vence as eleições e prossegue com as políticas de cunho ortodoxo adotadas por seus antecessores. Dois anos após ter deixado a presidência, foi preso sob acusações de corrupção. Já a administração seguinte, de Abel Pacheco (2002-2006), enfrentou greves e paralisações, principalmente em razão dos programas de privatização empreendidos pelo governo nos setores de energia e telecomunicações. Os professores também iniciaram mobilizações protestando contra a redução do valor de seus salários e aposentadorias. Como consequência dos protestos, Pacheco reorganizou seu gabinete e demitiu quatro ministros com o objetivo de diminuir a tensão das ruas. Seu governo também ficou conhecido por ter apoiado e participado na invasão do Iraque, comandada pelo Estados Unidos, historicamente um dos principais parceiros da Costa Rica no plano internacional.

Em 2006, Óscar Arias, do PLN, é mais uma vez eleito presidente da Costa Rica e assume um novo mandato (2006-2010), tendo na bem-sucedida negociação de um Tratado de Livre Comércio (TLC) com os Estados Unidos uma de suas mais importantes realizações. Arias foi o protagonista para a realização, em 2007, de um referendo popular no qual 51,6% dos cidadãos apoiaram o TLC. Em abril de 2010, Laura Chinchilla PLN foi a primeira mulher eleita para assumir o mais alto cargo político da Costa Rica.

CHILE

O fim da ditadura militar comandada pelo general Augusto Pinochet em 1990 significou o retorno da democracia e a eleição de Patricio Alwyn para a presidência. O novo mandatário, membro do Partido Democrata Cristão (PDC), derrotou nas eleições de 1989 Hernan Buchi, ex-ministro de Pinochet, com 55,2% dos votos válidos, se convertendo no primeiro presidente eleito no país após quase 17 anos de autoritarismo. Desde então, o Chile é considerado pela maior parte da literatura especializada em Ciência Política como o país com uma das democracias mais estáveis do continente. Dentre as razões para tal consideração estão: a ausência de sérios conflitos sociais ou guerra civil, as crises políticas contornáveis pela via institucional e, principalmente, a estabilidade dos mandatários eleitos democraticamente em seus cargos.

O mandato de Patricio Alwyn significou também o primeiro governo da *Concertación*, aliança de partidos de centro-esquerda formada por social-democratas e democratas cristãos. Um dos fatos mais relevantes da administração de Alwyn consistiu na abertura dos primeiros processos e julgamentos dos responsáveis pelos sequestros e assassinatos ocorridos durante o período autoritário. O maior empecilho a essas iniciativas, entretanto, foi o relativo poder que os militares ainda mantinham. Mesmo afastado da presidência, Pinochet seguia ocupando o cargo de comandante em chefe das Forças Armadas. Sobre a permanência dos militares no poder, Pinheiro (2007) afirma que:

> Diferente do que ocorreu nas demais ditaduras do Cone Sul, os militares chilenos deixaram o Palácio La Moneda munidos de um alto poder de barganha política, especialmente em razão do legado econômico. Além do mais, a lei de anistia, promulgada às vésperas da abertura, concedeu segurança jurídica àqueles que, porventura, tivessem participado da repressão entre os anos de 1973 e 1978, os mais violentos do regime (Pinheiro, 2007, p. 146).

O presidente Alwyn criou a "Comissão Nacional de Verdade e Reconciliação", que divulgou em 1991 o resultado das investigações que responsabilizavam os militares por mais de duas mil mortes, gerando imediatamente um conflito com as Forças Armadas. A tensão entre governo e integrantes das Forças Armadas permaneceu relativamente alta e teve seu principal momento de instabilidade política em 1993, quando os militares organizaram uma grande manifestação de protesto nas ruas de Santiago, no evento que ficou conhecido como *boinazo*.

A administração de Alwyn, apesar de apoiada por uma coalizão de centro-esquerda, consolidou uma série de reformas econômicas iniciadas no período autoritário e promoveu outras, buscando manter a prudência fiscal e a economia de livre mercado. Tais políticas foram denominadas pelo governo de "crescimento com equidade" e permitiram ao país o incremento de cerca de 7% ao ano e a redução da inflação pela metade, bem como a diminuição do desemprego e o aumento dos investimentos externos.

Após a presidência de Alwyn, o candidato da *Concertación* Eduardo Frei Ruiz-Tagle (1994-2000) foi eleito com 57,9% dos votos válidos, derrotando o postulante de centro-direita Arturo Alessandri Besa. Ao assumir o governo, o novo presidente afirmou que seu mandato buscaria cumprir com "seis grandes tarefas nacionais", que seriam as seguintes: 1) consolidar o desenvolvimento econômico; 2) superar as formas extremas de pobreza; 3) modernizar as relações de trabalho; 4) construir um sistema educacional moderno; 5) implementar um sistema de saúde eficiente e equitativo; e 6) aprofundar a "inserção internacional" do país.

Apesar de no primeiro ano de seu governo os indicadores econômicos terem apontado bons resultados, como, por exemplo, o avanço do Produto Interno Bruto (PIB), que alcançou a taxa de 7,8%, tais números não se mantiveram nos anos seguintes. Com o advento da crise asiática, as exportações chilenas diminuíram bruscamente e a economia desacelerou, provocando um aumento expressivo das taxas de juros no país, levando o Chile à primeira recessão desde a década de 1980. Em 1999, o desemprego alcançou a taxa de 10% da população economicamente ativa e o país ainda enfrentou uma crise energética em razão da seca e da queda de produção das usinas hidrelétricas, principal matriz energética chilena.

Prosseguindo o mesmo caminho iniciado por seus antecessores, a administração de Frei Ruiz-Tagle diversificou ainda mais a economia de mercado chilena, promovendo uma série de acordos bilaterais de livre comércio com diversos países no intuito de fomentar a exportação, assinando pactos com Canadá, México e países da América Central. O país também se tornou membro associado ao Mercosul, da Organização Mundial do Comércio (OMC) e da Cooperação Econômica da Ásia e do Pacífico (Apec). O governo de Frei Ruiz-Tagle também continuou com a política de privatizações e concessões das administrações anteriores, injetando as verbas oriundas desses processos em obras de infraestrutura no país.

Frei Ruiz-Tagle buscou diminuir a influência dos militares, mas sem conseguir grande sucesso em suas tentativas. A figura do general Augusto Pinochet ainda exercia grande influência no país, já que comandava as Forças Armadas e gozava do cargo de senador vitalício. No entanto, durante sua administração foi decretada a prisão de Pinochet em Londres, em 1998, por ordem do juiz espanhol Baltasar Garzón, em razão da morte de cidadãos espanhóis ocorridas no Chile durante a ditadura nos anos 1970.

Em relação à permanência dos poderes das Forças Armadas no Chile, Pinheiro (2007, p. 143) afirma que os militares possuíam autonomia em face às prerrogativas do Conselho de Segurança Nacional (Cosena), e também na composição do Senado, marcada pela presença tanto dos senadores institucionais como dos vitalícios. A autonomia dos militares no sistema político chileno tinha como pilares o fato de o presidente não poder dispensar os chefes militares da Marinha, do Exército e da Aeronáutica e o poder de veto do Cosena. Já em relação à composição do Senado, dos 48 membros da Casa, 38 eram eleitos por meio do voto popular e os restantes ou tinham direito ao cargo por já terem ocupado a Presidência da República, ou eram designados conforme os ditames constitucionais: quatro pelo Cosena, três pela Suprema Corte e dois pelo chefe do Executivo. Pelas razões aludidas acima, dentre outras, faz-se necessário discutir de maneira mais profunda a democracia no Chile, para além de questões meramente formais nos moldes de uma democracia mínima "à la Schumpeter", ou seja, que valoriza os caracteres mínimos necessários para uma democracia, que é reduzida em última instância a uma competição eleitoral. Se analisarmos, conforme apontado anteriormente, a permanência dos "enclaves autoritários" ao longo da década de 1990 no Chile, é possível perceber relevantes obstáculos a uma democracia mais substantiva, na qual a decisão da cidadania seja sempre soberana. Somente a partir dos primeiros anos do novo milênio, com a ação dos novos presidentes com o fito de encerrar de vez a influência dos militares e dos "enclaves autoritários", o país consegue caminhar um pouco mais na direção da democracia.

De acordo com Pinheiro (2007, p. 144), a primeira década democrática chilena pós-Pinochet foi marcada pela busca da conciliação entre a situação e a oposição, que tentaram cooperar em temas centrais para a transição política.

Após a administração de Eduardo Frei, o também candidato da *Concertación* Ricardo Lagos (2000-2006) venceu as eleições presidenciais. Existiam muitas dúvidas no país se o novo presidente socialista seria capaz de consolidar a agenda da incompleta transição democrática, em razão do cenário político desfavorável do período e da crise econômica que afetou o país no início de sua administração (Pinheiro, 2007, p. 145). Outro fator interveniente muito importante para a estabilidade de seu mandato ocorreu com a chegada de Pinochet ao Chile depois de quase dois anos detido na Inglaterra. Com a vinda do general, aumentou a pressão política sobre o governo para que cumprisse a promessa de que o ex-presidente seria julgado por tribunais chilenos.

Em seu primeiro ano de governo, o mandatário Ricardo Lagos teve que lidar com diversas crises políticas envolvendo funcionários do alto escalão. Dois foram os principais escândalos: o primeiro envolveu o Ministério de Obras Públicas (MOP) e a empresa GATE, acusada de financiar campanhas eleitorais com dinheiro público; o segundo foi um escândalo financeiro que resultou na renúncia do então presidente do Banco Central, Carlos Massad, em razão do repasse de informações privilegiadas a consultorias privadas. Em seguida, sua administração foi influenciada negativamente pelo fraco desempenho eleitoral dos partidos que formavam sua coalizão de governo, a conhecida *Concertación*, nas eleições legislativas de 2001. A maioria no Congresso foi mantida, mas a distância entre situação e oposição caiu de 20 para apenas seis cadeiras, representando "um balde de água fria" nas pretensões do presidente de reformas na Constituição do país.

Para Pinheiro (2007, p. 145), o primeiro período adverso do governo Lagos foi superado a partir do momento em que a crise asiática arrefeceu e, por consequência, trouxe nova estabilidade econômica para o país, com o retorno do crescimento. Concomitante a esse processo, o governo deu sinais de que se empenharia em consolidar as reformas constitucionais e que daria atenção especial aos processos contra militares envolvidos nos crimes da ditadura. O ano de 2005 marcou finalmente a promulgação de profundas reformas constitucionais, uma das principais bandeiras da *Concertación* desde a chegada ao poder, em 1990. As principais mudanças no texto constitucional, de acordo com Pinheiro (2007), serviram para "expurgar os enclaves autoritários"[24], ainda que isso não significasse a promulgação de uma nova Constituição.

O bom momento do governo Lagos influenciou nas eleições municipais de 2004 e, posteriormente, nas eleições de 2006, com a vitória da candidata governista e membro do Partido Socialista Michelle Bachelet (2006-2010) para a presidência, derrotando com 53,5% dos votos válidos Sebastián Piñera, do partido de oposição ao governo Renovação Nacional. A nova mandatária obteve maioria tanto na Câmara como no Senado, situação inédita para o bloco governista, e foi a primeira mulher a ser eleita presidente do país. No momento de sua posse, prometeu um governo de diálogo aberto com a população, ouvindo mais os cidadãos e menos os grupos políticos. Para

---

[24] De acordo com Baeza (2004, p. 145), o conceito de "enclave autoritário" deve ser atribuído ao sociólogo Manuel Antonio Garretón, que afirmou que a estratégia do regime autoritário chileno nos últimos anos do governo Pinochet foi o de "institucionalizar a maior quantidade de enclaves autoritários que projetariam o regime militar sobre o futuro regime democrático, tornando muito difícil a tarefa do primeiro governo democraticamente eleito".

isso, apresentou uma lista de 36 medidas prioritárias que deveriam ser cumpridas nos 100 primeiros dias de sua administração (Sant'Anna, 2006, p. 3). Uma das principais medidas consistiu na gratuidade imediata do sistema público de saúde a maiores de 60 anos, o que rapidamente entrou em execução, além da criação de uma comissão especial para trabalhar na reforma do sistema previdenciário, integrada por membros do governo e da oposição.

No entanto, logo nos primeiros seis meses de seu governo, a presidente viu sua popularidade cair 20 pontos percentuais. Um dos principais motivos do referido decréscimo seria a crise estudantil que praticamente paralisou o Chile no início do seu governo. Sant'Anna (2006, p. 3) afirma que os estudantes secundaristas tomaram as ruas pedindo reformas no sistema de educação, no que ficou conhecido como "a revolta dos pinguins", em razão da semelhança do uniforme dos alunos secundaristas com o animal. As manifestações que começaram com o fechamento de alguns colégios do ensino secundário culminaram, três semanas depois, com a paralisação de quase um milhão de estudantes e de uma série de enfrentamentos com a polícia que causaram dezenas de feridos. Tais acontecimentos geraram a primeira crise interna do governo, tendo como consequência a troca de ministros em julho do mesmo ano.

Após o primeiro momento conturbado, a presidente buscou imprimir em seu governo uma ênfase nas questões sociais, como, por exemplo, priorizando um conjunto de reformas para a construção de um amplo sistema de proteção social e ampliando a já citada reforma no sistema previdenciário. Foram criados os programas *Chile Crece Contigo* e *Chile Solidário*, que em 2009 atendiam 750 mil crianças até quatro anos, 200 mil mulheres grávidas e 387 mil famílias em condições de extrema vulnerabilidade.

Sebastián Piñera assumiu a presidência do Chile em 2010 ao derrotar o ex-presidente Eduardo Frei Ruiz-Tagle, do Partido Democrata Cristão. Piñera, membro do Partido de Renovação Nacional (PRN), foi o primeiro presidente eleito após o processo de redemocratização do país que não fazia parte do bloco da

Concertación. Sobre a ascensão de um presidente de direita após anos de governo da centro-esquerda, Benetti (2012) afirma que:

> O argumento recorrentemente utilizado pela coligação que levou a direita à vitória eleitoral afirma que a candidatura apresentada à sociedade se constituiu num registro democrático, desmarcada dos eventos sombrios que caracterizaram a história chilena entre o golpe de Estado do dia 11 de setembro de 1973 e a substituição de Augusto Pinochet na presidência do país, em 11 de março de 1990 (Benetti, 2012, p. 7).

A gestão de Piñera foi marcada por tensões em relação às regiões mais afastadas da capital (Benetti, 2012, p. 3). Em diferentes momentos de sua administração, Piñera teve de lidar com movimentos organizados de contestação em Magallanes, Aysén e Ilha de Páscua. Nos três casos apresentados, as demandas articuladas pelos manifestantes giravam em torno da resolução de questões locais. Benetti (2012) afirma ainda que para além destes casos emblemáticos, durante o governo Piñera houve também manifestações no norte do país, em Antofagasta, e em regiões onde vivem populações indígenas, especialmente os Mapuches. Além dos conflitos regionais, o governo Piñera também enfrentou uma intensiva mobilização de estudantes, trabalhadores e ambientalistas contra seu governo.

Benetti (2012, p. 8) sustenta que, para além das manifestações pontuais citadas acima, a grande disputa pública do governo Piñera foi travada com o movimento estudantil organizado, tanto no nível universitário quanto no secundário. Mobilizados desde abril de 2011, os estudantes chilenos, secundaristas e universitários, têm como principal demanda a gratuidade no ensino superior e o fim do lucro nas universidades privadas[25]. Entre abril de 2011 e outubro

---

[25] De acordo com Benetti (2012, p. 4), o atual sistema educacional chileno teria suas origens no governo ditatorial de Pinochet e, apesar de algumas reformas pontuais, suas bases ainda não teriam sido alteradas.

de 2012, por diversas vezes as ruas foram tomadas em protestos contra o modelo educacional do país e as propostas formuladas pelo governo para resolver o problema, inclusive provocando a demissão consecutiva de dois ministros da educação pelo presidente por sua incapacidade de resolver tais problemas.

COLÔMBIA

A Colômbia é considerada pela literatura tradicional que analisa a estabilidade política na América Latina como um dos principais exemplos de consolidação da democracia na região. Tal literatura, focada principalmente nos caracteres operacionais da democracia, assume que a realização de eleições livres e justas e a alternância de poder constituem claros sinais da vitalidade democrática do país desde 1958. Contudo, uma questão central não é levada em consideração nessas análises: o fato de que nas últimas décadas o país foi palco de uma guerra civil entre o governo e as Forças Armadas Revolucionárias da Colômbia (Farc), dentre outros movimentos de guerrilha que atuam em seu território.

Dito isto, acredito na dificuldade objetiva de se caracterizar a Colômbia como um exemplo de vitalidade democrática da região, uma vez que extensas áreas do país permanecem sob o rígido controle da guerrilha e sem qualquer presença de autoridade do Estado. De acordo com Mainwaring, Brinks e Liñán (2001, p. 655), em certas regiões da Colômbia (da década de 1980 até hoje) e do Peru (nos anos 1980 e início da década de 1990), operações governamentais ou paramilitares contra a guerrilha e o tráfico de drogas submeteram as populações camponesas inocentes a uma experiência nada democrática. Os autores afirmam que quando essas condições são generalizadas e atingem uma grande parcela da população, o país não deve ser considerado uma democracia. Nesse sentido, a instabilidade política não residiria nas quedas presidenciais, e sim no conflito armado que há décadas constitui o principal problema colombiano. Para Carpes e Leite:

> Ao contrário do que se previa, o fim da Guerra Fria não acarretou o fim da guerra civil na Colômbia. As guerrilhas, que antes contavam com o apoio comunista, encontraram novas fontes de financiamento e conseguiram dar seguimento às suas atividades. Com a derrocada dos cartéis de Cáli e Medellín, na década de 90, não apenas os grupos armados colombianos de esquerda, mas também os paramilitares, vincularam-se progressivamente ao narcotráfico, apropriando-se das plantações e rotas de comercialização da droga (Carpes; Leite, 2007, p. 177).

Percebemos, entretanto, que no período analisado não ocorreram sérias ameaças à manutenção dos presidentes eleitos no poder por iniciativa dos outros poderes constituídos ou por manifestações populares. Tampouco o país enfrentou crises políticas com real chance de quedas presidenciais. Os últimos presidentes colombianos sempre contaram com o apoio da população urbana, majoritária, em razão da agenda de segurança consistir seu principal objetivo. De acordo com Coutinho:

> A Colômbia caracteriza um tipo de conflito não-institucionalizado, no qual nem todos os atores políticos e sociais aceitam atuar conforme as regras do jogo. A questão central neste país, portanto, continua sendo a falta de adesão plena ao regime político e, consequentemente, ao Estado democrático-liberal. Adicionando a isso a herança da militarização e a centralidade assumida pela questão de segurança, tem-se então outro caso bastante particular (Coutinho, 2006, p. 816).

O período analisado neste trabalho começa com a eleição do membro do Partido Liberal César Gavíria em 1990. De maneira análoga a praticamente todos os outros presidentes da época, Gavíria optou por uma política de liberalização da economia, encerrando o antigo modelo de substituição de importações que vigorou no país nas últimas décadas. Durante seu governo, foram levadas a cabo negociações com grupos armados, chegando mesmo a obter o sucesso de algumas desmobilizações. Por outro lado, o presidente resolveu suspender o diálogo com as Farc, principal organização guerrilheira do país, aumentando a repressão militar contra o referido grupo. Sua administração também enfrentou uma grave crise energética em 1992, em razão da baixa do nível dos reservatórios das usinas hidrelétricas colombianas, agravada pelo fenômeno meteorológico *El Niño*. Após o fim de seu governo, Gavíria foi designado Secretário Geral da Organização dos Estados Americanos (OEA), sendo reeleito em 1999 e permanecendo na presidência da instituição até 2004.

Seu sucessor, Ernesto Samper, também oriundo do Partido Liberal, iniciou seu mandato em 1994 e diminuiu a velocidade com que a abertura econômica vinha sendo realizada. O início de seu governo obteve poucos resultados práticos, visto que sua administração teve que lidar com denúncias de que sua campanha eleitoral havia sido financiada pelo narcotráfico, fato que repercutiu negativamente em muitos setores do governo. Seu mandato foi marcado também pela modificação do discurso em relação à guerrilha, em razão da opção presidencial de iniciar um processo de negociação com as Farc e alguns dos demais grupos paramilitares que atuam no país. Entretanto, tal iniciativa não rendeu muitos frutos, desembocando na ruptura das relações em 2002.

Em 1998, em um cenário no qual a criminalidade e a violência aumentavam a cada ano, Andrés Pastrana, do Partido Social Conservador, lançou sua candidatura à Presidência da República pela segunda vez, ganhando apoio popular pela sua disposição em levar adiante reformas sociais e acordos de paz com as guerrilhas de esquerda, em especial as Forças Armadas Revolucionárias da Colômbia (Farc) e o Exército de Libertação Nacional (ELN). Ao longo do seu governo, contudo, verificou-se um desgaste progressivo das estratégias de paz promovidas, o que, somado à grave recessão econômica e crise do setor financeiro que atingiram a Colômbia no final da década de 1990, fez com que Pastrana concluísse sua administração com apenas 15% de aprovação popular (Carpes; Leite, 2007, p. 177). De acordo com Carpes e Leite (2007, p. 180), ao final de seu mandato, observou-se o aumento do controle de vastos territórios pelas guerrilhas, o não cumprimento do cessar-fogo e a manutenção dos índices de violência política.

Em 2002, iniciou-se o mandato presidencial de Álvaro Uribe. Essa eleição marca, pela primeira vez em décadas, a chegada de um candidato fora dos grandes e tradicionais partidos colombianos — Partido Liberal (PL) e Partido Social Conservador (PSC) –à Presidência do país, sendo Uribe membro do Movimento Primero Colômbia (Coutinho, 2006, p. 816). No período compreendido por seus dois governos, aumentou drasticamente a repressão contra as forças guerrilheiras, que passaram a ser tratadas pelo governo como terroristas, principalmente em razão da adoção do argumento da necessidade da defesa da democracia. A escalada da repressão de sua administração contou com a ajuda do financiamento do Plano Colômbia[26], patrocinado pelo governo dos Estados Unidos.

O primeiro governo Uribe aprofundou ainda mais as reformas estruturais no país, implementadas de acordo com os critérios estabelecidos pelos sucessivos acordos econômicos com o FMI. Com o objetivo de reduzir o déficit fiscal colombiano, Uribe tratou de diminuir os gastos e a dívida pública, que teria passado de 14% do PIB em 1996 para 53% no final de 2002. Tal medida foi fundamental para aumentar os gastos militares (cujos repasses dos

---

[26] De acordo com Carpes e Leite (2007, p. 197), concebido pelos governos Clinton e Pastrana e lançado em 2001, originalmente previa o direcionamento da maior parte dos recursos, que viriam de diversos países e organizações, para o estímulo ao desenvolvimento institucional, social e econômico, sendo apenas 16% destinados ao combate ao narcotráfico. Na prática, porém, a ajuda norte-americana priorizou o enfrentamento do narcotráfico e o incremento militar colombiano, baseando-se na necessidade de minar os grupos guerrilheiros, notadamente a "narco-guerrilha" (termo utilizado para a referência às Farc), por meio da destruição de suas bases de financiamento.

EUA estavam condicionados à disciplina fiscal colombiana) e assegurar a abertura de novas linhas de crédito junto aos organismos financeiros multilaterais, tornando a economia colombiana mais atrativa ao capital estrangeiro (Carpes; Leite, 2007, p. 189). Entre as políticas introduzidas pelo governo Uribe destacam-se: as reformas trabalhistas e do sistema previdenciário; a fusão de Ministérios; as privatizações; e a reestruturação do setor de hidrocarbonetos. Para conseguir realizar todas as modificações que julgava necessárias, o presidente Uribe solicitou maiores poderes ao Congresso colombiano e conseguiu, modificando a Constituição de 1991 e permitindo a reeleição do mandatário, o que de fato aconteceu no ano seguinte.

Reeleito em 2006, Uribe conseguiu uma votação ainda mais expressiva do que em sua primeira eleição, obtendo 62% dos votos contra 53,02% em 2002. Sua segunda administração foi marcada por várias denúncias de corrupção de parlamentares, altos funcionários do governo e mesmo de familiares do presidente com o narcotráfico, no escândalo que ficou conhecido como "Parapolítica". Ainda assim, em 2008, o mandatário obteve o seu recorde de aprovação popular de 91%, após consecutivas operações militares que provocaram danos severos à organização das Farc, assassinando alguns de seus principais líderes e resgatando vários reféns importantes, como a senadora Íngrid Betancourt. Menos de um ano depois, no entanto, sua popularidade caiu para 68%. Devemos levar em consideração, todavia, que tais estatísticas de popularidade foram sucessivamente contestadas pela oposição, porque supostamente só levariam em conta a população das grandes cidades, majoritariamente favorável a Uribe, e deixariam de lado as cidades do interior, que concentrariam as guerrilhas e boa parte da oposição ao governo. Seu segundo mandato também ficou conhecido pelos momentos de tensão com os vizinhos Equador e Venezuela, em razão da invasão das Forças Armadas colombianas nos territórios vizinhos quando do combate às Farc. Ambos os países retiraram seus embaixadores da Colômbia e cortaram as relações diplomáticas na ocasião. Ao encerrar seu segundo período presidencial, Álvaro Uribe se converteu no mandatário colombiano que ficou mais tempo no poder no país desde a independência da Espanha em 1831.

Uribe foi substituído por Juan Manuel Santos em 2010. Santos foi eleito pelo Partido Social de Unidade Nacional, também conhecido como "Partido de la U", composto principalmente por políticos que deixaram o Partido Liberal para apoiar o ex-presidente Álvaro Uribe. De acordo com Oliveira (2011, p. 22), a eleição de Santos representou a migração do discurso político da defesa irrestrita do mercado e da busca pela segurança a qualquer preço (inclusive acima de direitos civis e políticos) para uma preocupação expressa com as desigualdades sociais e com a verdade, a justiça e a reparação das vítimas do conflito interno. Nesse sentido, o governo de Juan Manuel Santos introduziu na política colombiana um tom mais universalista — e mais cosmopolita — de todo ausente na gestão de seu antecessor, cujo foco estava voltado quase exclusivamente para o combate contra às Forças Armadas Revolucionárias da Colômbia (Farc). Sua administração estaria calcada no chamado "Plano Nacional de Desenvolvimento do país", que organizava a política governamental em torno de três eixos fundamentais: segurança, criação de empregos e redução da pobreza (oliveira, 2011, p. 24).

EL SALVADOR

O fim da guerra civil, em 1992, e o início do mandato de Armando Calderón, em 1994, marcam o início do período analisado. Em seu governo, Calderón, membro da Aliança Republicana Nacionalista (Arena), buscou principalmente reforçar as instituições democráticas e recompor o sistema partidário do país, além de continuar os processos de reforma agrária e reestruturação econômica via abertura comercial, que foram iniciados anteriormente.

Foi sucedido por Francisco Flores, também da Arena, em 1999, em um governo que ficou conhecido pelo alinhamento com os Estados Unidos, tornando-se um dos principais aliados desse país na região, tendo sua expressão máxima no envio de tropas salvadorenhas para o combate na guerra do Iraque. Flores também optou pela dolarização e extensiva abertura comercial, representada por uma série de acordos de livre comércio.

Em junho de 2004, Antonio Saca, do mesmo partido de Flores e Calderón — a Aliança Republicana Nacionalista (Arena) —, assume a presidência do país. Seu governo sustentou a mesma política externa de seu antecessor, mantendo a presença salvadorenha no Iraque e criticando os governos de esquerda da América Latina. Seu mandato ficou marcado também pelo aumento da violência no país, que resultou em um expressivo combate do governo às chamadas "Maras", gangues de rua muito comuns em países da América Central. Dentre as táticas utilizadas pelas forças oficiais estava a busca em domicílios de supostos criminosos, medida considerada abusiva pelas organizações de direitos humanos do país por remeter ao passado recente de abusos durante a guerra civil salvadorenha.

Contudo, após quase duas décadas seguidas de domínio político da presidência pelo partido de direita Arena (o único partido a comandar o país desde o fim da guerra civil, no início dos anos 1990), o candidato de esquerda Mauricio Funes, da Frente Farabundo Martí para a Liberação Nacional (FMLN), partido político que congrega uma coalizão de cinco organizações que participaram da guerrilha no passado, conseguiu sair vitorioso das eleições presidenciais em 2009.

MÉXICO

Ao analisar o presidencialismo mexicano contemporâneo, temos que levar em consideração o predomínio ao longo do século XX do Partido Revolucionário Institucional (PRI), que elegeu seu primeiro presidente em 1946 e se manteve no poder até 2000, com a eleição de Vicente Fox, do Partido Ação Nacional (PAN). Existe uma grande controvérsia na literatura que analisa o presidencialismo latino-americano sobre quando, de fato, o México poderia ser classificado como uma democracia plena, se em 1997 ou 2000[27]. Aqueles que consideram 1997 como o ano do retorno pleno da democracia percebem como questão central o voto e a pluralidade de forças no poder que dele decorre, pois foi nesse ano que, pela primeira vez, após uma disputa eleitoral que resultou em um governo dividido, todas as forças políticas se conformaram com o resultado. Ainda em 1997, o partido que controlava o Executivo deixou de ser maioria absoluta no Congresso e a esquerda se tornou a segunda força mais importante, além de ganhar a eleição para chefe de governo na capital pela primeira vez. Já aqueles que advogam pelo ano de 2000 como marco do retorno à democracia levam em consideração a alternância de poder na presidência como principal quesito no julgamento.

Mauricio Merino (2003, p. 15) considera que o processo político ocorrido no México seria diferente do tipo ideal de transição[28] por três razões: primeiro, por ter sido uma "transição votada", e não pactuada, como ocorre normalmente em outros casos; segundo, por não ter ocorrido uma ruptura com o regime anterior, pelo contrário, a mudança teria se baseado em uma abertura gradual e contínua; e por último, em vez de uma transformação das regras do jogo, o que teria ocorrido seria uma recuperação das instituições já existentes, e não o desenho de novos modelos.

---

27 A classificação de Mainwaring, Brinks e Pérez-Liñán (originalmente publicada em 2001 e atualizada posteriormente até 2010) utilizada no terceiro capítulo deste trabalho entende que entre 1913 e 1987 o México esteve sob um regime autoritário; entre 1988 e 1999 teria sido uma semidemocracia; e de 2000 em diante teria finalmente atingido o status de democracia plena.

28 Merino (2003, p. 15) afirma que o tipo ideal de transição supõe uma mudança política baseada em um pacto entre as elites que, com base em uma ruptura com o passado, leva a uma transformação político-institucional do país.

O período analisado por este trabalho inicia-se em 1994, com a eleição de Ernesto Zedillo, que substituiu o governo de Carlos Salinas de Gortari, ambos membros do PRI. Seu governo ficou marcado pela grave crise econômica que enfrentou no evento que ficou conhecido como "efeito tequila"[29], quando Zedillo e Salinas culparam-se mutuamente pela "paternidade da crise". Os impactos econômicos foram terríveis, expressos na forte desvalorização cambial (a cotação do dólar subiu 114% entre dezembro de 1994 e março de 2005), na falência de milhares de empresas e no consequente aumento do desemprego e da informalidade, que exerceram pressões nos salários, que foram corroídos pelo aumento da inflação (Kessler, 2001, p. 138). Como resposta, o governo de Zedillo criou um fundo bancário de proteção à poupança (Fobaproa), com o propósito de reestruturar o sistema bancário mexicano. Para isso contraiu empréstimos da ordem de 20 bilhões de dólares.

Em 2000, Vicente Fox, membro do Partido Ação Nacional (PAN), venceu uma eleição histórica, que marcou o fim do período de mais de 70 anos em que todos os presidentes do México foram militantes, do Partido Revolucionário Institucional (PRI) ou de partidos que deram origem a este[30]. De acordo com Pérez Flores (2007, p. 75), somente no governo Fox foi possível a inclusão de novos temas como migração, abertura do setor energético para

[29] Para French-Davis (1997), o "efeito tequila" pode ser explicado como o ataque especulativo ao peso mexicano, ocorrido em dezembro de 1994, levando a uma desvalorização cambial superior a 50% em apenas um mês, sendo percebido como o início de uma das primeiras crises financeiras de impacto global da década de 1990. A política de valorização do peso implicou uma queda nas reservas internacionais mexicanas de mais de US$ 18 bilhões de Direitos Especiais de Saque (DES) em um período de um ano. Ao longo de 1994, o aumento da taxa de juros dos EUA, atrelado à relativa queda das taxas mexicanas, reduziu a atratividade do mercado mexicano.

[30] Pérez Flores (2007, p. 131) afirma que "o referido acontecimento era o ponto culminante de um processo de transição institucional que a partir das conturbadas eleições de 1988 havia centrado sua agenda no desenho de mecanismos de transparência do sistema eleitoral".

investimentos externos e outros assuntos hemisféricos, em razão da incapacidade dos governos do PRI em fazer com que os interlocutores dos Estados Unidos se engajassem numa discussão construtiva e integral sobre tais assuntos. Pérez Flores afirma ainda que "o Governo Fox acredita que a sociedade funciona melhor quando é regida por princípios democráticos, afinados com as tendências universais, e sua economia está voltada para o mercado exterior, coerentemente com as circunstâncias atuais da globalização" (2007, p. 75). Segundo o autor, em matéria de política econômica e política exterior, o PAN de Vicente Fox mostrou-se mais próximo das orientações gerais e iniciativas específicas dos governos do PRI nos últimos 15 anos do século XX, principalmente a partir do governo de Salinas de Gortari.

Felipe Calderón, do PAN, foi eleito em 2006 o novo presidente do México após uma eleição extremamente conturbada. Na ocasião, foi acusado de fraude eleitoral por Andrés Manuel López Obrador, do Partido da Revolução Democrática (PRD), candidato que ficou em segundo lugar nas eleições por uma pequena diferença e exigiu a recontagem dos votos. Para tal, mobilizou milhares de manifestantes a seu favor, paralisando a Cidade do México por mais de um mês. Somente alguns meses após as eleições, o Tribunal Eleitoral do Poder Judicial da Federação validou as eleições e declarou Calderón como legítimo presidente mexicano.

Em 2012, as eleições mexicanas foram novamente marcadas por nova contestação dos seus resultados. Enrique Peña Nieto, candidato da oposição e membro do PRI, foi eleito com 39% dos votos válidos, superando o candidato derrotado Andrés Manuel López Obrador, do PRD, que obteve 32,5% dos votos e foi derrotado pela segunda vez consecutiva. De maneira semelhante ao que ocorreu nas eleições de 2006, López Obrador pediu a recontagem dos votos, alegando uma série de irregularidades no pleito, como a compra de votos e os gastos excessivos na campanha eleitoral que extrapolariam o permitido em lei. Sua solicitação, no entanto, foi negada pelo Instituto Federal Eleitoral (IFE), órgão responsável pela organização e contagem dos votos no país, o que acabou ocasionando diversas mobilizações em protesto contra o resultado das eleições, paralisando mais uma vez a capital, Cidade do México. No mês seguinte, a Suprema Corte mexicana também rejeitou a apelação de López Obrador, mantendo soberana a decisão do IFE, alegando falta de provas de irregularidades na campanha de Peña Nieto.

NICARÁGUA

Ao longo do século XX, poucas vezes o poder mudou de mãos na Nicarágua, destacando-se os seguintes períodos ditatoriais ou autoritários: a ocupação norte-americana (1909-1933); a chamada "Dinastia Somoza" (1936-1979); a guerra civil (1972-1979); e o "período sandinista" (1979-1990). O fim do período sandinista (e do mandato de Daniel Ortega) e a eleição de Violeta Chamorro para a presidência (no primeiro pleito considerado legal pela comunidade internacional em décadas), ambos no ano de 1990, marcam o início do período analisado neste trabalho.

Nos primeiros anos de governo de Chamorro, da União Nacional Opositora (Uno), o país enfrentou diversos entraves que o distanciavam de uma democracia plena. Os sandinistas ainda possuíam grande poder, ou mesmo o controle, de importantes áreas do governo, como o Exército, sindicatos e Cortes de justiça. Contudo, com o passar dos anos, tais forças foram gradualmente deixando o poder. Nesse aspecto, a substituição do ex-presidente Daniel Ortega, um dos líderes da Revolução Sandinista, do comando do "Exército Popular Sandinista", renomeado em seguida "Exército da Nicarágua" em 1995, possui grande representatividade.

Chamorro foi substituída em 1996 por Arnoldo Alemán, da Aliança Liberal (AL), que prosseguiu com o processo de liberalização da economia e com a construção de grandes obras de infraestrutura, apoiado principalmente pelo financiamento de organizações internacionais após o furacão *Mitch*, que atingiu a Nicarágua em dezembro de 1998.

Alemán deixou a presidência em 2001, ano em que Enrique Bolaños assumiu o poder, após derrotar Daniel Ortega por uma diferença de 14 pontos percentuais. A administração de Bolaños, membro do Partido Liberal Constitucionalista (PLC), teve que lidar com uma crise que envolveu os três poderes do país, iniciada em janeiro de 2005 e que se perpetuou até o fim de seu mandato. O conflito teve início após a aprovação de uma emenda constitucional pelo Legislativo unicameral do país (controlado pela oposição representada pelo Partido Sandinista de Daniel Ortega) que, dentre outros temas, enfraquecia os poderes do presidente e diminuía de maioria qualificada para maioria simples a quantidade de votos necessários no Congresso para derrubar um veto presidencial. Os episódios da crise presidencial de Bolaños serão discutidos de maneira mais detalhada ao longo do quarto capítulo deste trabalho.

Somente em outubro de 2005, Bolaños e Daniel Ortega chegaram a um acordo que adiava para o ano de 2007 a realização das reformas constitucionais que foram o foco do conflito ao longo do ano. Na prática, a decisão permitiu ao presidente terminar seu mandato de cinco anos.

Finalmente, em 2006, Ortega, da Frente Sandinista de Liberação Nacional (FSLN), consegue retornar à presidência da Nicarágua, após 16 anos na oposição. Sua posse ocorreu em janeiro de 2007 e contou com a presença de representantes de 65 países. Ortega conseguiu ser reeleito para mais cinco anos de mandato em 2012.

PANAMÁ

O retorno da democracia no Panamá ocorreu entre o final de 1989 e o começo de 1990 com a derrubada do general Manuel Noriega do poder em virtude da Operação Causa Justa, invasão das tropas especiais dos Estados Unidos ao país com o objetivo de prender o comandante *de facto* do Panamá, acusado de envolvimento com o narcotráfico internacional e lavagem de dinheiro. Durante a invasão, Guilhermo Endara, membro do Partido Arnulfista, prestou juramento como novo mandatário do país. Endara havia sido o vencedor das eleições presidenciais de maio de 1989, abolidas pelo regime militar de Noriega, que escolheu Francisco Poveda como governante de fachada do país.

A primeira eleição considerada limpa e transparente na história recente do Panamá ocorreu em 1994 com a vitória de Ernesto Pérez-Balladares, membro do Partido Revolucionário Democrático (PRD), e marca o início do período estudado. O novo presidente venceu uma disputa com outros sete candidatos, obtendo apenas 33% dos votos válidos, devido à inexistência de segundo turno no país. Seu governo se caracterizou pelas políticas de livre-mercado como meio de modernização do país, incluindo a entrada na Organização Mundial do Comércio (OMC) em 1995 e a privatização de empresas públicas. A exemplo de outros presidentes da América Latina, tentou reformar a Constituição com o intuito de permitir sua reeleição. Sua proposta, no entanto, foi negada pela população panamenha em referendo popular realizado em 1998.

No ano seguinte, em 1999, Mireya Moscoso, do Partido Arnulfista, tornou-se a primeira mulher a ser eleita presidente do Panamá. Seu governo foi envolvido em diversas acusações de corrupção, entretanto, nenhum de seus aliados mais próximos chegou a ser processado. Chegou ao fim de sua administração com a popularidade mais baixa da história dos presidentes do Panamá, seguindo no dia seguinte ao fim de seu mandato para a Flórida.

Moscoso foi substituída em 2004 por Martín Torrijos, do PRD, que focou sua administração na implementação das reformas fiscais e da previdência, além de anunciar obras de expansão do Canal do Panamá, em 2007 (aprovadas por referendo no ano anterior). Também em 2007, Torrijos se deparou com a crise mais grave de seu mandato, quando sua administração enfrentou problemas com a opinião pública pela morte de mais de 100 cidadãos envenenados por remédios produzidos pelo governo, além do aumento das taxas de crime e violência no país. Como resposta, o presidente trocou vários ministros de seu gabinete, amenizando a crise.

Finalmente, em julho de 2009, o conservador e pró-mercado Ricardo Martinelli, membro do Partido Cambio Democrático (PCD), assumiu a presidência do país após ganhar as eleições com 60% dos votos válidos. Em março de 2010, a administração Martinelli enfrentou uma série de violentos protestos populares em todo o país contra o aumento de impostos e a nova lei que buscava uma ampla reforma no sistema educacional do país. Os eventos contaram com a participação de mais de 10 mil cidadãos e resultaram em violentos conflitos com a polícia, ocasionando a prisão de cerca de 200 manifestantes. Já no ano de 2011, o Congresso panamenho rejeitou uma tentativa de reforma constitucional que permitiria a reeleição do presidente Martinelli.

URUGUAI

No período analisado, o Uruguai foi um dos poucos países em que todos os presidentes conseguiram cumprir o mandato de cinco anos até o final, tornando-se praticamente um consenso na literatura sobre presidencialismo na América Latina que esta seria uma das democracias mais estáveis e consolidadas da região. Com o fim do último período autoritário no país (1973-1985), seguiu-se uma alternância de poder entre os partidos tradicionais — Partido Nacional (PN), conhecido como Branco, e Partido Colorado (PC) —, que só foi encerrada com a vitória de Tabaré Vasquez em 2005, representando a entrada da esquerda no poder via Frente Ampla[31].

[31] A Frente Ampla é, *de facto*, um partido, tanto por concorrer eleitoralmente unida há décadas no nível nacional e no local como por ter enraizado um vínculo afetivo de longo prazo com seu eleitorado. Formalmente, no entanto, é uma frente, formada em 1971 por partidos e grupos de esquerda ou "progressistas" insatisfeitos com o crescente autoritarismo conservador daquele tempo e, depois, mantida na oposição à ditadura. A Frente Ampla contou inclusive com várias adesões de dissidentes dos dois partidos tradicionais e teve, ela própria, ao longo de sua história, a entrada e saída de integrantes e mudanças consideráveis na correlação interna de forças. Sobre essas questões, ver Reis (2011).

No início da década de 1990, Luis Alberto Lacalle (1990-1995), membro do Partido Branco, assumiu a presidência e buscou implementar em seu governo um conjunto de medidas que intencionavam levar a economia uruguaia na direção das reformas políticas e econômicas de cunho neoliberal. As administrações seguintes, de Júlio Maria Sanguinetti (1995-2000) e de Jorge Battle Ibáñez (2000-2005), ambos membros do Partido Colorado, também foram marcadas por políticas que buscaram a ortodoxia econômica, com forte oposição dos partidos de esquerda e de parte da população. Os governos de Lacalle, Sanguinetti e Battle serão apresentados de forma mais detalhada no quarto capítulo deste trabalho, quando serão analisados mais detidamente os conflitos entre poderes e a influência das coalizões de governo nos países da América Latina.

Após o desgaste de seguidos governos oriundos dos partidos tradicionais e de orientação neoliberal, o candidato da Frente Ampla nas eleições de 2005, Tabaré Vasquez, vence o pleito ainda no primeiro turno com 50,4% dos votos válidos. O crescimento da esquerda no Uruguai ocorreu de forma gradual, sem rupturas institucionais ou protestos populares contrários, refletindo a grande institucionalização dos partidos e a estabilidade política do país (Erthal; Villano, 2007, p. 318). O mandato de Vásquez foi marcado por uma maior aproximação com o Mercosul e o estímulo no tema dos direitos humanos, com o objetivo de investigar e punir os crimes ocorridos durante a ditadura militar.

Em 2010, Vásquez foi substituído pelo ex-guerrilheiro tupamaro José Mujica, também da Frente Ampla, que venceu as eleições no segundo turno contra o ex-presidente Luis Alberto Lacalle. O novo mandatário uruguaio prometeu em seu discurso de posse esforços para reduzir a pobreza no país, além de ter adotado ao longo de sua administração medidas progressistas, como a legalização do uso e a comercialização de maconha pelo Estado, além de colocar em vigor uma das mais abrangentes leis da região sobre o direito ao aborto e ampliar o uso de recursos renováveis no país.

BRASIL

O Brasil é mais um dos países em que o ano de 1990 significou o início de um novo período presidencial. Na primeira eleição direta disputada em 29 anos[32] e a primeira desde a redemocratização em 1985, Fernando Collor de Mello sagrou-se vencedor ao superar Luiz Inácio Lula da Silva após um tumultuado segundo turno. No entanto, permaneceu pouco mais de dois anos no cargo, sendo deposto pelo Congresso após um processo de *impeachment* em 1992.

Oriundo de um partido pequeno e de pouca expressão — o Partido da Reconstrução Nacional (PRN)[33] —, Collor jamais conseguiu formar a coalizão majoritária que necessitava para pôr em prática suas medidas de ajuste econômico que visavam à liberalização da economia nos moldes preconizados pelo Consenso de Washington. O candidato, que se autodenominou "Caçador de Marajás"[34], formou seu gabinete com políticos desconhecidos para evidenciar que não estava ligado às elites do país. Imediatamente após sua posse, lançou o "Plano Collor", que introduziu uma nova moeda e congelou aproximadamente 80% das contas de poupança do país, buscando resolver o problema crônico e histórico da hiperinflação (Pérez-Liñán, 2009, p. 39). Suas políticas, entretanto,

---

[32] Jânio Quadros havia sido o último presidente vencedor em uma eleição direta, no ano de 1961. O primeiro presidente não militar desde o golpe de 1964 foi Tancredo Neves, eleito indiretamente em 1985 por um colégio eleitoral formado por deputados e senadores após o fracasso da famosa campanha "Diretas já". Tancredo, no entanto, adoeceu gravemente, vindo a falecer na véspera de sua posse como presidente do Brasil. Em seu lugar assumiu seu vice, José Sarney.

[33] De acordo com Pérez-Liñán (2009, p. 40), o PRN possuía apenas 8% dos assentos na Câmara dos Deputados e 4% no Senado Federal.

[34] Collor, que foi governador do estado de Alagoas, no Nordeste do Brasil, ficou conhecido por iniciar uma cruzada contra funcionários públicos ineficientes, chamados de "marajás"

não surtiram efeito. Pelo contrário, teriam gerado ainda mais recessão, desemprego e insatisfação popular em razão da persistência da inflação, da diminuição dos salários e dos cortes nos gastos públicos e no salário-mínimo (Figueiredo, 2010, p. 112).

Seu curto governo ficou caracterizado pelo confronto com o Congresso e pelo uso de medidas provisórias e decretos-lei como principal maneira de implementar suas políticas. Sob fortes denúncias de corrupção iniciadas por seu irmão Pedro Collor e com a popularidade cada vez menor, o Congresso brasileiro instaurou uma Comissão Mista Parlamentar de Inquérito (CPI) em junho de 1992 para investigar os atos do presidente (Figueiredo, 2010, p. 113). Em menos de três meses depois de inaugurada, a CPI ofereceu um relatório final, no qual apresentava evidências conclusivas contra o mandatário. No final de agosto, momento em que aumentavam os protestos populares contra o presidente, Collor decidiu lançar sua última cartada para retomar o apoio dos brasileiros: proferiu um discurso em rede nacional de rádio e televisão em que pedia aos cidadãos que vestissem verde e amarelo, as cores da bandeira, como demonstração de apoio ao presidente. A reação, contudo, foi exatamente a oposta. Centenas de milhares de pessoas foram às ruas das principais cidades brasileiras vestindo preto em protesto contra Collor e exigindo sua saída do poder. Ao mesmo tempo que as mobilizações aumentavam, crescia a pressão parlamentar para a instauração de um processo de impedimento contra o presidente.

No dia 29 de setembro de 1992, ocorreu a votação que iniciou o processo de *impeachment* na Câmara dos Deputados, na qual o placar final foi 441 votos a favor e 38 contrários, autorizando o julgamento do mandatário pelo Senado e suspendendo Collor da presidência por um período de seis meses. No dia 29 de dezembro, na última sessão de julgamento a ser realizada pelo Senado Federal no ano, o presidente resolveu se antecipar à decisão final e apresentou sua carta de renúncia. A votação, entretanto, prosseguiu, e Collor foi julgado culpado por 73 votos contra oito, sendo condenado por "Crime de Responsabilidade" e tendo seus direitos políticos cassados por oito anos[35] (Pérez-Liñán, 2009; Figueiredo, 2010).

Collor foi substituído por seu vice, Itamar Franco, que, ao longo da crise sofrida por Collor, foi paulatinamente se distanciando do então presidente, criticando sua política econômica e o processo de privatizações como um todo, o que o levou a abandonar o PRN em maio de 1992, voltando para seu partido anterior, o Partido do Movimento Democrático Brasileiro (PMDB). Com o desenvolvimento da crise, Franco sempre se preocupou muito mais em se apresentar como a alternativa viável a Collor do que efetivamente apoiar o presidente. O então vice-presidente brasileiro agiu de maneira análoga a outros vice-presidentes da região, que se transformaram de aliados fundamentais de primeira hora a inimigos mortais dos mandatários em momentos de crise com real chance de queda presidencial.

Tal qual ocorreu com seu antecessor, o governo Itamar também se deparou com os problemas econômicos. Em maio de 1993, o presidente nomeou o então senador Fernando Henrique Cardoso, membro do Partido da Social Democracia Brasileira (PSDB), para o Ministério da Fazenda, o qual, juntamente com uma equipe de economistas neoestruturalistas ou inercialistas, implantou o

---

35 De acordo com o sítio oficial da Câmara dos Deputados: "Fernando Collor de Mello foi o primeiro presidente a ser julgado e condenado por Crime de Responsabilidade, sendo, portanto, o primeiro Presidente da República a sofrer o processo de *impeachment*. Por isso, sofreu pena de suspensão de direitos políticos por 8 anos, tornando-se inelegível para qualquer função pública durante esse período". Disponível em http://www2.camara.leg.br/atividade-legislativa/plenario/discursos/escrevendohistoria/20-anos-do-impeachment.Acesso em: 15 jan. 2013.

Plano Real[36], que, ao contrário dos planos anteriores, conseguiu controlar a inflação que vinha apresentando índices astronômicos desde o início da década de 1980.

Itamar Franco governou o país até o dia 1º de janeiro de 1995, data em que Fernando Henrique Cardoso assumiu a presidência, também derrotando Lula no segundo turno. De acordo com Faucher (1998), o êxito do plano permitiu ao presidente Fernando Henrique Cardoso construir uma aliança política que tirava proveito de sua sólida vitória eleitoral. Tais forças conferiram um alto grau de legitimidade à administração de Cardoso, dando-lhe condições de unir os governadores e formar uma maioria nas duas Casas do Congresso. A recuperação da estabilidade econômica e a grande legitimidade do governo possibilitaram à nova administração propor uma agenda de reformas que buscava atacar as fontes estruturais da ingovernabilidade no Brasil.

Ao longo de seu mandato e graças ao apoio da maioria dos parlamentares, Cardoso conseguiu também mudar a Constituição do país, introduzindo novamente o instituto da reeleição via Emenda Constitucional, o que lhe permitiu outra vitória nas urnas no primeiro turno e um novo mandato que compreendeu o período de 1999 a 2002.

Somente em sua quarta tentativa, Luiz Inácio Lula da Silva, do Partido dos Trabalhadores (PT), foi eleito presidente do Brasil, quando pela primeira vez na história do país uma coalizão de centro-esquerda, capitaneada pelo Partido dos Trabalhadores,

---

[36] De acordo com Jatobá (2011), "Após um período de relativa estagnação no processo de liberalização, as reformas foram retomadas por Fernando Henrique Cardoso, primeiro como Ministro da Fazenda do governo de Itamar Franco, sucessor de Collor, e depois como presidente, durante dois mandatos (1994-1998 e 1998-2002). Poucos meses antes das eleições presidenciais que levaram Cardoso ao Palácio do Planalto, o governo lançou mão de um plano de estabilização econômica, o Plano Real, completando a liberalização comercial e a privatização (inicialmente do setor siderúrgico e petroquímico) do início da década de 1990. Conforme o comentário de Kuczynski (2003, p. 22), 'isto alinhou a maior economia da região com as políticas dos outros países principais'".

comandaria a presidência. Seu governo, iniciado em 2003, ficou marcado pela tentativa de priorizar as questões sociais, que constituíam, na visão do presidente, a fonte dos grandes problemas do Brasil, principalmente a fome e a desigualdade social.

Sua administração lançou o programa "fome-zero"[37] e posteriormente o "bolsa-família"[38], grandes marcas de sua gestão. No entanto, seu governo teve que lidar com graves acusações de corrupção de membros do primeiro escalão ministerial, o que resultou no afastamento de algumas de suas principais lideranças e de legisladores dos partidos de sua coalizão. Para Erthal e Magalhães (2007, p. 107), o primeiro governo Lula sofreu com duas graves crises políticas ligadas ao tema da corrupção, sendo a principal aquela que ficou popularmente conhecida como mensalão[39]. Os referidos autores asseveram, no entanto, que as instituições políticas do país funcionaram da maneira correta e não foram ameaçadas em momento algum, da mesma maneira que a permanência de Lula no poder não chegou a ser realmente contestada. O primeiro governo Lula ficou marcado também pela aprovação de duas reformas constitucionais polêmicas, nas áreas da previdência e do Judiciário.

---

37 "O **FOME ZERO** é uma estratégia impulsionada pelo governo federal para assegurar o direito humano à alimentação adequada às pessoas com dificuldades de acesso aos alimentos. Tal estratégia se insere na promoção da segurança alimentar e nutricional buscando a inclusão social e a conquista da cidadania da população mais vulnerável à fome." Disponível em: http://www.fomezero.gov.br/o-que-e. Acesso em: 12 agosto de 2012.

38 "O Programa Bolsa Família (PBF) é um programa de transferência direta de renda que beneficia famílias em situação de pobreza e de extrema pobreza em todo o País. O Bolsa Família integra o Plano Brasil Sem Miséria (BSM), que tem como foco de atuação os 16 milhões de brasileiros com renda familiar per capita inferior a R$ 70 mensais, e está baseado na garantia de renda, inclusão produtiva e no acesso aos serviços públicos." Disponível em: http://www.mds.gov.br/bolsafamilia. Acesso em: 12 agosto de 2012.

39 Mensalão seria o esquema de propinas pago pelo Partido dos Trabalhadores a parlamentares de outros partidos da base aliada para garantir o apoio nas votações que interessavam ao governo.

Lula foi reeleito em 2006 e iniciou seu novo mandato em janeiro de 2007, reorganizando seu gabinete ministerial de acordo com o tamanho dos 11 partidos que formavam sua base aliada. Sua segunda administração ficou marcada pelos baixos índices de inflação, pelo crescimento do PIB de 2,6% de média ao ano, pela redução de desemprego e pelos constantes recordes na balança comercial. Sua administração também será lembrada pelo lançamento do Programa de Aceleração do Crescimento (PAC)[40], comandado diretamente pela então ministra da Casa Civil, Dilma Rousseff. Outro ponto marcante de sua presidência consiste na mudança no status do país em relação à sua dívida externa, que passou pela primeira vez na história da condição de devedor para a de credor.

Em 2010, Lula apoiou a candidatura de Dilma Rousseff, que foi também ministra de Minas e Energia em sua primeira administração. Em outubro, Dilma venceu as eleições e se tornou a primeira mulher eleita presidente do Brasil, iniciando seu mandato no dia 1º de janeiro de 2011.

PERU

O Peru é mais um caso em que um novo mandato presidencial coincide com o início do período analisado neste livro. Os dois principais eventos que dizem respeito ao objeto estudado — quedas presidenciais — tiveram Fujimori como protagonista.

---

[40] De acordo com o sítio oficial do PAC: "Criado em 2007, no segundo mandato do presidente Lula (2007-2010), o Programa de Aceleração do Crescimento (PAC) promoveu a retomada do planejamento e execução de grandes obras de infraestrutura social, urbana, logística e energética do país, contribuindo para o seu desenvolvimento acelerado e sustentável. Pensado como um plano estratégico de resgate do planejamento e de retomada dos investimentos em setores estruturantes do país, o PAC contribuiu de maneira decisiva para o aumento da oferta de empregos e na geração de renda, e elevou o investimento público e privado em obras fundamentais". Disponível em: http://www.pac.gov.br/sobre-o-pac. Acesso em: 12 de ago. 2012.

De acordo com Coutinho (2005, p. 111), a crise peruana de 1992 foi fundamentalmente o resultado do choque entre o presidente de um partido minoritário e o Congresso de maioria opositora, mesmo que esta confrontação não tenha ocorrido desde o início do governo. Segundo o autor, uma agenda de reformas econômicas, combinada a uma grave desordem social provocada pelas guerrilhas, induziu o país a uma polarização partidária e, consequentemente, uma escalada do conflito político que pôs em jogo as instituições democráticas peruanas.

Eleito em 1990, Alberto Fujimori fundou o Movimento Câmbio 90 e teve o primeiro ano de seu governo marcado pela formação de uma maioria parlamentar fluída e temporária, por meio de alianças estratégicas e pontuais (Coutinho, 2005, p. 112). Nesse período, recebeu poderes extraordinários do Congresso para implementar medidas austeras com o objetivo de reduzir a inflação, tarefa em que logrou êxito. Apoiado pela alta popularidade, Fujimori iniciou uma segunda etapa de seu governo, abandonando as alianças pontuais e formando um gabinete de tecnocratas de sua confiança. Paralelamente, deu início a uma pesada ofensiva militar contra os principais grupos guerrilheiros do país, o Sendero Luminoso e o Movimento Revolucionário Tupac Amaru (Coutinho, 2005, p. 112), aumentando seu poder junto às Forças Armadas e ao Serviço de Inteligência Nacional (SNI).

Assustados com o distanciamento de Fujimori dos partidos tradicionais e com a forte repressão aos movimentos guerrilheiros, os membros do Congresso peruano resolvem reagir à escalada de Fujimori, aumentando a fiscalização do Executivo e mesmo revogando alguns de seus atos. Em resposta, o presidente resolveu intensificar suas críticas ao Congresso, aos políticos e até mesmo ao Judiciário, deflagrando o conflito. A criação de uma Comissão no Congresso com o objetivo de realizar uma ampla investigação dos atos do presidente teria sido a gota d'água para Fujimori, que busca o apoio dos militares para o chamado autogolpe. No dia 5 de abril de 1992, o presidente vai à televisão e rádio em cadeia nacional e anuncia o fechamento do Congresso e a reorganização do Judiciário.

Fujimori se mantém no poder pelos anos seguintes, em uma situação caracterizada pela literatura como um regime eleitoral autoritário (Berntzen; Skinlo, 2010, p. 197). Sua situação somente se complicaria novamente em 2000, quando sofreria a acusação de fraude eleitoral nas eleições ocorridas naquele mesmo ano. O principal acontecimento foi o escândalo da divulgação de um vídeo em que mostra um de seus principais assessores, Vladimiro Montesinos, pagando propina a um Congressista em troca do apoio ao governo. À época, Montesinos era um dos principais articuladores do governo, e com a divulgação dos vídeos grande parte da rede informal de apoio a Fujimori ruiu.

Em meio à crise, o presidente decidiu encurtar seu terceiro mandato presidencial de cinco para um ano, convocando novas eleições e afirmando que não seria novamente candidato. No entanto, poucos dias antes do prazo se encerrar, decide renunciar à presidência via fax emitido de Brunei, onde se encontrava para participar da Cúpula Anual do Foro de Cooperação Econômica Ásia-Pacífico (Apec). Parte em seguida para o Japão, onde imagina estar em segurança em razão de sua dupla nacionalidade peruana-japonesa. Mesmo com a renúncia de Fujimori, o Congresso peruano o destitui do cargo, alegando "incapacidade moral". Tal ato, entretanto, não teria validade jurídica e serviria principalmente para marcar a posição do Parlamento frente ao episódio (Berntzen; Skinlo, 2010, p. 198).

Pelos próximos cinco anos, Fujimori permanece no Japão, fugindo das várias ações judiciais que correm contra seu nome. Em novembro de 2005, é preso em viagem ao Chile, sendo extraditado ao Peru em 2007. Por fim, é condenado em abril de 2009 a 25 anos de prisão. Segundo Berntzen e Skinlo (2010, p. 197), a queda de Fujimori permitiu a transição de um regime eleitoral autoritário para a democracia.

Com a deposição de Fujimori, seu vice-presidente também decide renunciar. Em seu lugar, assume o então presidente do Congresso Valentín Paniagua, membro da Ação Popular, que exerce um governo de transição e convoca eleições gerais para o ano seguinte (2001), vencidas por Alejandro Toledo, do Partido Peru Possível. Seu governo foi marcado pela continuação do processo iniciado por Paniagua, na direção do reestabelecimento do Estado de Direito e respeito às liberdades civis. De acordo com Vecchione (2007, p. 279), Toledo assumiu a presidência com a promessa de garantia da paz social, equilíbrio das instituições democráticas e crescimento econômico. Sua administração registrou saldo positivo na balança comercial e aumento das reservas internacionais, bem como a assinatura de um Tratado de Livre Comércio (TLC) com os Estados Unidos, frente a enormes críticas da oposição e da população.

Vecchione (2007, p. 307) afirma ainda que o mandato de Toledo trouxe novos discursos que foram incorporados às práticas políticas e provocaram mudanças efetivas para o país, como a diminuição da inflação, o aumento do investimento estrangeiro direto e a possibilidade de reparação dos que sofreram com a violência política entre 1980 e 2000. Toledo, no entanto, terminou seu governo com números que evidenciavam sua baixa aceitação por parte dos cidadãos peruanos, principalmente os habitantes do interior do país. Para Vecchione (2007), seus reiterados decretos de estado de emergência, a instabilidade de seu gabinete ministerial e a incapacidade em conduzir de maneira satisfatória o processo de descentralização política iniciado em sua administração seriam as principais causas de sua baixa popularidade.

Toledo foi substituído em 2006 por Alan García, que já havia assumido a presidência do país entre os anos de 1985 e 1990. García, do Partido Aprista Peruano, venceu o ex-militar Ollanta Humala com aproximadamente 53% dos votos válidos. Sua administração também teve que lidar com os constantes protestos de indígenas da Amazônia peruana, historicamente um dos principais problemas dos presidentes anteriores. Em junho de 2009,

García ordenou às forças policiais e militares que encerrassem imediatamente uma grande mobilização de indígenas no interior do país, resultando em um sangrento conflito que ocasionou a morte de mais de 100 indígenas e 14 policiais, além de centenas de feridos. De maneira análoga a seus antecessores, a utilização de decretos que estabeleciam o estado de emergência em áreas conflituosas foi largamente aplicada por García.

Em outubro de 2010, García passou por um momento delicado ao aceitar a renúncia de todos os ministros de seu gabinete, inclusive do presidente do Conselho de Ministros, Jorge Del Castillo, após acusação de envolvimento de pessoas próximas ao ministro em um escândalo de corrupção. O próprio Del Castillo entregou as cartas de renúncia de todos os seus ministros, após uma reunião de emergência do gabinete ministerial que aconteceu na noite do dia 10 de outubro. A renúncia coletiva aconteceu dias depois de denúncias de que membros do governo e do partido do presidente estariam envolvidos em fraudes no sistema de licitações para concessões para exploração de petróleo no país. Naquele momento, a popularidade de Alan García caiu para 19%, em comparação com os 63% de aprovação registrados quando assumiu o poder.

Ollanta Humala, do Partido Nacionalista Peruano, venceu finalmente as eleições de 2011, ao derrotar Keiko Fujimori — filha de Alberto Fujimori — com 51,5% dos votos válidos.

REPÚBLICA DOMINICANA

A história recente da República Dominicana sem dúvida está relacionada com a figura de Joaquín Balaguer, eleito cinco vezes para a presidência do país, nos períodos: 1960-1962, 1966-1978 (em um período considerado de "ditadura travestida e legalidade") e 1986-1996.

Em seu último período na presidência, foi eleito consecutivamente três vezes — em 1986, 1990 e 1994 —, todas pelo Partido Reformista Social Cristiano (PRSC). Principalmente em seus dois últimos triunfos sofreu massivas denúncias de fraude e extensivo uso da violência contra os simpatizantes de partidos e candidatos de oposição. Em 1994, obteve sua vitória por uma margem de diferença de apenas 0,8% pontos percentuais, em um pleito que ficou marcado pela desconfiança. Contudo, entre a eleição e o dia da posse de Balaguer, foram descobertas várias evidências do amplo uso de fraude eleitoral pelo ex-presidente. Paralelamente, observadores internacionais denunciaram as fraudes ocorridas nas eleições e se recusaram a reconhecer a legitimidade do resultado, como também o governo dos Estados Unidos, que pressionou o país para a realização de novas eleições (Marsteintredet, 2010, p. 181). Apesar da descoberta da fraude, Balaguer não foi removido do poder e teve dois anos para se preparar para deixar a presidência.

Como principal consequência do episódio acima citado, o país entrou em uma grave crise política, considerada pela literatura a maior desde a transição para a democracia em 1978. As pressões populares e da oposição levaram Balaguer a chamar os principais partidos do país e negociar uma solução para sua saída da presidência, único caminho possível naquele momento. O mandatário foi convencido a reduzir seu mandato presidencial de quatro para dois anos, chamando novas eleições presidenciais de urgência com o intuito de resolver a grave crise política que assolava a nação. Foi o chamado "Pacto pela democracia", que consistiu em uma reforma constitucional que diminuiu o mandato de Balaguer pela metade e impediu, daquele momento em diante, a reeleição no país (ainda que a história futura da República Dominicana tenha mostrado que a proibição da reeleição não foi respeitada).

Marsteintredet (2010, p. 181) interpreta a saída de Balaguer como um exemplo de queda presidencial extraordinária e forçada antes do período constitucional previsto, sem que a democracia tenha sido necessariamente rompida.

Desde então, todos os presidentes eleitos na República Dominicana conseguiram terminar seus mandatos. No entanto, uma nova figura dominou novamente a política do país: o centrista

Leonel Fernández Reyna, líder do Partido da Liberação Dominicana (PLD), eleito por três vezes mandatário: em 1996, 2004 e 2008. Nas eleições de 1996, Fernández obteve 51% dos votos válidos, contando com o apoio de Balaguer à sua candidatura. A primeira atitude relevante do novo presidente foi privatizar algumas empresas estatais, além de buscar a retomada das relações diplomáticas a um nível muito superior ao que consistia o governo de Balaguer em relação a outros países do Caribe. Por conta dos arroubos autoritários de Balaguer, a República Dominicana permaneceu isolada por anos dos demais países da região.

A primeira administração de Fernández não contou com o estabelecimento de uma coalizão de governo confiável e estável, visto que grande parte dos legisladores ainda estava ligada à administração anterior. Por conta disso, o presidente teve que realizar diversos acordos *ad hoc* para conseguir sucesso em suas políticas de governo junto ao Congresso Nacional. Somente em 1998, após novas eleições legislativas, o presidente Fernández conseguiu que seu partido fosse o maior do congresso, estabelecendo a conciliação com outros partidos que lhe garantiram relativa tranquilidade daquele momento em diante. Como dito, o principal objetivo do novo mandatário era sanar a economia do país, trazendo estabilidade macroeconômica e modernizando o Estado, através da implementação de diversas reformas políticas e econômicas. Em razão de suas ações nesse campo, seu governo obteve um crescimento do PIB em torno de 7% ao ano, ao mesmo tempo que o fantasma da alta inflação cada vez assustava menos o país.

Entretanto, a República Dominicana do primeiro governo de Fernández sofreu com a pobreza estrutural, o alto desemprego (em torno de 20% da população) e a relevante dívida externa, inscrito em um contexto de baixa arrecadação de impostos e da quase falência de algumas estatais, como, por exemplo, a Corporação Dominicana de Eletricidade (CDE) e o Conselho Estatal do Açúcar (CEA), consideradas as empresas mais problemáticas do Estado e posteriormente privatizadas pelo presidente. Por fim, as principais críticas à primeira administração de Fernández dão conta do seu fraco desempenho na luta contra a grande corrupção do país (uma das bandeiras de sua campanha eleitoral) e por não ter buscado aliviar a pobreza que afetava à época 60% da população.

A supremacia de Fernández foi somente interrompida no período entre 2000 e 2004, quando Hipólito Mejía assumiu a presidência do país. O novo presidente pertencia ao Partido Revolucionário Dominicano, de orientação de centro-esquerda, e foi eleito em meio ao descontentamento de grande parte da população em relação à condução do processo de privatização do governo anterior e à permanência de problemas ligados à distribuição de energia no país, que passava à época por sucessivos apagões.

Fernández retornou ao poder em maio de 2004, após uma campanha marcada pela troca de ofensas pessoais entre o antigo mandatário e o então presidente Mejía, que buscava a reeleição. Fernández conseguiu 57,1% dos votos e sagrou-se presidente ainda no primeiro turno das eleições, prometendo estabelecer medidas de austeridade com o objetivo de tentar tirar o país da crise econômica que se encontrava. Em seu discurso de posse, o novo/antigo mandatário lamentou a "calamitosa situação econômica do país" e anunciou a criação de um fundo de emergência para cumprir o pagamento dos salários dos funcionários públicos e para outros serviços considerados vitais, além de prometer uma nova era de austeridade econômica para a República Dominicana. Realizou também empréstimos junto ao FMI condicionados à assinatura das conhecidas "cartas de intenções". Dentre as condições do acordo com o Fundo Monetário Internacional estavam a redução dos gastos do Estado em 20% e o corte de todos os serviços considerados supérfluos sob o comando do Executivo.

A República Dominicana, todavia, foi palco de protestos quando da assinatura do Tratado de Livre Comércio entre Estados Unidos, América Central e República Dominicana (Cafta) por Fernández, em 2004. A tensão entre governo e oposição se manteve alta, tanto que em 2006, ano das eleições legislativas, foram registrados vários protestos e conflitos entre militantes de partidos da oposição e forças policiais a serviço do presidente, gerando centenas de feridos e uma dezena de mortes. O resultado das eleições legislativas foi extremamente favorável para Fernández, que conquistou uma maioria inédita no Congresso e pôde realizar com mais tranquilidade as reformas prometidas em campanha.

O terceiro mandato de Fernández começou em 2008, após sua segunda vitória eleitoral consecutiva, quando conseguiu 53,8% dos votos. A oposição denunciou a origem suspeita de parte dos fundos utilizados em sua campanha, bem como o uso abusivo dos recursos oriundos do Estado, o que acabou ocasionando uma advertência da OEA ao mandatário reeleito pela constatação do emprego de publicidade estatal com fins eleitorais.

Sua nova administração empreendeu outra reforma constitucional, com o objetivo de trazer "mais eficiência" ao Estado dominicano, ainda que o país já tivesse reformado a Constituição em 1994 e 2004. O projeto de reforma constitucional tocado pelo Executivo enfrentou forte discordância da oposição, que clamava pela realização de uma Constituinte para a promulgação de uma carta magna totalmente nova, que seria mais democrática do que apenas aprovar modificações sugeridas pelo Executivo e pouco debatidas pelo Legislativo. Em 2009, o presidente acertou um novo acordo do tipo *stand by* com o FMI no contexto da grande crise econômica que atingiu boa parte do planeta naquele momento. Ao longo de todo o seu governo, o mandatário ressaltou a necessidade de manter a estabilidade macroeconômica, anunciando um conjunto de medidas fiscais e tributárias para enfrentar a crise econômica. Em 2012, Fernández deixou o poder em razão da eleição de Danilo Medina, do Partido da Liberação Dominicana, que venceu o pleito contra o ex-presidente Hipólito Mejia.

Após um histórico recente de guerra civil e ditaduras militares, o ano de 1986 marca o retorno da democracia na Guatemala. Esta, ainda vacilante, passou por duas tentativas de golpe e pela criação ou restauração de uma série de instituições com o objetivo de fortalecer a democracia no país. Por este motivo, a eleição de Jorge Elias Serrano, fundador do Movimento de Ação Solidária (MAS), em 1991, foi vista com grande esperança, por representar um grande passo no sentido de estabilizar a democracia no país, por tratar-se da primeira transferência de poder de um presidente civil para outro via eleições consideradas justas e livres.

Serrano, entretanto, assumiu o poder com o apoio de apenas 18 dos 116 membros do Congresso guatemalteco e, como era praxe dos presidentes da época, resolveu implementar no país uma série de reformas liberalizantes. Segundo Bjune e Petersen (2010, p. 166), o Executivo teria sido também constantemente desafiado pela elite empresarial e pelos militares, ambos dispostos a controlar a direção das reformas econômicas no país.

Em maio de 1993, em meio a uma crise política que envolvia algumas das principais instituições do país — o Congresso Nacional, parte considerável dos militares e o Comitê Coordenador das Associações Agrícolas, Comerciais, Industriais e Financeiras (Cacif) —, o presidente Serrano, inspirado nos atos de seu colega Fujimori, no Peru, no ano anterior, decide pelo autogolpe como única saída para a crise. Suas principais ações foram: a suspensão da Constituição; o fechamento do Congresso, da Corte Suprema e do *Ombudsman* dos direitos humanos; além da suspensão de todas as garantias constitucionais e censura aos meios de comunicação. León Carpio, então *ombusdman* dos direitos humanos; Jorge Peralta, presidente da Suprema Corte; e Jose Dubon, presidente do Congresso, foram presos pelo Exército. Como justificativa para seus atos, Serrano citou a busca pelo fim da corrupção no país, identificando no Congresso Nacional a principal causa dos problemas. Enquanto governava por meio de decretos, o presidente ordenou ao Tribunal Superior Eleitoral (TSE) que convocasse uma Assembleia Constitucional.

Em resposta, seguiram-se os protestos de vários movimentos sociais, indígenas, organizações civis e de direitos humanos, sindicatos e acadêmicos, que formaram então uma aliança *ad hoc* de centro-esquerda intitulada de Foro Multisectorial Social. O passo seguinte foi a constituição de uma coalizão ainda maior, organizada pelo já citado Foro, pelo Cacif e pelos principais partidos políticos, sendo nomeada de Instancia Nacional de Consensus, cujo principal objetivo consistia na renúncia de Serrano e na convocação imediata de novas eleições.

Após um mês de negociações com o alto comando militar do país, finalmente Serrano decidiu pela renúncia, que ocorreu em junho do mesmo ano[41]. O vice-presidente Espina, do MAS, imediatamente declarou-se o novo mandatário do país, com o apoio dos militares. Contudo, graças ao baixo apoio popular que possuía e a oposição declarada da Instancia Nacional de Consensus[42], o Congresso Nacional não reconheceu o novo presidente, optando por eleger de maneira indireta León Carpio, que anteriormente exercia o cargo de *ombudsman* de direitos humanos e não era filado a nenhum partido político.

León Carpio conduziu então um governo de transição, no qual procurou manter a paz do país, negociando com integrantes das guerrilhas e com alas mais extremistas do exército, até as novas eleições em 1995, vencidas por Álvaro Arzú em segundo turno. Esse período foi afetado por duas transições interrelacionadas:

---

[41] Oficiais do Exército escoltaram o presidente de seu escritório até o aeroporto, de onde foi mandado de avião para El Salvador.

[42] Apesar de ser considerada uma aliança histórica, principalmente pelo fato de envolver também representantes dos movimentos sociais em sua composição, a Instancia nunca conseguiu o apoio de outros importantes atores da sociedade, como os movimentos indígenas e a Igreja Católica (Bjune; Petersen, 2010, p. 173).

da guerra para a paz e do autoritarismo militar para a democracia limitada (Bjune; Petersen, 2010, p. 174).

O governo de Arzú, membro do Partido de Avanzada Nacional (PAN), se caracterizou pela privatização de algumas empresas estatais (como a Empresa Elétrica da Guatemala, os Correios e a Companhia Telefônica Guatel, entre outras) e pela realização de grandes obras públicas, sendo também alvo de denúncias de corrupção pela condução pouco transparente das referidas atividades. Sua administração, no entanto, ficou mais conhecida por patrocinar os chamados "Acordos de Paz da Guatemala" com a Unidade Revolucionária Nacional Guatemalteca, que vinham sendo negociados desde 1988.

Em janeiro de 2000, Alfonso Portillo, da Frente Republicana Guatemalteca (FRG), assumiu a presidência prometendo combater a corrupção histórica do país e os abusos aos direitos humanos. Destacam-se entre os atos do seu mandato a construção de moradias populares, incentivos a pequenos agricultores e outras políticas que tinham como principal foco os estratos mais pobres do país. No entanto, seu governo ficou conhecido pelas acusações de corrupção do presidente e de seus principais ministros, o que fez com que Portillo deixasse o país, fugindo para o México e retornando somente em 2008, sendo julgado inocente por falta de provas. Em 2010, foi acusado pelo governo dos Estados Unidos de lavagem de dinheiro e, mais uma vez, tentou fugir do país, sendo capturado na fronteira com Belize.

O empresário Óscar Berger iniciou seu período presidencial em 2004, vencendo no segundo turno Álvaro Colom, após conseguir costurar uma aliança de partidos conservadores denominada Gran Alianza Nacional (Gana). Seu gabinete foi inicialmente formado em sua maioria por empresários e técnicos sem muita experiência, ligados aos três partidos que formavam sua coalizão de governo, que, no entanto, foi diminuindo com o passar de seu mandato. No segundo ano de administração, precisou lidar com uma das piores catástrofes da história da Guatemala, o furacão *Stan*, cujas consequências teriam sido piores do que as do furacão *Mitch* anos atrás. Em 2007, o presidente se recusou a ir ao Congresso e realizar o tradicional discurso inaugural sobre o "Estado da Nação", o que ocorreu pela primeira vez desde 1996 (ano do fim da guerra civil). Na ocasião, o presidente afirmou temer por sua segurança e enviou um porta-voz em seu lugar, o que acabou gerando um grande protesto liderado pela oposição no lado de fora do Congresso, inclusive com a tentativa de invasão do prédio, e muitos feridos, em razão dos conflitos entre as forças policiais e os manifestantes. Aníbal Martínez (2005, p. 16) afirma que a administração de Berger foi incapaz de resolver ou mesmo avançar nos principais temas políticos do país, segundo as pesquisas de opinião realizadas na época: segurança, corrupção e situação econômica e social.

Berger foi substituído em 2008 por Álvaro Colom, ex-guerrilheiro e conhecido militante de esquerda, que derrotou Otto Pérez Molina no segundo turno. De acordo com Mack (2008, p. 17), nenhuma eleição desde 1985 teria se desenvolvido com tamanho nível de polarização, contando ainda com um desgaste acumulado das instituições eleitorais do país e com diversas denúncias de fraude e violência (estatísticas divulgadas pela imprensa estabeleceram 20 assassinatos por motivação política ao longo do processo eleitoral). Colom, membro da Unidade Nacional da Esperança (UNE), foi mais um dos presidentes que tomaram o poder ao longo da década no contexto dos novos governos progressistas na região[43], que ficou conhecida também pelo termo "*marea rosa*" (Panizza, 2006). O novo presidente buscou concentrar os primeiros atos de seu mandato no que considerava os piores problemas do país: a insegurança e a pobreza. Para tal, iniciou uma série de programas de redistribuição de renda, criando para isso o Conselho de Coesão Social, que tinha como principal função dar apoio financeiro a famílias em situação de pobreza, oferecendo

[43] Para mais detalhes sobre a conceituação de governos progressistas, ver Soares (2008).

também acesso a serviços de educação primária, saúde preventiva e nutricional. Dentro desse contexto, sua administração lançou também o programa "*Mi Família Progresa*", que concedia benefícios mensais a famílias sob a condição que estas mantivessem seus filhos na escola e participassem de consultas médicas periódicas de acordo com o estabelecido pelo programa. De maneira semelhante ao que ocorreu com seus antecessores, Colom teve que enfrentar diversas mobilizações e protestos ao longo de seu mandato, bem como acusações de corrupção de figuras importantes de seu gabinete e até mesmo denúncias de ser mandante de assassinatos de seus opositores políticos. Em resposta, o presidente usualmente afirmava se tratar de ações orquestradas por setores da extrema-direita com o objetivo de desestabilizar seu governo.

Em 2012, Colom cedeu a presidência ao general da Reserva Otto Pérez Molina, que derrotou Manuel Baldizón no segundo turno das eleições presidenciais. Foi a primeira vez que um militar foi eleito democraticamente mandatário no país, enquanto Roxana Baldetii, sua vice-presidente, foi a primeira mulher a assumir esse posto na Guatemala. A campanha de Pérez Molina, do Partido Patriota (PP), esteve focada no principal tema em debate no país nos últimos anos: os problemas na segurança pública, representados principalmente na escalada da violência e do narcotráfico, notadamente em ascensão, em razão da presença de cartéis mexicanos da droga no país.

HONDURAS

Desde o retorno à democracia em 1982, o sistema político hondurenho foi marcado por uma hegemonia bipartidária entre o Partido Liberal de Honduras (PLH) e o Partido Nacional de Honduras (PNH). Os partidos não apresentavam nenhum tipo de polarização ideológica entre eles, já que ambos estariam posicionados na direita do espectro político (Peetz, 2009). Tais partidos se alternaram no poder desde então e representariam muito mais instâncias de regulação do conflito entre as diferentes partes da elite socioeconômica do país do que organizações que agregam os interesses da população (Oettler; Peetz, 2010).

O primeiro presidente analisado neste trabalho é Rafael Calejjas (1990-1994), membro do Partido Liberal e que também seguiu o exemplo de outros mandatários da região e adotou em seu governo os preceitos estabelecidos pelo Consenso de Washington — os cortes nos gastos públicos expressos em demissões de funcionários públicos e a desvalorização da moeda nacional, a Lêmpira, entre outras ações. Tais medidas não foram bem aceitas pela população, que iniciou greves e mobilizações em protesto contra a ação do governo, cessando somente em 1991, quando Calejjas negociou com os Estados Unidos o perdão de uma dívida no valor de US$ 430 milhões de dólares. Em seguida, as reformas neoliberais se aprofundaram ainda mais no país, abrindo a economia a investimentos estrangeiros, entre outras ações.

Carlos Roberto Reina (1994-1998), também membro do Partido Liberal, herdou do seu antecessor grandes dificuldades na economia hondurenha — naquele momento os serviços da dívida significavam 40% das exportações. De acordo com suas palavras, o governo estaria disposto a "derrotar a corrupção, e com isso mudar o rosto envergonhado da pátria"[44]. Buscou empreender distintas ações para subordinar ao poder civil os últimos mecanismos de poder que ainda eram tutelados pelas Forças Armadas. Dentre seus atos nessa área, estiveram a criação da Polícia Civil e o fim do serviço militar obrigatório no país. Tais ações desagradaram as elites hondurenhas, que acreditavam que a eliminação de uma das principais fontes de emprego e educação para jovens poderia gerar um aumento da violência e da delinquência no país. Tais grupos empreenderam como resposta ao aumento

---

[44] Para mais informações, ver: http://www.cidob.org/es/documentacion/biografias_lideres_politicos/america_central_y_caribe/honduras/carlos_roberto_reina_idiaquez. Acesso em: 12 jan. 2013).

da criminalidade a criação de milícias civis que buscavam adotar a chamada "justiça popular" contra aqueles considerados criminosos, promovendo assassinatos a elementos julgados por eles como perigosos, atuando à margem de qualquer força oficial do Estado. Ao longo de seu mandato, Reina foi alvo de dois atentados à bomba contra sua vida, mas saiu de ambos sem ferimentos.

Carlos Flores Facussé (1998-2002) é o terceiro membro do PLH analisado neste trabalho. De maneira análoga ao que aconteceu com outros países da região, teve que lidar com as sequelas da passagem do furacão *Mitch* por Honduras, que provocou grandes danos à economia, e por conta disso recebeu significativa ajuda internacional[45]. Seu governo ficou marcado também pela aproximação com o Fundo Monetário Internacional (FMI) e pelo aprofundamento do chamado ajuste estrutural, o que teria produzido resultados positivos para a economia do país, mas que, no entanto, não teve influência na área social. Flores Facussé buscou reduzir a criminalidade e a violência criando o Ministério da Segurança Pública, com o objetivo de eliminar especialmente a influência das chamadas "Maras"[46]. Não conseguiu, contudo, resultados muito efetivos nesse tema. Os assassinatos provocados pelos "esquadrões da morte que buscavam a justiça popular e a limpeza social de crianças e adolescentes que praticavam crimes nas ruas" tampouco diminuíram em seu governo[47].

---

[45] Segundo estimativas do governo, o furacão deixou um rastro de 6.600 mortos; 8 mil desaparecidos; 17.200 feridos e mais de 1,4 milhão de cidadãos desalojados, o que correspondia à época a praticamente a quarta parte da população de Honduras. Flores Facussé criou então o Gabinete Especial de Reconstrução Nacional, que ficou encarregado de executar o Plano Nacional de Reconstrução e Transformação Nacional.

[46] Tipo de gangue criminal muito comum nos países da América Central.

[47] Para mais detalhes, ver: http://www.cidob.org/es/documentacion/biografias_lideres_politicos/america_central_y_caribe/honduras/carlos_roberto_flores_facusse. Acesso em: 13 jan. 2013.

Já a administração de Ricardo Maduro (2002-2006), primeiro presidente membro do Partido Nacional após sucessivas administrações do PLH, também tomou como um dos seus principais objetivos a redução da criminalidade no país, o que acabou não se concretizando, muito embora tenham sido investidas vultosas somas de dinheiro em programas nessa área. Maduro pressionou o Congresso hondurenho, no qual possuía apoio majoritário, a aprovar um drástico endurecimento do código penal, com o objetivo de coibir crimes relacionados às "Maras". Sua administração pró-mercado obteve êxitos na estabilização da economia e na redução da dívida externa, mas deixou intacto o problema da pobreza e da desigualdade no país. Ficou conhecido também por ter levado Honduras a aderir ao Tratado de Livre Comércio Centro-Americano (Cafta) e por enviar tropas para a guerra do Iraque.

Em 2005, Manuel Zelaya Rosales venceu as eleições ao derrotar Porfírio Lobo[48], em uma disputa marcada pelas acusações pessoais entre os candidatos e centrada nos seguintes temas: 1) problemas de legitimidade democrática — por exemplo, corrupção e aumento da participação cidadã; 2) grau de intervenção do Estado na economia; e 3) segurança pública, considerada a questão mais importante pelos candidatos (Ajenjo Fresno, 2007, p. 173). Filho de uma família tradicional, empresário agropecuário e tradicional militante do Partido Liberal, Zelaya competiu nas eleições e iniciou seu governo com uma coalizão de centro-direita que detinha 62 das 128 cadeiras do Parlamento.

O primeiro ano de seu mandato foi em grande parte percebido como a continuação da administração e das políticas de seu antecessor, apenas com algumas mudanças retóricas que buscavam a maior participação popular (Coelho; Cunha Filho, Pérez-Flores, 2013). No entanto, ao longo de sua administração, foi ficando cada vez mais próximo do governo venezuelano de Hugo Chávez, como

[48] Zelaya obteve 49,9% dos votos contra 46,2% de Porfírio Lobo, enquanto os outros três partidos que disputaram as eleições obtiveram por volta de 1% cada.

na adesão a Petrocaribe[49] e posteriormente a Alba[50], gerando tensões internas e protestos dos setores conservadores do país.

Com o passar do tempo, o conflito entre o presidente e as elites tradicionais do país só piorou. Em março de 2009, Zelaya decidiu reformar a Constituição e convocar um referendo popular para decidir sobre o tema, que seria realizado em junho do mesmo ano. Seu desejo inicial, no entanto, seria enviar o pedido de consulta popular para o Congresso Nacional. Contudo, logo percebeu que não poderia contar com o apoio do Legislativo — que era controlado por Roberto Micheletti —, que iniciou uma feroz oposição a Zelaya a partir da metade de seu governo, intencionando bloquear a agenda do presidente através de seus poderes institucionais (Coelho, Cunha Filho, Pérez-Flores, 2013, p. 7). Uma das principais intenções do mandatário com a reforma da Carta Magna via Assembleia Constitucional seria permitir sua reeleição e postergar as eleições presidenciais de novembro de 2009, ainda que isso não tivesse ficado tão claro no primeiro momento (Llanos; Marsteintredet, 2010, p. 182).

No entanto, a crise institucional entre os poderes do Estado chegou ao seu ápice em maio, quando o Procurador Geral derrubou o decreto que autorizava a organização do referendo popular, provocando em seguida a edição de um novo decreto por Zelaya com as mesmas motivações do anterior. A partir desse momento, teve início uma grande crise presidencial no país, que será mais desenvolvida no quinto capítulo deste trabalho.

Zelaya foi substituído por Roberto Micheletti, membro do Partido Liberal e então presidente do Congresso, mas que permaneceu por pouco tempo no poder. Em novembro de 2009, Porfírio Lobo (o candidato apoiado por Micheletti) venceu as eleições presidenciais

---

49 Iniciativa energética regional venezuelana que provê petróleo e derivados a preços e condições de pagamento preferenciais.

50 Aliança Bolivariana para los Pueblos de Nuestra América (Alba), aliança regional de esquerda impulsionada pelo governo venezuelano de Hugo Chávez.

com 56% dos votos, derrotando Elvin Santos, que obteve 38%. Em seu discurso de posse, afirmou que buscaria "iniciar um grande diálogo nacional" no país, além de procurar incentivar investimentos privados, com o objetivo de gerar mais empregos e, assim, aumentar os benefícios sociais aos mais necessitados. Lobo garantiu ainda que agiria para restaurar as relações diplomáticas de Honduras com diversos países e organismos internacionais, bem como recuperar a ajuda internacional ao país, que foram suspensas em razão do golpe contra Zelaya. Em março de 2010, as relações diplomáticas com os Estados Unidos foram retomadas, o que fez com que esse país fosse alvo de diversas críticas da comunidade internacional, como da Corte Interamericana de Direitos Humanos (IADH). Meses depois, Lobo inaugurou o que seria uma espécie de "Comissão da Verdade" para investigar os eventos ocorridos ao longo do processo de deposição de Zelaya, com o objetivo de mostrar ao mundo que Honduras poderia novamente ser considerada uma democracia estável e segura para os investidores internacionais. Finalmente, em junho de 2011, após a retomada das relações diplomáticas com diversos países ao redor do mundo, Honduras foi novamente aceita e voltou a fazer parte da OEA.

BOLÍVIA

O percurso histórico até a democracia é fundamental para o entendimento do presidencialismo boliviano. Após a fundação da República, em 1825, contam-se mais de cem golpes e contragolpes de Estado, grande parte deles com a participação de relevante contingente indígena. Nestes, destacam-se a rebelião comandada por Mallku Zárate Willka, em 1899, que demandava a restituição das terras comunitárias usurpadas e a concessão de autonomia administrativa às comunidades indígenas, além do ciclo das rebeliões indígenas de 1910 a1930 (Camargo, 2006, p. 187).

Nas cinco eleições presidenciais realizadas entre 1985 e 2002, dois blocos alternaram-se no poder em um modelo de "democracia pactuada": o Movimento da Esquerda Revolucionária (MIR) com a Ação Democrática Nacionalista (ADN), e o Movimento Nacionalista Revolucionário (MNR), blocos estes eventualmente estendidos a partidos menores. Unindo os três partidos, havia um consenso mínimo no que diz respeito à garantia da democracia e da economia de mercado (Alexandre, 2007). Ao longo de quinze anos, a Bolívia manteve relativa estabilidade política e econômica com base em governos de coalizão estáveis, atingindo um moderado crescimento econômico. Nesse período, são percebidas melhorias em alguns indicadores sociais. No entanto, o país não conseguiu evitar o aumento da desigualdade (PNUD, 2004).

Na Bolívia, o período analisado compreende o primeiro governo de Sanchez de Lozada, do MNR, eleito em 1993 em meio a denúncias de corrupção e de fraude. Sua administração deu prosseguimento às reformas econômicas iniciadas na gestão de Paz Estenssoro (em cuja gestão Sanchez de Lozada havia sido ministro do Planejamento), em 1985, de uma maneira radical, aprofundando o modelo neoliberal no país. Tais reformas, segundo Camargo (2006, p. 183), constituíram "o mais ambicioso programa de reformas estruturais na Bolívia desde a revolução de 1952". O chamado "*Plan de Todos*" estava baseado em três pilares: a capitalização das empresas estatais; a descentralização administrativa e a ampliação da capilaridade do Estado, mediante a Lei de Participação Popular; e, finalmente, a reforma educativa.

Logo nas primeiras semanas de seu governo, o presidente Sanchez de Lozada conseguiu articular um extenso apoio entre as principais forças políticas do país, resultando em uma ampla coalizão de partidos que lhe garantiu folgada maioria no parlamento. Promoveu também a reforma constitucional de 1994, reconhecendo o caráter multiétnico, plurinacional e pluricultural do país, o que representou uma grande vitória para os movimentos indígenas bolivianos.

Ao fim do governo de Sanchez de Lozada, o país dobrou sua dívida externa, e a corrupção se alastrou por todas as camadas do governo (Calero, 2005). Teria sido exatamente nesse momento, em 1997, que surgiram as bases necessárias para o fortalecimento dos movimentos sociais, encabeçados pelos cocaleiros. Através de mobilizações e da formação da Assembleia para a Soberania dos Povos, os representantes dos movimentos indígenas bolivianos conquistaram quatro cadeiras no parlamento, incluindo a de Evo Morales Ayma.

Sanchez de Lozada foi substituído em 1997 pelo ex-ditador Hugo Banzer, da ADN, membro da oposição ao governo anterior. Segundo Camargo (2006, p. 187), a estagnação econômica demonstrada pela crise de 1999/2000 na Bolívia correspondeu a uma efervescência social em níveis que o país não conhecia desde a redemocratização. No entanto, a gestão do presidente Banzer não conseguiu desenvolver conceitos e políticas precisas para a difícil situação socioeconômica do país e tampouco prosseguir e aprofundar as reformas estruturais implementadas por seu antecessor (Hofmeister, 2004, p. 72). A administração do novo mandatário não possuía um programa claro de governo, sendo visto por grande parte da população como um mandato conformado por um longo período caracterizado pelo exercício de manejo de crises que pareciam se suceder com rápida regularidade (Camargo, 2006, p. 187). O referido autor afirma ainda que os novos anos de Banzer corresponderam ao aprofundamento da descrença popular nos méritos do regime econômico neoliberal, cabalmente demonstrado nas crises econômicas do início da década de 2000, com um grande aumento da vulnerabilidade e da estagnação econômica do país

O governo de Hugo Banzer assistiu a uma série protestos de indígenas e camponeses, além de outros segmentos da sociedade. Em 2000, sob o comando do líder indígena Felipe Quishpe, manifestantes bloquearam estradas e realizaram confrontos com forças policiais, o que levou o então presidente a decretar estado de sítio e, posteriormente, atender algumas das reivindicações, como promover a mudança de algumas leis. No ano 2000, a chamada "Guerra da Água" constituiu um grave conflito entre manifestantes e o governo, quando ampla mobilização de classes médias e populares obrigou a rescisão do contrato com a nova concessionária privada dos serviços de fornecimento de água (formada por empresas estrangeiras e bolivianas). Em setembro de 2000, estouraram grandes mobilizações, principalmente no setor rural do Chapare e no Altiplano. O movimento teve início pela elevação súbita das tarifas do novo serviço privatizado, obrigando os responsáveis pela empresa a deixar o país. Em 2001, Banzer foi obrigado a deixar o poder em razão de um câncer terminal.

Em seu lugar, assumiu o vice-presidente Jorge Quiroga (2001-2002), que, ao tomar posse, se tornou o mais jovem presidente da história da Bolívia, com 41 anos. O novo mandatário, membro da ADN, era contrário ao movimento cocaleiro e, em especial, a um dos seus líderes, Evo Morales Ayma, que posteriormente veio a se consolidar como o principal líder popular da oposição. Quiroga focou seu governo na importância de conter o avanço do movimento, principalmente diante do anúncio de que Morales iria concorrer à presidência nas eleições de 2002, iniciando uma movimentação política de bastidores junto aos partidos da situação que culminou na cassação do mandato de Morales.

Em 2002, um novo distúrbio elevou ainda mais o nível de hostilidade entre governo e cocaleiros. O problema teve início quando o governo decidiu fechar um mercado que armazenava folha de coca na cidade de Sacaba, na região do Chapare. Em protesto, os cocaleiros fizeram uma passeata contra o fechamento do mercado que terminou em um conflito sangrento de quatro dias, envolvendo manifestantes, militares e policiais. Como Quiroga estava constitucionalmente impedido de tentar a reeleição, realizou um governo de transição e convocou novas eleições, vencidas novamente pelo ex-presidente Sanchez de Lozada.

As administrações de Hugo Banzer (1997-2001) e Jorge Quiroga (2001-2002) deixaram o país com taxa de desemprego de 12%, alto índice de trabalho informal, cerca de 60% da população abaixo da linha de pobreza e muitos conflitos sociais, principalmente com relação à política de erradicação das drogas (Alexandre, 2007, p. 73).

A já citada vitória de Sanchez de Lozada ocorreu em segundo turno indireto (escolhido pelo parlamento boliviano, e não pelos cidadãos do país), após ter recebido na primeira rodada de votações 22,46% dos votos, apenas dois pontos percentuais acima de seu principal opositor, o líder cocaleiro Evo Morales Ayma, do Movimento ao Socialismo (MAS). A eleição de Sanchez de Lozada demonstrou que o sistema eleitoral boliviano estava defasado e constituía um veto à soberania popular, legitimando como presidente sempre o candidato mais conservador e com maior ligação às elites do país.

A Bolívia do segundo mandato de Sanchez de Lozada já era bem diferente daquela que ele assumiu em 1993, principalmente em razão da rejeição popular às políticas neoliberais das quais o novo presidente constituiria "a própria encarnação", sentimento exacerbado pela percepção generalizada da tolerância governamental com a corrupção, amplamente contrastante com seu discurso moralizador (Camargo, 2006, p. 190).

Podemos afirmar ainda que o novo governo de Sánchez de Lozada (2002-2003), que já teria nascido marcado pela polarização, enfrentou ainda um tema muito sensível na memória coletiva boliviana: sua rivalidade histórica com o Chile, acirrada com a ideia de exportar gás natural boliviano pelo pacífico através da construção de um gasoduto que passaria pelo território do país vizinho. O presidente não teria se dado conta que ainda estava presente na memória do povo a derrota sofrida na Guerra do Pacífico, no século XIX. Para Cristina Alexandre, "o projeto de exportar gás natural para os EUA e México por um porto chileno fez renascer nos bolivianos um sentimento de expropriação, humilhação e perda de soberania" (Alexandre, 2007, p. 74).

Em outubro de 2003, foi deflagrado o episódio conhecido como "Guerra do Gás", que ocasionou um novo choque entre a população de El Alto e o Exército boliviano, resultando em dezenas de vítimas. A cidade de El Alto havia se tornado local de habitação de ex-mineiros demitidos pelos programas do governo Estenssoro, que tinham vasta experiência sindical. Tais indivíduos encontraram nas associações de bairros chamadas "Juntas Vecinales" um espaço alternativo para suas concentrações políticas e críticas ao governo. Na mesma época, um novo movimento liderado por Felipe Quispe, que pedia a libertação do dirigente indígena Edwin Huampo, culminou com a morte de civis durante o fechamento das estradas no altiplano.

Durante os meses de setembro e outubro de 2003, protestos populares organizados primordialmente pelos movimentos indígenas sitiaram La Paz e foram violentamente reprimidos pelas Forças Armadas, resultando em mais de sessenta mortos e quinhentos feridos. O primeiro passo na direção de uma saída constitucional para a crise foi possível com o desligamento do governo do vice-presidente Carlos Mesa Gisbert[51], do MNR, por discordar das medidas oficiais de repressão às manifestações. Sánchez de Lozada, acuado pelos protestos que não cediam, renunciou à presidência e exilou-se nos EUA.

O vice-presidente Carlos Mesa assumiu o governo contando com uma taxa de popularidade de 80% e com o compromisso de evitar a violência para conter conflitos sociais, bem como cumprir com a chamada "agenda de outubro", que consistia, basicamente, na realização de um referendo sobre a política de gás natural e na convocação de uma Assembleia Constituinte. Em sua tentativa de montar um gabinete independente e se afastar dos partidos políticos tradicionais, os quais condenava pelo alto nível de corrupção e atraso socioeconômico no país, o novo mandatário fragilizou ainda mais as instituições democráticas bolivianas.

Do ponto de vista dos protestos sociais, a gestão de Mesa tampouco foi tranquila, tendo que enfrentar o expressivo número de mais de oitocentos protestos sociais em vinte meses de governo. Como resposta às mobilizações nas ruas, buscava atender a maior parte das demandas sociais por meio da promulgação de Decretos Supremos. Ocorre que na Bolívia, o chefe do Executivo, ao contrário

---

51 De acordo com Camargo (2006, p. 191), Carlos Mesa era visto como um intelectual respeitado, historiador e jornalista sem filiação partidária.

da maior parte dos países sul-americanos, carece de poderes para emitir decreto com força de lei. Assim, a cada tentativa de solucionar os problemas advindos, Mesa apenas transferia ao Congresso a decisão final sobre o assunto. Presidente sem partido e carente de uma base sólida de apoio no Congresso, Mesa também não soube buscar o diálogo com os parlamentares. À população, explicava o fracasso de suas iniciativas por conta da má vontade do Congresso.

Ao longo de seu mandato, o presidente anunciou sua renúncia três vezes. Na primeira, no dia 8 de março de 2005, o Congresso boliviano decidiu, unanimemente, pela rejeição de sua carta de renúncia, propiciando assim o primeiro passo para a tentativa de acordo entre Executivo e Legislativo. Durante todo o dia, milhares de pessoas se reuniram em frente à sede do governo para manifestar seu apoio ao presidente, assim como vinha ocorrendo desde a noite anterior, quando Mesa anunciou a sua decisão de deixar o poder. Na ocasião, o presidente boliviano recebeu apoio dos chefes de Estado da Argentina, do Brasil, do Peru, do Uruguai e da Venezuela, do Mercosul, da Comunidade Sul-Americana de Nações (CSN), da Comunidade Andina de Nações (CAN), da Organização dos Estados Americanos (OEA) e do Grupo de Apoio à Bolívia (do qual participam EUA, México, Argentina, Brasil, Uruguai, alguns países europeus e organismos multilaterais). Em discurso após a votação do Congresso, Mesa afirmou que a sua renúncia não havia sido uma jogada política e convocou a população a ir às ruas para manifestar pacificamente não o seu respaldo ao presidente, mas o seu repúdio aos bloqueios e greves que vinham paralisando o país.

Ainda em março do mesmo ano, Carlos Mesa apresentou ao Congresso um projeto de lei convocando eleições antecipadas para presidente, vice-presidente, deputados, senadores e constituintes. Entretanto, apenas dois dias após o anúncio de Mesa, o Congresso boliviano rejeitou a referida iniciativa por supostamente carecer de qualquer base legal e ser contrária à Constituição Política do Estado.

Sua principal iniciativa, a convocação de um referendo nacional para a regulação dos hidrocarbonetos na Bolívia, também não logrou êxito. Ainda que o governo de Carlos Mesa tivesse obtido sucesso nas cinco perguntas formuladas na ocasião, oscilando entre 54% e 92% de aprovação, várias dificuldades foram postas pelo Legislativo para a promulgação de novas leis. Desta forma, o referendo acabou sendo mais um plebiscito sobre o governo Mesa, além de ter tido sua validade questionada por constitucionalistas, que consideraram as perguntas muito ambíguas para serem transformadas em lei.

Após um mês de intensos protestos, o presidente Mesa anunciou pela terceira vez seu pedido de renúncia, que então foi aceito pelo Parlamento boliviano. O ainda presidente mostrou-se incapaz de solucionar o embate de forças entre as demandas do setor oriental do país — por maior autonomia política e manutenção do modelo econômico liberal — e as reivindicações trazidas pelos movimentos indígenas e sindicalistas do ocidente, defendendo a nacionalização dos hidrocarbonetos e a convocação de uma Assembleia Constituinte. Mesa não obteve êxito em destravar a agenda política do país. Seu governo sem partidos transmutou-se em uma situação de vácuo de poder que só poderia ser superada por meio de eleições gerais.

A renúncia de Mesa em 2005, devido à sua incapacidade de atender às demandas de diversos setores do país, aparentemente parece ter sido a única solução possível para o impasse instaurado. Sua saída do poder, segundo Cristina Alexandre: "permitiu aos atores políticos em cena a construção de um consenso mínimo em torno da posse do presidente da Corte Suprema de Justiça, Eduardo Rodríguez, para comandar um governo de transição" (Alexandre, 2007, p. 76).

Com a saída de Mesa, o presidente da Corte Suprema de Justiça, Eduardo Rodríguez Veltzé, assumiu a presidência e decidiu antecipar as eleições presidenciais, parlamentares e de governadores para dezembro do mesmo ano (2005), vencidas em primeiro turno pelo candidato do Movimento ao Socialismo (MAS) Evo Morales Ayma.

A posse de Morales foi o coroamento dos anos de extrema instabilidade política e presidencial na Bolívia, que teve cinco presidentes entre 2001 e 2005. Mas, acima de tudo, a vitória de Morales significou que, pela primeira vez em sua história, os bolivianos elegeram um presidente indígena. Eleito no primeiro turno, o novo mandatário conquistou grande apoio popular, que lhe trouxe legitimidade para suas ações, algo tão difícil para seus antecessores. Ainda nessa eleição, segundo Cristina Alexandre, "Caíram os três pilares que embasavam a democracia pactuada: o MNR teve apenas oito representantes eleitos, o MIR não elegeu nenhum candidato parlamentar, e a ADN foi extinta, com alguns de seus membros transferindo-se para o Podemos" (Alexandre, 2007, p. 78). Por outro lado, significou também a ascensão do partido cocaleiro indígena, MAS, que teria sido o resultado de um processo que já vinha se desenvolvendo desde a década de 1990, ao mesmo tempo que ocorria o enfraquecimento de outros grupos que representavam a esquerda tradicional do país. A chegada de Evo Morales ao poder marca a ruptura com os antigos regimes neoliberais, que perduraram até 2005, nos quais a desregulamentação econômica e as privatizações eram alguns dos inúmeros problemas que acentuaram as crises econômicas e sociais (Cunha Filho; Delgado, 2010).

O primeiro mandato de Evo Morales (2006-2009) foi caracterizado pela importância das questões internas, como a nacionalização dos hidrocarbonetos (derivados de petróleo) e as telecomunicações (Delgado; Cunha Filho, 2010, p. 302). Seus primeiros anos de governo foram marcados pelas chamadas "nacionalizações", que consistiram na desapropriação e na ocupação militar de uma série de indústrias e empresas multinacionais que operavam nos mais diversos setores da economia boliviana. A área com o maior número de nacionalizações foi a de hidrocarbonetos, o que acabou gerando conflitos entre o governo boliviano e parte da opinião pública internacional, além de alguns atritos com governos de países vizinhos, como no caso da nacionalização de uma refinaria pertencente à estatal brasileira do Petróleo, a Petrobrás. Tais ações geraram grande desconfiança no cenário internacional sobre o futuro político e econômico do país.

Ao longo de sua administração, o presidente Morales teve que lidar com a ação ferrenha dos departamentos que faziam oposição ao seu governo. Em maio de 2008, o departamento de Santa Cruz aprovou em referendo seu Estatuto de Autonomia, elaborado no final do ano anterior, e que conferia ao governador departamental maiores poderes e prerrogativas antes reservadas ao Presidente da República. A consulta foi marcada por confrontos, e em alguns locais manifestantes tentaram impedir sua realização, queimando urnas e bloqueando o acesso aos locais de votação, resultando ao final do dia em um saldo de 30 feridos. A realização do referendo, classificado pelo governo Evo Morales como inconstitucional, acabou sendo rejeitada pela Corte Nacional Eleitoral, por não ter sido convocada pelo Congresso, instituição a quem compete a aprovação de referendos, segundo a legislação boliviana. Organismos internacionais como a União Europeia e a Organização dos Estados Americanos recusaram-se a enviar observadores. As autoridades de Santa Cruz e seu Comitê Cívico minimizaram o fato e classificaram os resultados como uma grande vitória e um marco nas relações entre departamentos e governo central na luta por autonomia. Duas semanas depois, ocorreram novos confrontos entre opositores e apoiadores do presidente, impedindo sua visita à cidade de Sucre, departamento de Chuquisaca. Em junho, os departamentos de Beni, Pando e Tarija também aprovaram em referendo Estatutos Autonômicos, mas igualmente não foram legalmente reconhecidos pelo governo boliviano, a exemplo do ocorrido no referendo de Santa Cruz. Novas manifestações, enfrentamentos e feridos entre partidários do governo e da oposição ocorreram no dia das votações.

Os acontecimentos dos meses anteriores acabaram tendo consequências diretas em agosto do mesmo ano, quando a administração de Evo Morales passou por um de seus testes mais extremos: propôs a realização de um referendo revogatório dos mandatos do presidente e de oito dos nove governadores departamentais, sugerindo que o povo deveria decidir quem deveria ficar e quem deveria partir da política nacional[52]. A Câmara, de maioria governista, aprovou a lei da convocatória, mas o projeto ficou congelado no Senado, de maioria opositora (Cunha Filho, 2008, p. 4). Apesar da grande campanha realizada pela oposição contra o mandato de Morales, o referendo acabou ocorrendo em 2008 e seu resultado significou a revogação dos mandatos de dois governadores e a ratificação de todos os demais cargos. Apesar de não previsto no ordenamento constitucional anterior, o revogatório foi convocado por lei proposta pelo presidente como tentativa de solucionar os impasses políticos entre o governo central e os governadores opositores da região conhecida como "meia-lua", no oriente do país (Coelho, Cunha Filho; Pérez Flores, 2009, p. 15).

O fato de não estar previsto na Constituição então em vigor chegou a gerar uma tentativa — fracassada — de impugnação do revogatório pelo Tribunal Constitucional, além das ameaças dos governadores de oposição de não reconhecerem seus resultados. Após negociações políticas, entretanto, apenas o governador de Cochabamba seguiu afirmando até o dia da consulta que não o reconheceria. Contudo, depois da divulgação do cômputo final do revogatório, ele — justamente um dos únicos dois a serem revogados — reconheceu o resultado e deixou o governo.

Em setembro, ainda descontentes com os resultados dos referendos, os governadores dos departamentos de Pando, Beni, Tarija e Santa Cruz promoveram junto à população uma série de protestos contra o governo central, através de bloqueios de estradas e toma de instituições públicas. Os confrontos deixaram pelo menos 18 mortos e mais de 80 feridos, de acordo com a imprensa. A atitude tomada por Morales consistiu na decretação do estado de sítio para tentar restabelecer a ordem.

---

52 A ação de Morales de convocar novas eleições na metade de seu mandato para que a população decidisse se desejaria ou não a permanência do presidente no cargo é também chamada pela teoria democrática de *Recall*.

Os anos de 2007 e 2008 também foram palco de um longo debate entre governo e oposição em torno da aprovação da nova Constituição Política do Estado. Uma das principais demandas dos movimentos sociais bolivianos nos últimos anos, e promessa de campanha de Morales, a convocação da Assembleia Constituinte (AC), por pouco não teve um fim melancólico. Prevista para ser concluída em agosto de 2007, a AC consumiu quase a totalidade de seu prazo original de funcionamento em discussões acerca do regimento interno de funcionamento e das regras de votação, sem aprovar um único artigo do novo texto, tendo seus trabalhos prorrogados até dezembro daquele ano (Cunha Filho, 2008, p. 3).

Em janeiro de 2009, Morales enfim alcançou a aprovação da nova Constituição em referendo com 61,43% dos votos válidos a favor. A nova Constituição conferiu maior controle do Estado sobre a economia e garantiu diversos direitos à população indígena. Por outro lado, também conferiu maior grau de autonomia local, cuja governança foi subdividida em departamentos administrativos, regiões geográficas, municípios e territórios indígenas (Coelho; Boanada, 2009, p. 31).

As eleições gerais, realizadas em dezembro de 2009, mostram com seus resultados o grau de proeminência política atingido por Evo Morales e seu partido MAS no cenário político boliviano (Cunha Filho, 2010, p. 1). De acordo com o autor:

> A votação de Morales em sua reeleição foi quase três vezes maior que a de seu principal oponente, o ex-governador de Cochabamba Manfred Reyes Villa, do Plano Progresso para a Bolívia — Convergência Nacional (PPB-CN). Isto lhe garantiu novamente a vitória em primeiro turno, o que, vale lembrar, nunca ocorrera nas oito eleições realizadas desde o início do processo de redemocratização até a vitória de Morales em 2005 (Cunha Filho, 2010, p. 2).

Ao tomar posse de seu segundo mandato, em janeiro de 2010, Evo Morales tornou-se o primeiro presidente boliviano eleito a cumprir seu mandato desde o primeiro governo de Gonzalo Sánchez de Lozada (1993-1997), e também o primeiro mandatário a obter uma reeleição consecutiva desde Víctor Paz Estenssoro, em 1964 (Cunha Filho, 2010, p. 1). As eleições regionais realizadas em abril de 2010 também proporcionaram ao partido MAS uma expressiva votação no país, dobrando o número de governadores provinciais, perdendo apenas na região da Meia Lua, que historicamente fez oposição ao governo de Morales. Em seu segundo termo, o presidente Morales prosseguiu com as tradicionais nacionalizações, focando dessa vez no setor elétrico, também dominado por empresas estrangeiras privadas.

PARAGUAI

Para a análise do caso paraguaio, torna-se inicialmente obrigatória a apreciação do golpe de Estado de fevereiro de 1989, perpetrado pelos próprios membros do regime, dando fim a quase 35 anos de ditadura de Alfredo Strossner. O golpe foi liderado pelo também general Andrés Rodríguez, e a partir deste momento teve início um processo de redemocratização caracterizado pela instabilidade política e por novas tentativas de golpe (Lemgruber, 2007). Sobre os acontecimentos que se seguiram após o retorno da democracia no Paraguai, recorro às palavras de Monica Hirst:

> Desde então, a democratização no Paraguai vem-se caracterizando como um processo superficial de mudança que, se bem mantém a fachada de um Estado de direito, pouco atende aos requisitos deste. Após o fim do strosserismo, a ordem política atravessou diversos momentos de risco de ruptura que, apesar de evitadas, esgarçaram ainda mais o tecido das instituições republicanas paraguaias (Hirst, 2006, p. 13).

Logo após a deposição de Stroessner, Rodríguez resolve dissolver o Parlamento, convocando em seguida novas eleições presidenciais e legislativas, em que se sagra vencedor e presidente com 74,1% dos votos válidos. A instabilidade da transição paraguaia para a democracia contrasta, no entanto, com a manutenção do Partido Colorado, oficialmente chamado Associação Nacional Republicana (ANR), no poder. Com a queda de Stroessner, que servia como elemento aglutinador, várias facções do partido passaram a disputar o controle sobre o aparelho do Estado[53]. Percebendo a importância do momento para uma possível reconfiguração das forças políticas no interior da legenda, o novo presidente Rodríguez acusou de corrupção um relevante contingente de políticos colorados, aumentando ainda mais o faccionalismo dentro do partido.

Apesar de ainda representar o partido ligado à recente ditadura derrubada, o Partido Colorado obteve 66,4% dos votos na eleição de 1989, alcançando a maioria de 2/3 no parlamento. A oposição ao longo de todo esse período foi representada pelo antigo Partido Liberal, hoje denominado Partido Liberal Radical Autêntico (PLRA). Com o passar do tempo, novos atores políticos foram surgindo no cenário político paraguaio, como, por exemplo, a União Nacional de Cidadãos Éticos (Unace), fundada pelo general Lino Oviedo em 2002.

Em 1991, o general Rodríguez convocou uma Assembleia Constituinte para elaborar a nova Constituição do país, buscando ampliar e garantir a democracia, bem como assegurar a proteção aos direitos humanos. Nesse momento, de acordo com Lemgruber (2007, p. 251), aumentou ainda mais a fragmentação do Partido Colorado, e novos e importantes atores surgiram no cenário político paraguaio: o já citado general Lino Oviedo e Luis María Argaña,

---

[53] De acordo com Silvia Lemgruber: "Dessa forma, ao longo do tempo, Estado e partido se confundiram na figura do presidente. Durante a ditadura, funcionários públicos e membros das Forças Armadas eram obrigados a se filiar ao partido. Este se infiltrava na sociedade paraguaia, exercendo controle absoluto sobre o aparato de Estado e impedindo o surgimento de qualquer organização social ou instância que não estivesse sob seu controle" (Lemgruber, 2007, p. 250).

então ministro das Relações Exteriores de Rodríguez, sendo ambos membros do Partido Colorado. Com a ida de Stroessner para o exílio, seus simpatizantes se reagruparam em torno de Luis María Argãna, tradicional político colorado e ex-presidente da Corte Suprema (Pérez-Liñán, 2009, p. 61). Um dos principais pontos de conflito da Constituinte dizia respeito à possibilidade ou não da reeleição. Enquanto Oviedo apoiava o presidente Rodríguez e a reeleição, Argaña era contrário. Essa rivalidade se manteve como uma das principais disputas políticas paraguaias desde então, como será mostrado a seguir.

Em 1993, Andrés Rodríguez foi substituído por Juan Carlos Wasmosy, do Partido Colorado, que se tornou o primeiro presidente civil eleito após 43 anos de governos militares. Se no princípio de seu governo as relações com Oviedo eram cordiais, com o passar do tempo foram acumulando tensões entre eles, que culminaram com uma tentativa de golpe em abril de 1996, comandada pelo General, quando Wasmosy ordenou a aposentadoria de Oviedo. Sua reação imediata foi de resistir à medida e reunir seus simpatizantes contra o governo, desencadeando uma crise militar que pela primeira vez se converteu em uma real ameaça para a democracia paraguaia (Pérez-Liñán, 2009, p. 61). Na ocasião, Wasmosy recebeu apoio unânime da comunidade internacional, principalmente dos países do Mercosul, o que acabou sendo fundamental para sua manutenção no poder. Os demais partidos de oposição e a grande maioria da população também estiveram ao lado do presidente.

Uma das consequências diretas dos episódios citados acima aconteceu três meses depois da tentativa de golpe, quando os representantes dos Estados-membros do Mercosul se reuniram para assinar a Declaração Presidencial sobre o Compromisso Democrático do Mercosul, em que enfatizaram a importância da democracia para a cooperação regional. Esse movimento acabou abrindo caminho para a posterior inclusão da chamada Cláusula Democrática ao Tratado de Assunção, que estabeleceu, em 1991, a criação oficial do bloco (Lemgruber, 2007, p. 252).

Após perder sua grande influência junto aos militares, restou a Oviedo tentar ampliar seu domínio junto ao Partido Colorado. Para isso organizou sua candidatura junto a Raúl Cubas Grau, um empresário de pouca experiência política. Temendo a eleição de Oviedo, Wasmosy convocou um tribunal militar que acusou o general de sedição, o que o impossibilitou de concorrer às eleições presidenciais por ter sido sentenciado a dez anos de prisão pela tentativa de golpe.

Em 1998, Raúl Cubas, do Partido Colorado, venceu as eleições apoiado por Oviedo, tendo como uma de suas principais promessas de campanha a libertação do general. O então presidente do Partido Colorado, Luis María Argaña, tornou-se candidato à vice-presidência, mesmo sendo de uma facção oposta à de Cubas e Oviedo. No entanto, a facção de Argaña conseguiu a maioria no Congresso, já demonstrando a dificuldade que Cubas teria pela frente. Como esperado por Oviedo, a primeira providência do governo de Cubas, três dias após sua posse, foi ordenar sua libertação, despertando a ira da oposição e dos argañistas no Congresso, que após uma sessão de sete horas aprovaram uma resolução condenando a decisão e solicitando à Suprema Corte paraguaia que avaliasse a constitucionalidade da libertação. Como já era esperado, a Suprema Corte determinou o retorno de Oviedo à prisão, ordem que foi desafiada por Cubas[54].

Em janeiro de 1999, após um impasse de três meses, o presidente da Corte Suprema Wildo Rienzi deu ao Executivo um prazo de 72 horas para prender Oviedo, estabelecendo que caso o presidente se negasse a cumprir a decisão seria iniciado um processo de *impeachment* contra sua pessoa. De acordo com Pérez-Liñán (2009, p. 62), corriam boatos de que o vice-presidente Argaña

---

54 Temendo a possibilidade do indulto a Oviedo, a legislatura anterior sancionou uma lei em que restringia a capacidade do presidente para indultar, limitando essa faculdade apenas para os condenados que já tivessem cumprido ao menos metade de sua pena (Pérez-Liñán, 2009, p. 62).

estaria conspirando com a oposição no parlamento contra Cubas com o intuito de chegar à presidência. Outros rumores davam conta de que Cubas e Oviedo estariam conspirando para organizar um autogolpe contra o Congresso. Diante da desobediência do então presidente em atender à decisão da Corte Suprema, o Congresso paraguaio deu início a um processo de impedimento contra Cubas (Lemgruber, 2007, p. 252).

No entanto, o auge da crise política paraguaia teria ocorrido antes mesmo da conclusão do processo de impedimento, quando o vice-presidente Argaña foi assassinado a tiros por um grupo de homens vestidos com uniformes militares em uma das principais ruas do centro de Assunção. A reação imediata foi uma onda de protestos de todos os setores da sociedade e, nos dias seguintes, sindicatos, organizações camponesas e milhares de jovens ocuparam a praça em frente ao Congresso Nacional. Uma marcha de camponeses que perdiam o perdão de suas dívidas se transformou em uma manifestação com milhares de pessoas contra o presidente Cubas. Os protestos só aumentavam, e a praça que fica em frente ao Congresso se transformou em palco de conflitos entre apoiadores de Cubas/Oviedo e argañistas. Foi nesse contexto que franco-atiradores, posicionados no alto de edifícios que cercavam a praça, atiraram contra a multidão, resultando na morte de sete manifestantes e deixando aproximadamente 700 feridos. Visto como o principal acusado do assassinato de seu vice-presidente e pressionado pelo processo de *impeachment*, Cubas foi forçado a renunciar e, assim como Oviedo, acabou fugindo do país, mas antes tratou de se refugiar na embaixada brasileira. Segundo Pérez-Liñán, antes da renúncia de Cubas, ocorreu uma negociação entre o governo, a oposição, a igreja e alguns diplomatas estrangeiros com objetivo de uma "saída honrosa" para a crise (Pérez-Liñán, 2009, p. 64).

O que sobrou do seu mandato foi cumprido pelo presidente do Senado, Luiz González Macchi, integrante da facção argañista do Partido Colorado e que conseguiu montar uma ampla coalizão parlamentar a seu favor. O governo de Macchi foi permeado por denúncias de corrupção (Lemgruber, 2007, p. 253) e por uma nova tentativa de golpe capitaneada por oficiais ligados a Lino Oviedo em março de 2000. Essa nova tentativa de golpe acabou fracassando pela recusa da Marinha e da Força Aérea paraguaia em participar do movimento. Além da tentativa malsucedida de golpe, Macchi conseguiu reverter a seu favor três pedidos de iniciar um processo de *impeachment* em razão das já citadas denúncias de corrupção. Todas essas iniciativas mostravam que mesmo exilado e preso no Brasil, Oviedo mantinha uma forte influência na vida política paraguaia, tornando-se um fator de instabilidade.

De acordo com Eduardo Heleno (2010, p. 8), o governo de Macchi vivenciou novos momentos de instabilidade política, devidos, ainda, à difícil crise provocada pela morte de Argaña, à pressão dos colorados ligados a Lino Oviedo e às acusações de que ele participaria de um esquema de corrupção. Em 2000, uma marcha composta por dez mil pessoas protestou nas ruas de Assunção para reclamar da política econômica do governo. Novos protestos em 2002 fizeram com que Macchi decretasse estado de exceção para conter a mobilização popular.

A posterior erosão da coalizão parlamentar que sustentava o governo Macchi resultou em sucessivas tentativas de instauração de um processo de juízo político do então presidente, organizadas em sua maioria pelo PLRA e pela Unace (Pérez-Liñán, 2009). Finalmente, em dezembro de 2002, durante uma visita do então presidente ao Brasil, o pedido para iniciar um processo de juízo político de Macchi foi aceito, quatro meses antes das eleições presidenciais que ocorreriam em abril de 2003. As principais acusações eram de corrupção, malversação de dinheiro público e uso de um carro roubado no Brasil. O procedimento para o juízo político foi instaurado pelo Senado paraguaio somente em janeiro de 2003, e o julgamento foi marcado para fevereiro, perfazendo duas semanas para a defesa do presidente. A oposição, no entanto, não conseguiu reunir os votos suficientes para retirá-lo do poder. Após mais de dez horas de debate, 25 senadores votaram pelo afastamento, 18 se posicionaram contra e um se absteve. Para retirá-lo do poder, seriam necessários ao menos os votos de 30 dos 44 senadores (Coelho, 2012, p. 15).

Em 2003, Nicanor Duarte foi eleito o novo presidente do Paraguai, com 37,3% dos votos válidos, garantindo mais uma vez a permanência do Partido Colorado no poder. O advogado e membro do Partido Colorado Nicanor Duarte havia sido ministro da educação e cultura dos governos de Wasmosy, Cubas e Macchi. O novo mandatário tomou posse em agosto do mesmo ano em meio a uma profunda crise financeira no país. Em seu discurso de posse, fez duras críticas às políticas liberalizantes implementadas pelos governos anteriores e prometeu adotar medidas que não privilegiassem somente os interesses do mercado (Lemgruber, 2009, p. 255).

Na avaliação de Mayra Goulart (2009, p. 4), a eleição do colorado Nicanor Duarte foi um passo importante para a estabilização política, uma vez que no pleito não intervieram "forças antidemocráticas" e pelo fato de o seu governo ter conseguido evitar a instabilidade dentro do Partido Colorado. De acordo com Goulart (2009, p. 8), se o governo do general Andrés Rodríguez foi o responsável por permitir a transição institucional para as regras democráticas, foi apenas no governo de Nicanor Duarte Frutos que estas foram respeitadas sem irrupções autocráticas, haja vista terem ocorrido tentativas de golpe em 1994, 1996 e 2000. Segundo Lemgruber (2007, p. 259), a relativa estabilidade alcançada a partir do governo Duarte tem significado apenas por conta da ausência de novas tentativas de golpe de Estado ao longo de sua administração. A autora chama ainda a atenção para a estabilidade paraguaia em um contexto em que não há alternância de comando dos partidos na presidência, e sim a manutenção da legenda colorada de Stroessner. Assim, até o fim do governo de Duarte, as disputas políticas ocorreram muito mais no interior do Partido Colorado do que efetivamente nas ruas, em um contexto em que a administração do Estado se confundia com a organização interna do partido, demonstrando um dos principais problemas para o estabelecimento de uma democracia mais substantiva no Paraguai.

Com a proximidade do fim do mandato, as constantes disputas entre Duarte e seu vice-presidente, o também colorado Luis Castiglioni, além do desejo de eleger o seu sucessor, fizeram com que a o Partido Colorado tivesse sua imagem manchada por acusações de fraude nas eleições internas da legenda. Ao longo de toda a administração de Duarte, foram constantes também as denúncias de corrupção de altos membros da burocracia do governo, chegando até mesmo a forçar a renúncia ou a demissão de alguns ministros.

A eleição em 2008 do ex-bispo católico Fernando Lugo, com 41% dos votos válidos, interrompeu os mais de 60 anos de controle do Partido Colorado da presidência paraguaia. A campanha presidencial de Fernando Lugo esteve calcada no apoio da chamada Aliança Patriótica para a Mudança (APC, na sigla em espanhol), coligação que formou a base de sustentação do seu governo. A APC foi oficialmente formalizada em 19 de setembro de 2007 e se constituía inicialmente por oito agrupações políticas. Para as eleições municipais de 2010, a APC realizou uma aliança com o bloco Espaço Unitário-Congresso Popular e formou a chamada Frente Guasú.

A coalizão de apoio parlamentar de Lugo, no entanto, nunca conseguiu ser majoritária no Congresso paraguaio, o que obrigava o governo a negociar separadamente com os partidos da oposição a aprovação de cada matéria específica. Com uma administração extremamente diversificada e fragmentada, sempre foi muito difícil para o presidente coordenar seu apoio legislativo. Desse modo, o programa de governo de Lugo esteve longe de ser concretizado, e suas principais promessas de campanha foram prejudicadas, principalmente a promessa de reforma agrária, um dos carros-chefes de sua campanha. Seu mandato foi marcado por diversas crises e tentativas de juízo político (e até mesmo de golpe militar, que levou o presidente a trocar toda a cúpula militar de seu governo em outubro de 2009).

Consequentemente, o presidente não conseguiu manter sua coalizão unida e optou pela estratégia da alta rotatividade ministerial, procurando diminuir os eventuais pontos de tensão com a demissão dos encarregados pelas pastas responsáveis por áreas em crise, ao mesmo tempo que buscava novas alianças com outros setores da política paraguaia. Os críticos de seu governo afirmaram que o mandatário foi incapaz de construir uma coalizão verdadeiramente programática, instituindo um emaranhado de partidos que tinha em comum somente o fato de se oporem ao tradicional domínio histórico do Partido Colorado. As táticas de manejo de crise empreendidas por Lugo, entretanto, não foram capazes de evitar o aumento da escalada da oposição ao seu governo.

Em abril de 2011, a convenção anual do Partido Liberal Radical Autêntico (PLRA) já apontava para o lançamento de uma candidatura própria para as eleições presidenciais de 2013 e o rechaço a qualquer possibilidade de reeleição presidencial. Na época, o principal nome do partido que despontou como possível candidato a mandatário foi exatamente o do então vice-presidente Federico Franco, responsável por seguidos e contundentes ataques à administração de Lugo.

Em reposta, integrantes da Frente Guasú buscaram iniciar a campanha intitulada "Iniciativa por el sí", que buscou viabilizar a reeleição do presidente Lugo nas eleições gerais de 2013. Seu objetivo inicial seria reunir 60 mil assinaturas, o equivalente a 2% dos inscritos no Registro Civil Permanente, e apresentar o projeto de inclusão de uma emenda constitucional ao artigo 229 — que proíbe a reeleição —, permitindo a candidatura de Lugo. As consequências da iniciativa foram tão desastrosas que iniciaram mais uma crise política no país, liderada pelos partidos de oposição e até mesmo por membros da própria base de sustentação do governo, especialmente o PLRA, que não aceitava a reeleição de Lugo. Frente a esse cenário, o presidente e seus aliados acabaram por desistir do intento e uma nova reforma ministerial foi iniciada.

Em novembro de 2011, Lugo concedeu a primeira entrevista coletiva após um hiato de dois anos e fez duras declarações sobre seu desacordo com a atuação do vice-presidente Federico Franco, com quem a relação afirmou ser irreconciliável. Na ocasião, Lugo afirmou que Franco seria seu opositor e estaria em franca campanha para assumir a presidência do país desde 15 de agosto de 2008, data da posse de ambos.

No entanto, a saída definitiva do PLRA da coalizão de governo no dia 20 de junho de 2012 foi o evento definitivo a impulsionar o processo de juízo político do presidente. Os liberais acusaram Lugo de ignorar suas críticas internas para se apoiar nos setores de esquerda e até mesmo em figuras do Partido Colorado. A cisão definitiva com a administração de Lugo foi anunciada por Salyn Buzarquis, vice-presidente do Partido Liberal: "Está decidido: nós, liberais, estamos cansados de sustentar um governo ruim. O senhor presidente tem de ir para casa"; bem como pelo líder do partido no Congresso, Blas Llano: "O Partido Liberal se exime de qualquer responsabilidade política sobre o governo do presidente Lugo" (Gutiérrez, 2012).

No dia seguinte, a Câmara dos Deputados do Paraguai decidiu submeter Lugo a um julgamento político, alegando a incapacidade do presidente em administrar o país. Efetivamente não havia nenhuma acusação de crime ou qualquer outro ato que justificasse o início do processo de *impeachment*, de acordo com o estabelecido pela Constituição paraguaia. Assim, o julgamento de Lugo teria se baseado em critérios altamente subjetivos sobre sua condução política do país e os resultados de sua administração até aquele momento. A decisão deu-se sob a égide do artigo nº 225 da Constituição paraguaia, que estabelece que o juízo político para cargos do Poder Executivo pode ocorrer mediante a constatação de que há "mal desempenho de funções". O artigo sustenta, ainda, que a Câmara dos Deputados necessita de maioria de dois terços para formalizar sua acusação. Satisfeita tal condição, o processo deveria ser encaminhado ao Senado, sendo corroborada a acusação mediante uma maioria de dois terços dos votos, o que efetivamente aconteceu.

De acordo com Gaio (2012, p. 4), a destituição de Lugo finalmente ocorreu no dia 22 de junho de 2012, mediante processo de *impeachment* promovido pelo Congresso paraguaio. A Câmara dos Deputados abriu o processo de juízo político contra Lugo em 21 de junho, com base em ampla maioria, sendo 76 votos a favor do afastamento do presidente e apenas um voto contra. O Senado, por sua vez, corroborou a acusação dos deputados e, no dia seguinte, destituiu Lugo da presidência paraguaia também de maneira inconteste, com 39 votos a favor da condenação e somente quatro favoráveis à absolvição do ex-presidente. Ainda no mesmo dia, 22 de junho, assumiu a presidência do Paraguai o vice-presidente, Frederico Franco, do Partido Liberal Radical Autêntico (PLRA).

A reação de Lugo ao processo de *impeachment* se pareceu mais com a de um bispo católico do que a de um presidente, tamanha sua passividade frente à sucessão dos fatos que só complicavam mais sua permanência no poder. Segundo Gabrielli Gaio:

> Embora tendo acatado o desfecho do julgamento, o ex-presidente Lugo e sua defesa manifestaram sua insatisfação mediante a inusitada rapidez do processo, sobretudo no que concerne ao pouco tempo disponível para a preparação dos argumentos contra o afastamento do ex-presidente, que qualificou o ocorrido com um "golpe de Estado expresso" (Gaio, 2012, p. 4).

A reação mais incisiva ao golpe não veio do presidente destituído, mas sim dos países vizinhos, especialmente dos Estados-membros do Mercosul, não reconhecendo o novo governo de Federico Franco e caracterizando a destituição de Lugo como um golpe de Estado. Uma das principais consequências foi o afastamento do Paraguai da Unasul e do Mercosul, em razão da quebra da chamada "cláusula democrática", que prevê sanções em caso de rupturas da ordem democrática.

Ao longo de todo processo do "golpe de Estado expresso" ocorreram diversas manifestações populares em favor do presidente

Lugo e da manutenção das instituições democráticas paraguaias. Os eventos mais tensos ocorreram logo após a votação do *impeachment*, quando os manifestantes entraram em choque com a polícia, resultando em dezenas de feridos e presos.

ARGENTINA

A reflexão sobre os principais acontecimentos políticos ocorridos na Argentina no período analisado por este trabalho deve obrigatoriamente fazer menção aos anos de autoritarismo que dominaram o país entre 1976 e 1983. O legado de extrema violência, assassinatos, sequestros, abusos dos mais variados, rotundo fracasso na economia e derrota no conflito militar com a Grã-Bretanha pela posse das ilhas Malvinas deixaram uma herança maldita para seus sucessores já no retorno da democracia. Ao contrário do que aconteceu no Brasil e no Chile, os militares argentinos não puderam negociar sua saída de maneira pactuada, fato que marcou a transição para o regime democrático (Fausto; Devoto, 2004, p. 458).

O primeiro presidente civil eleito democraticamente no país após os anos de ditadura, em 1983, foi Raúl Alfonsín, candidato da União Cívica Radical (UCR), o que significou a primeira derrota eleitoral nas eleições presidenciais do tradicional Partido Peronista desde sua criação, em 1947. O novo presidente, no entanto, passou por uma série de dificuldades ao longo de seu mandato, o que acabou levando à sua renúncia em 1989 e à antecipação da transmissão do cargo de Presidente da República para o novo mandatário eleito, o peronista Carlos Saúl Menem. As razões da renúncia de Alfonsín são abaixo descritas por Daniel Jatobá:

> Na Argentina, o governo Alfonsín conseguiu evitar uma ruptura do regime democrático, mas, para isso, terminou por, em primeiro lugar, submeter-se às exigências dos militares, descumprindo os compromissos assumidos a respeito do julgamento dos responsáveis pelas violações

> de direitos humanos, ao negociar a aprovação das Leis de Obediência Devida e do Ponto Final, que na prática anistiavam os responsáveis pela repressão e atribuíam a responsabilidade apenas aos comandantes das Forças Armadas; em segundo lugar, Alfonsín terminou por sacrificar a integridade temporal do próprio mandato, pois se encontrava sob forte pressão pela ocorrência de mais uma sublevação militar quando renunciou em 1989 (Jatobá, 2011, p. 212).

Fausto e Devoto (2004) enxergam a eleição de Menem como voto de protesto em relação ao fracasso econômico enfrentado por Alfonsín[55]:

> Este (Menem) assumiu antecipadamente o poder (julho de 1989), diante do descontrole da economia, expresso de forma contundente na temida hiperinflação, após o fracasso do Plano Austral, e da incapacidade presidencial de formular uma política com um mínimo de consistência (Fausto; Devoto, 2004, p. 463).

A campanha eleitoral de Menem[56] assumiu as principais características clássicas do peronismo, apelando para "o voto dos humildes, prometendo a aurora de novos tempos, que incluía a velha ilusão do 'salariazo' e uma 'revolução produtiva'" (Fausto; Devoto, 2004, p. 458). No entanto, ao assumir o poder, o novo

---

55 A política econômica de Alfonsín foi estabelecida pelo famoso "Plano Austral", em 1985, e redundou no final de seu governo a uma inflação que já chegava aos 100% anuais, serviços públicos ineficientes, desemprego e baixos salários. Fausto e Devoto (2004, p. 462) afirmam que "os anos de Alfonsín na presidência podem ser assim resumidos: êxito de uma transição política e fracasso da transição econômica".

56 De acordo com Fausto e Devoto (2004, p. 458), Carlos Saul Menem era um político profissional de longa data e uma figura partidária de destaque. Sua indicação à presidência teria sido fruto de sua habilidade em reunir facções muito diversas, entre elas dirigentes sindicais, antigos militantes da extrema direita e da esquerda dos anos 1970, caudilhos e dirigentes locais.

presidente realizou exatamente o oposto do que havia prometido, assumindo a feição daquilo que a literatura em Ciência Política denomina "estelionato eleitoral" ou *policy switch*[57], termo originalmente cunhado por Susan Stokes (2001). Segundo a autora, algumas das reformas estruturais na América Latina foram realizadas "por surpresa": o caso argentino simbolizaria a expressão emblemática deste tipo de conversão política. A fórmula de governo escolhida por Menem conjugava um combate à crise hiperinflacionária e um programa de reformas orientadas para o mercado. Na prática, o líder peronista realizou uma adoção "apressada e radical" do pacote neoliberal contido nas recomendações do Consenso de Washington. De acordo com Jatobá:

> O lançamento das reformas estruturais fez o governo Menem distanciar-se de sua coalizão eleitoral, e em particular do Partido Justicialista (Novaro, 2003, p. 54-55). No lugar da aliança com o peronismo, e para fugir da pressão de sua base política tradicional, o primeiro governo Menem estabeleceu uma aliança com políticos de centro-direita e liberais, além de grupos e setores empresariais interessados nas reformas estruturais (Jatobá, 2011, p. 237).

Durante o seu primeiro mandato Carlos Menem lançou, com êxito e com o apoio do Legislativo em caráter de emergência, a chamada Lei de Reforma do Estado[58]. O país passou a seguir um modelo baseado em políticas orientadas pelo Consenso de Washington, que compreendia uma completa liberalização

---

[57] Stokes (2001), ao analisar a implementação das reformas neoliberais na região, chama a atenção para a ocorrência do estelionato eleitoral (*policy switch*), ação estratégica dos representantes que ocultam suas reais intenções e prometem a adoção de políticas atrativas para os eleitores durante as campanhas e que, após eleitos, modificam radicalmente com a implementação de políticas conservadoras antipopulares.

[58] As principais reformas ocorreram via decreto presidencial de necessidade e urgência sob a anuência do Legislativo.

financeira e econômica e a redução do papel do Estado na economia, atribuindo ao setor privado a responsabilidade pelo crescimento econômico. As principais medidas adotadas foram a dolarização da moeda e a privatização de estatais, entre outras. Mais de cinquenta dessas empresas passaram, em poucos anos, à iniciativa privada, a preços muito abaixo do seu valor real, mediante decretos presidenciais que permitiam procedimentos expedientes, ainda que pouco transparentes (Jatobá; Epsteyn, 2007, p. 36).

Sobre a adoção da convertibilidade, Jatobá e Epsteyn (2007, p. 36) afirmam que o modelo econômico de Menem buscava promover uma imediata estabilização econômica e financeira. Desse modo, a referida política consistia no ataque direto ao problema da "hiperinflação", responsável pela ausência total de confiança no sistema econômico e uma das causas principais do aumento da pobreza durante a década de 1980. A designação, em 1991, de Domingo Cavallo para ser ministro da economia com amplos poderes trouxe como novidade a implementação deste esquema monetário. De acordo com os autores:

> Concretamente, a "convertibilidade" incluía a adoção de um tipo de câmbio fixo (um peso igual a um dólar), equivalência respaldada e garantida pela nova situação de independência do Banco Central, medida implementada em 1992. A paridade cambial significou uma solução definitiva ao problema crônico da "hiperinflação", e deste modo ofereceu um período de estabilidade econômica e financeira que ajudou a colocar a Argentina como um exemplo de reformas bem-sucedidas no âmbito latino-americano. A "convertibilidade", além de seu efeito especificamente estabilizador, tornou-se um contrato de confiança inquestionável da sociedade argentina para com o Estado e suas instituições, adquirindo um respaldo público sem precedentes na história econômica do país (Jatobá; Epsteyn, 2007, p. 36).

A gestão das reformas administradas pelo presidente argentino priorizou objetivos de curto prazo, optando por políticas de fácil implementação e que produzissem resultados palpáveis imediatos. Anos mais tarde, a revisão dessas medidas, a piora nos serviços públicos privatizados e a descoberta das fraudes no processo de privatização constituíram um dos principais ingredientes para a instabilidade política argentina no início do novo milênio. Um dos últimos fatos relevantes do primeiro mandato de Menem foi a convocação de uma Assembleia Constituinte em 1994, que acabou promulgando poucos depois a nova Constituição argentina, que ampliava ainda mais os poderes presidenciais e que instituiu a reeleição com mandato de quatro anos.

Logo em seguida, em maio de 1995, Menem foi reeleito para mais quatro anos à frente do país. Ao contrário da eleição anterior, desta vez o voto de protesto deu lugar a uma interpretação do tipo *referendum* político. Apesar de a Argentina passar por uma crise econômica, o governo não foi responsabilizado pela situação. Na ocasião, Menem conseguiu transferir a responsabilidade para o chamado "efeito tequila", causado após a crise do México.

Entretanto, a extensa utilização desde o primeiro momento de sua administração do recurso ao crédito internacional (e o fenômeno da dívida externa como sua consequência politicamente mais visível) acabou contribuindo para o aprofundamento da crise econômica enfrentada pelo governo Menem ao final de seu segundo mandato. Para Jatobá e Epsteyn (2007, p. 38), a sobrevalorização inicial da moeda argentina, agregada à apreciação do dólar ocorrida ao longo dos anos 1990, e a desvalorização do real brasileiro em janeiro de 1999 tiveram um efeito muito negativo sobre a competitividade da economia argentina. Tal situação produziu um aumento significativo do déficit da balança comercial, agravado pelo processo de abertura comercial unilateral incluído no pacote de reformas orientadas para o mercado, empreendidas por Menem desde o início de sua primeira gestão, ampliando posteriormente o déficit fiscal. O crescimento do déficit, planejado inicialmente para ser coberto com o dinheiro das privatizações, logo passou a ser exclusivamente pago mediante financiamento internacional, em grande medida privado, mas também provido pelas agências financeiras multilaterais. O somatório desses fatores resultou em um forte crescimento da dívida externa.

O início do novo século significou para a Argentina o final abrupto do modelo inaugurado dez anos antes e cuja finalidade havia sido transformar profundamente o país a partir da implementação das chamadas políticas neoliberais (Jatobá; Epsteyn, 2007, p. 34). Para os referidos autores, os problemas econômicos e sociais que favoreceram o surgimento e posterior consolidação da contestação social, em última instância, poderiam ser considerados como consequências diretas ou indiretas do modelo econômico apoiado no Consenso de Washington, durante os dois governos do presidente Menem, também justicialista.

No fim de 1999, foi eleito para a presidência Fernando de la Rúa, membro da União Cívica Radical (UCR), que realizou sua campanha calcado em um discurso eleitoral que prometia o fim do *menemismo*. Ao assumir o poder, entretanto, manteve sem grandes alterações o modelo de seu antecessor, precipitando sua renúncia dois anos depois, devido ao desgaste causado pela grave situação econômica do país e pelas intensas manifestações populares que pediam sua saída, como será visto a seguir.

Em março de 2001, após a irrupção de uma crise financeira na Turquia que afetou os mercados emergentes, o primeiro dos ministros da economia do governo de Fernando de la Rúa, José Luis Machinea, renunciou ao cargo. O presidente escolheu para seu lugar Ricardo López Murphy, um economista ortodoxo que anunciou um forte ajuste fiscal, tendo como impacto imediato a demissão voluntária de vários membros do governo, e até a sua própria, apenas quatro dias após haver assumido o cargo. Foi exatamente nesse momento que Fernando de la Rúa tomou uma de suas decisões mais controversas: convidar o ex-ministro da economia de Menem e candidato à presidência derrotado em 1999,

Domingo Cavallo — conhecido como o grande artífice do plano de "convertibilidade" —, para assumir a pasta da economia com o fito de conter a crise e tentar salvar o governo, cada vez mais desprestigiado. Para implementar sua política, Cavallo recebeu mais uma vez poderes extraordinários do Congresso, cujos membros também deram respaldo à sua política de "déficit zero", destinada a diminuir o insustentável problema fiscal do Estado (Jatobá; Epsteyn, 2007, p. 42).

Desse momento em diante, os eventos que se seguiram contribuíram diretamente para a crise argentina e a grande instabilidade política e presidencial do país no início do século. Com o temor de uma moratória, ocorreu um expressivo aumento do chamado risco-país e uma intensa fuga de capitais. A crise econômica tomou vulto maior ainda quando, ao se deparar com a verdadeira dimensão do déficit fiscal, o FMI anunciou que não realizaria um desembolso previamente pactuado com a Argentina, desencadeando a perda total de confiança pública no sistema financeiro (Jatobá; Epsteyn, 2007, p. 43). Em resposta, o ministro Cavallo tomou medidas consideradas extremamente impopulares pelos argentinos, como, por exemplo, o impedimento da retirada de depósitos bancários pelos cidadãos.

Concomitantemente ao desenrolar dos acontecimentos econômicos, o país foi cenário de uma série de paralisações e manifestações que acabaram redundando na maior greve geral enfrentada pela administração de Fernando de la Rúa, ocorrida em julho de 2001. Os protestos só aumentaram daquele momento em diante, até chegarem ao auge em 17 de dezembro do mesmo ano, quando o presidente anunciou o orçamento para o ano seguinte e o corte de 15% nos gastos, buscando facilitar as negociações com o FMI. Com a população nas ruas protestando contra o governo, os parlamentares e o sistema político em geral, com o famoso lema "*que se vayan todos*", o mandatário optou por decretar o estado de sítio para tentar conter as manifestações, que se tornavam cada dia maiores e mais violentas, sitiando a capital Buenos Aires nos chamados *panelazos* promovidos, entre outros, pelo movimento que ficou conhecido como *piqueteros*[59].

Sem alternativas para sair da crise, o presidente Fernando de la Rúa decide, junto a todos os outros integrantes de seu governo, renunciar logo após a divulgação da notícia de que 29 pessoas haviam morrido em consequência de distúrbios ocorridos em Buenos Aires e nas maiores cidades do país. Foi o início de um período de grande instabilidade política argentina contemporânea: em dez dias a Argentina teve quatro presidentes interinos: Federico Ramón Puerta (de 21/12/2001 a 23/12/2001), Eduardo Camaño (de 23/12/2001 a 30/12/2001), Adolfo Rodríguez Saá (de 30/12/2001 a 01/01/2002) e Eduardo Duhalde (de 02/01/2002 a 25/03/2003), todos membros do Partido Justicialista.

Somente Duhalde conseguiu estabilizar, de certa maneira, a crise sem precedentes dos últimos meses, mas ainda enfrentou muitas manifestações e greves no curto período em que esteve no poder. Seu governo enfrentou duas greves gerais e violentos protestos, como aquele em que a repressão policial de uma manifestação liderada pela Central de Trabalhadores Argentinos (CTA) e secundada pelos *piqueteros* terminou em graves incidentes,

---

59 Os diferentes movimentos *piqueteros*, unidos aos grupos heterogêneos de desempregados surgidos no contexto do ativismo anterior à crise de dezembro de 2001, podem ser considerados como os agrupamentos políticos mais organizados, combativos e contestatórios do país. Suas mobilizações massivas incluíam, em muitos casos, o bloqueio de pontes e estradas de crucial importância como estratégia para fazer valer suas demandas frente ao governo. Estes protestos, além de pretender melhorias nas condições de vida, eram levados a cabo acompanhados de lemas que expressavam um total repúdio à classe política tradicional, expressado fortemente pelo *slogan* "*que se vayam todos*". Vale sublinhar que as mobilizações, protestos e manifestações massivas deste tipo, além daquelas realizadas pelos sindicatos e outros grupos políticos organizados, seriam uma constante da Argentina pós-crise. Durante o governo Kirchner, mesmo depois de conhecidos os dados sobre a retomada do crescimento econômico e a diminuição do nível de desemprego, este tipo de agitação política continuaria a ocorrer (Jatobá; Epsteyn, 2007, p. 43).

deixando um saldo de dois mortos e noventa feridos. Essa repressão provocou imediatamente uma manifestação de repúdio, com mais de 30 mil pessoas reunidas na Praça de Maio, ponto de encontro habitual dos ativistas (Jatobá; Epsteyn, 2007, p. 43). Diante dos protestos que se multiplicavam pelo país, Duhalde optou por realizar um governo de transição e antecipou em seis meses a eleição presidencial, na qual foi eleito Néstor Kirchner. No entanto, cabe ressaltar que foi durante o breve governo de Duhalde que foi iniciada a revisão das políticas econômicas implementadas por Menem, pondo fim ao plano de convertibilidade.

Candidato apoiado por Duhalde, Néstor Kirchner, até então o desconhecido governador de uma remota província de Santa Cruz, na Patagônia, venceu com apenas 22% dos votos ao disputar a presidência com Menem e Adolfo Rodrigues de Sáa. Para Lemgruber (2007, p. 3), a vitória de Kirchner, que concorreu às eleições pela Frente Pela Vitória (FPV), aliança eleitoral de orientação peronista fundada em 2003 para viabilizar a candidatura de Kirchner, denota dois traços marcantes da história política argentina: 1) a sobrevivência da democracia em um contexto de uma crise econômica inédita e de caos social e 2) a persistência do peronismo, ainda que fragmentado e enfraquecido, assim como outros partidos políticos do país.

Kirchner assumiu o governo prometendo a manutenção das reformas iniciadas por Duhalde, mantendo inclusive Roberto Lavagna como titular da Economia, posto que já exercia no governo anterior. Muito mais do que apenas representar a continuidade de Duhalde, Kirchner aprofundou as mudanças, dando início a uma série de reformas políticas inesperadas que representaram uma inflexão política, significando a ruptura com o modelo econômico prevalecente durante a última década do século XX (Jatobá; Epsteyn, 2007, p. 33). Kirchner, no entanto, iniciou sua gestão carente de uma base política sólida (como consequência de seu parco peso relativo dentro do Partido Justicialista), sem controle sobre os poderes Legislativo e Judiciário, e desprovido de respaldo dos grupos tradicionalmente aliados do *peronismo* (sindicatos e empresariado nacional).

Logo após assumir a presidência, uma das suas primeiras iniciativas foi anunciar um projeto de reforma nas Forças Armadas e na polícia federal argentina, enviando para a reserva todos os oficiais supostamente envolvidos com violações de direitos humanos cometidas durante a ditadura militar. Ao longo de seu mandato, essa busca pela justiça em favor das vítimas dos abusos do período ditatorial constituiu uma das principais características de seu governo, que acabou recebendo por tais iniciativas o apoio de parte relevante do eleitorado argentino.

Outro feito importante da administração de Kirchner foi a reforma da Corte Suprema do país, que havia sido ampliada durante o mandato de Menem com juízes acusados de tomar decisões sempre favoráveis ao Executivo. A reforma constituiu, entre outras iniciativas, da recomposição dos juízes, afastando os magistrados que teriam ligações com o *menemismo* e nomeando para seu lugar magistrados com destacadas trajetórias profissionais e menos vinculados ao poder político.

O mandato de Kirchner obteve uma importante vitória nas eleições legislativas de 2005, no qual os candidatos ligados à sua coalizão, a chamada Frente Para a Vitória (FPV), conseguiram grande sucesso eleitoral, proporcionando ao presidente um significativo apoio na Câmara dos Deputados e uma maioria própria no Senado.

Seu governo registrou aumento na taxa de crescimento econômico, acordo com os credores da dívida externa, diminuição do desemprego e da pobreza, além de uma inflação razoavelmente baixa. Tais resultados reforçaram ainda mais seu apoio junto à população argentina, contribuindo para a estabilização de sua administração após o período recente de crises vivenciadas pelo país. Kirchner terminou seu mandato com 49% de aprovação popular.

Em 2008, embora a constituição lhe permitisse, Kirchner decidiu não tentar a reeleição, preferindo apoiar como candidata sua esposa, Cristina Fernández de Kirchner, da FPV, que já havia desempenhado os cargos de deputada federal por Santa Cruz, de 1997 a 2001, e de senadora por Santa Cruz e Buenos Aires, respectivamente de 1995 a 1997 e de 2001 a 2005; e de 2005 a 2007. Ela foi a primeira mulher eleita presidente pelo voto direto na Argentina.

Contudo, apesar do legado do marido, os primeiros meses da administração de Cristina Fernández não foram tranquilos. A presidente passou por uma intensa crise com um dos setores de maior relevância para o país nas áreas política, social e econômica: o setor agropecuário. De acordo com Barbara Lamas (2008, p. 1), as quatro grandes entidades ruralistas da Argentina, que aglutinavam tanto os pequenos como os grandes produtores, se organizaram e prepararam diversas manifestações por todo o país contra a política governamental destinada ao setor, constituindo a maior greve patronal dos últimos 30 anos, segundo a imprensa argentina. As principais estradas do país foram bloqueadas, buscando pressionar o governo com a possibilidade de desabastecimento da capital, Buenos Aires, o que de fato chegou a acontecer, causando um prejuízo ao Estado de cerca 2,4 bilhões de pesos (aproximadamente 742 milhões de dólares). Com o passar do tempo, os protestos aumentaram e chegaram a atingir outros grupos sociais, que começaram a reclamar de todo tipo de políticas, chegando até mesmo à realização de alguns *panelazos* na capital contra a presidente (Lamas, 2008, p. 2).

O principal motivo dos protestos ruralistas consistia no lançamento pelo governo da chamada Resolução nº 125/08, que estabelecia um sistema de alíquotas de exportação móveis para alguns grãos, que acompanhariam a oscilação dos preços das *commodities* no mercado internacional. A crise só terminou em julho do mesmo ano, quando o Congresso rejeitou o referido projeto de lei, mostrando que o apoio legislativo a Cristina Fernandez era menor que se supunha, inclusive no interior do seu partido.

Em outubro de 2010 falece o ex-presidente e marido de Cristina, Néstor Kirchner, trazendo grande repercussão para o país. Na ocasião, Kirchner exercia o cargo de deputado federal e de Secretário Geral da União de Nações Sul-Americanas (Unasul). Na época da morte de Kirchner, o governo de Cristina não passava por um bom momento. De acordo com Vieira de Oliveira (2010, p. 7), Cristina Fernández não conseguia mais manter os índices de popularidade alcançados no início de seu mandato:

> Fortes denúncias de corrupção, tensões com a camada ruralista, aumento do pesadelo da inflação e perda da maioria oficialista em diversas bancadas fizeram com que o chamado "casal K" tivesse seu nome manchado frente à população argentina. Em meados de 2009, a imagem de Néstor e Cristina Kirchner foi se recuperando devido a medidas encabeçadas, principalmente, pelo ex-presidente de promoção pessoal e do governo de sua esposa (Vieira de Oliveira, 2010, p. 7).

Foi também nesse momento que a presidente iniciou um conflito aberto contra parte da mídia do país, especialmente contra os representantes do Grupo *Clarín*, o mais importante da Argentina e dono de diferentes meios de comunicação, como jornal impresso, televisão, internet e rádio. A reclamação de parte da mídia seria a censura imposta pelo governo contra a liberdade de expressão e de divulgação de informações coerentes. O conflito entre o governo e grande parte da imprensa argentina persiste até os dias atuais.

Como visto, apesar de alguns momentos difíceis ao longo de sua administração, Cristina Fernández conseguiu se reeleger em 2011 com 54,11% dos votos válidos, o maior percentual alcançado em uma eleição presidencial desde 1983, com Alfonsín.

VENEZUELA

O declínio do chamado *Pacto de Punto Fijo*[60] e dos partidos tradicionais, bem como o agravamento da crise política e econômica, provocaram quebras institucionais e instabilidade presidencial na Venezuela. Desse modo, tanto o retorno de Hugo Chávez à presidência após o golpe de 2002 como a posterior consulta popular de 2004 — que assegurou sua permanência no poder — constituem eventos importantes e que devem ser estudados a partir da comparação com episódios semelhantes nos demais países citados neste capítulo.

Na Venezuela, Carlos Andrés Pérez, do partido Ação Democrática (AD), inicia seu segundo mandato constitucional em 1989, eleito com 53% dos votos. Em sua campanha eleitoral, prometeu o retorno da "era de ouro da bonança do petróleo", que coincidia exatamente com seu primeiro mandato presidencial, em meados da década de 1970. De acordo com Lalander (2010, p. 129), naquela época o preço do petróleo quadruplicou e Andrés Pérez utilizou as receitas provenientes da exportação para subsidiar programas estatais e melhorar as condições de vida da população.

Uma de suas primeiras medidas após a posse foi introduzir um pacote de reformas de cunho neoliberal, com o intuito de diminuir o aprofundamento da crise social e econômica no final dos anos 1980, que ficou conhecido à época como "*el gran viraje*". Suas propostas incluíam privatizações, desvalorização da moeda, reforma tributária, desregulação e redução de tarifas, entre outras medidas. Ao mesmo tempo, aumentaram os preços dos produtos produzidos pelas indústrias estatais, principalmente aquelas ligadas ao petróleo, o que aumentou a gasolina e as tarifas de transportes públicos.

---

[60] O pacto de Punto Fijo foi um acordo realizado após o fim do regime militar, em 1958, na cidade venezuelana de Punto Fijo, entre os partidos Ação Democrática (AD) e Comitê de Organização Política Eleitoral Independente (Copei) dando origem ao celebrado e pouco inclusivo sistema bipartidário venezuelano.

Sua política econômica foi apoiada pelo FMI, mas não recebeu adesão de seu próprio partido — a Ação Democrática (AD) — e tampouco de grande parte da população. De acordo com Lalander (2010, p. 133), a opção pelas reformas estruturais não foi bem recebida porque seria contrária à trajetória política e às promessas de Andrés Pérez, que afirmou em sua campanha eleitoral que, caso fosse eleito, não implementaria o neoliberalismo na Venezuela. Sobre o FMI, o então candidato Andrés Pérez afirmou se tratar de "uma bomba que só existe para matar pessoas". Deste modo, podemos caracterizar a virada programática de Andrés Pérez como mais um caso de *policy switch* ou estelionato eleitoral na América Latina. As eleições regionais, que ocorreram concomitantemente à eleição presidencial, também não foram positivas para o mandatário, visto que alguns dos principais estados venezuelanos eram governados por políticos de esquerda e críticos ao ajuste neoliberal.

A evolução do conflito acabou produzindo uma crise de governabilidade e o início de uma série de protestos nas ruas, que culminou no conhecido *caracazo*, uma violenta reação militar e policial ordenada por Andrés Pérez contra os protestos promovidos majoritariamente pelos setores mais pobres do país (o *caracazo* também visto por muitos como uma insurreição civil contra o governo) e que matou ao menos 300 pessoas em 1989 (segundo fontes não oficiais, mais de mil pessoas teriam sido mortas). Depois do *caracazo*, pressionado pela oposição, Andrés Pérez optou por descentralizar a administração do país, o que em um segundo momento acabou sendo ainda mais prejudicial para sua permanência do poder, já que os governadores de oposição ganharam mais força e expressão política.

Em 1991, explodiram novas manifestações contrárias à política econômica do presidente. Os manifestantes exigiam o cumprimento das promessas de campanha, traídas quando o mandatário chegou ao poder e implementou as reformas neoliberais. Os primeiros protestos foram iniciados por estudantes e por simpatizantes da oposição, gerando, alguns dias depois, uma greve geral no país.

Em fevereiro de 1992, uma tentativa de golpe militar comandada pelo então tenente coronel Hugo Chávez Frias com o objetivo de tomar o poder foi derrotada pela ação dos militares que permaneceram fiéis ao presidente Andrés Perez (Leite; Pérez Flores, 2007, p. 345). Segundo Aumaitre (2004, p. 402), a tentativa de golpe alterou a confiança da população em relação ao governo do então presidente, realidade que foi demonstrada com uma nova tentativa de golpe em novembro do mesmo ano. Para o autor, ficou claro a existência de uma forte oposição no país com nível de organização suficiente para desestabilizar o regime democrático e que contava com simpatizantes tanto dentro das Forças Armadas como nos setores civis.

Apesar de todas as demonstrações feitas pela sociedade civil, das seguidas tentativas de golpe militar, do aumento da desaprovação de seu governo e da pressão política das sucessivas greves que paralisaram o país, Andrés Perez se recusou a mudar sua política econômica, persistindo no aprofundamento das reformas estruturais (Lalander, 2010, p. 135).

Em novembro de 1992, apenas 17 dias após a segunda tentativa de golpe militar, duas reportagens acusaram o presidente de desvio de verbas públicas ligadas ao Ministério das Relações Exteriores, tanto para uso pessoal como político. O mandatário negou todas as acusações. Nesse meio tempo, o Congresso venezuelano começou a debater opções para encurtar o mandato de Andrés Pérez, mas a AD e o Copei foram contrários. O presidente contra-atacou sugerindo uma nova reforma constitucional, mas que também não foi aceita pelo Legislativo. Contudo, em março de 1993, o Procurador-Geral Escovar Salom denunciou oficialmente Andrés Perez por má administração de fundos públicos. Dois meses depois, a Suprema Corte aprovou a acusação, declarando que de fato existiam evidências suficientes para processar o presidente. No dia seguinte, os senadores venezuelanos decidiram de maneira unânime retirar a imunidade do presidente e automaticamente suspender Andrés Perez da presidência (Lalander, 2010, p. 138).

No mês de junho, novos documentos que comprovavam o desvio de verbas realizado por Andrés Pérez foram apresentados. Em agosto de 1993, o Congresso removeu definitivamente Andrés Pérez do cargo de presidente após as claras evidências de corrupção apresentadas. A saída de Andrés Pérez representou a primeira e única vez na história da democracia na Venezuela que um mandatário não conseguiu levar o seu mandato até o final (Lalander, 2010, p. 129). De acordo com Pérez-Liñán (2009, p. 43), o modelo realizado no Brasil no *impeachment* de Collor teria sido a inspiração para a destituição de Andrés Pérez, ainda que as trajetórias pessoais e as bases de sustentação parlamentar de ambos fossem completamente diferentes.

Após o *impeachment*, uma nova crise tomou conta do país para decidir quem deveria assumir o cargo. O presidente do Congresso, Octávio Lepage, da AD, que havia sido ministro na administração de Andrés Pérez, assumiu interinamente a presidência, enquanto o Congresso discutia qual seria a melhor saída para o período que ainda restava a ser concluído do mandato anterior. De acordo com a Constituição venezuelana da época, um presidente interino poderia permanecer apenas 90 dias no poder. A solução, no entanto, veio em apenas duas semanas. Em junho, o Congresso elegeu de maneira indireta o senador independente Ramón Velásquez, em um movimento que foi percebido como um acordo entre a AD e o Copei. Velásquez permaneceu apenas oito meses no poder e realizou um governo de transição formado por políticos independentes dos dois principais partidos venezuelanos. Sua administração organizou as eleições presidenciais de dezembro, na qual Rafael Caldeira foi o vencedor.

O ex-presidente Rafael Caldeira Rodrigues, do Comitê de Organização Política Independente (Copei), foi eleito em 1993 com 30,5% dos votos válidos pela frente Convergência Nacional, uma aliança de 17 partidos de diferentes matizes no espectro ideológico. Suas principais bandeiras políticas consistiam no combate à corrupção, uma das maiores marcas do *puntofijismo*, e na oposição ao ajuste macroeconômico protagonizado pela administração anterior. A vitória de Caldeira significou que, pela primeira vez desde 1958, a AD e o Copei não conseguiram eleger o presidente sozinhas.

Em 1994, Caldeira resolveu anistiar Hugo Chávez e os demais líderes do golpe militar de 1992, libertando-os da prisão. De acordo com Lalander (2010, p. 141), o governo Caldeira foi muito mais intervencionista do que as administrações Andrés Pérez e Velásquez, estabelecendo, por exemplo, o controle dos preços e do câmbio. Ainda em 1994, uma crise financeira provocou o colapso do sistema bancário, o que levou o Estado a assumir o controle de 18 bancos privados e acarretou a fuga de 322 banqueiros do país, com o objetivo de escapar das acusações de fraude econômica, levando milhões de dólares na bagagem.

No entanto, o primeiro conjunto de medidas tomadas presidente Caldeira não foi capaz de trazer bons ventos para a economia do país. Em 1996, a Venezuela registrou uma inflação histórica de 103% e o crescimento negativo do PIB de menos de meio ponto, após o aumento de 4% do ano anterior.

A partir de 1995, em uma tentativa de mudar a orientação da economia, o governo da Convergência optou por tomar os rumos do neoliberalismo, inclusive com a assinatura de um acordo com o FMI e o compromisso de reformas. O referido movimento ficou conhecido como *Agenda Venezuela*. Para manter o apoio da esquerda a seu governo, Caldeira nomeou Teodoro Petkoff, um famoso ex-guerrilheiro venezuelano, para ministro do Planejamento. Se em um primeiro momento as novas medidas econômicas tomadas pelo presidente deram certo, com o passar do tempo a Venezuela retornou aos problemas de outrora, principalmente em razão da crise que afetou o continente. Ao mesmo tempo, a conjuntura desfavorável das exportações de petróleo contribuiu para piorar ainda mais a situação das reservas venezuelanas. Ao fim de seu governo, o movimento Convergência teve um péssimo desempenho eleitoral, não apresentando candidato à sucessão presidencial e obtendo apenas 2,4% dos votos para o Legislativo, sendo arrebatado pela expressiva votação de Hugo Chávez Frias e seu recém-criado Movimento Quinta República (MVR), como será visto a seguir.

De acordo com Leite e Pérez Flores (2007, p. 344), após dois anos na prisão e demitido do Exército, Hugo Chávez incorporou-se à vida político-institucional e apresentou sua candidatura para as eleições presidenciais de 1998 pelo MVR, sendo eleito com 62,46% dos votos. A vitória de Chávez representou o ocaso do sistema político inaugurado em 1958 e enfraquecido ao extremo na década de 1990. Em sua campanha, o novo presidente prometeu combater a corrupção praticada pela classe política e econômica dominante e uma total refundação da República.

De acordo com Lalander (2010, p. 135), um dos principais motivos para a eleição de Chávez consiste em seu protagonismo na tentativa de golpe em 1992, quando o então tenente-coronel era uma das principais figuras do Movimiento Bolivariano Revolucionário (MBR-200). Ao ser preso, Chávez deu uma rápida entrevista em que admitia que a tentativa de golpe tinha sido motivada pelo entendimento de um grupo de militares de que as Forças Armadas e a polícia deveriam proteger a população e não utilizar da força contra ela, como aconteceu no *caracazo*. Foi nessa mesma entrevista que Chávez pronunciou uma de suas mais importantes falas, ao ordenar aos seus comandados o fim do golpe militar e a deposição das armas dos revoltosos; sua mensagem de que a revolução bolivariana não havia sido derrotada, mas que, "por agora", todos deveriam retornar às suas atividades anteriores ao golpe. Muitos analistas sugerem que Chávez teria vencido indiretamente as eleições de 1998 como um resultado daquele rápido momento televisivo em 1992 (Lalander, 2010, p. 135).

Cumprindo a palavra, logo após sua posse, Chávez convocou mediante decreto a realização de um referendo que o autorizou a organizar as eleições para uma Assembleia Constituinte que se encarregaria de elaborar uma nova Constituição, aprovada em 1999. A nova Carta Magna estabeleceu as bases para a nova

República, daquele momento em diante chamada de bolivariana (Leite; Pérez Flores, 2007, p. 344). Dentre as principais mudanças instituídas pela nova Constituição, ressalto: a transformação do Parlamento de bicameral em unicameral; a modificação da estrutura do Judiciário, estabelecendo eleições para juízes; e o esvaziamento do sistema bipartidário, já enfraquecido nas últimas eleições. Para Villa (2005), as alterações promovidas por Chávez indicariam "uma forte preferência por uma administração feita a partir de mudanças":

> O meu argumento explicativo é o de que Chávez rompe com uma característica fundamental do sistema democrático que se inaugura em 1958, isto é, a representação e a organização multiclassista das instituições em privilégio dos setores mais pobres da população, que se tornou sua principal base política. Essa novidade na política venezuelana nos conduz a interpretar a mudança na época de Chávez não só em bases políticas, mas também em bases sociopolíticas (Villa, 2005, p. 18).

Em 2000, foram convocadas novas eleições para todos os cargos de representação política, com resultados favoráveis ao presidente. A sucessão desses eventos permitiu a Chávez as condições necessárias para a concretização das reformas políticas, econômicas e sociais que desejava realizar na Venezuela. Contudo, o novo governo acabou sendo confrontado por fortes movimentos de oposição protagonizados por um heterogêneo grupo de partidos, organizações e setores ligados aos proprietários, aos empresários, à mídia privada e ao Exército (Leite; Pérez Flores, 2007, p. 345). Desse momento em diante, a oposição venezuelana passou a contestar a legitimidade do mandato de Chávez, como será visto a seguir.

Inserido no contexto favorável proporcionado pelas eleições de 2000, o presidente recebeu do Legislativo maior liberdade para legislar (Leite; Pérez Flores, 2007, p. 346). No final de 2001, o Executivo anunciou um pacote de 49 leis, das quais três causaram grande polêmica por autorizarem a expropriação de terras improdutivas, o aumento da participação do Estado na economia petrolífera e o impulso à coletivização das atividades pesqueiras. A oposição reagiu de maneira veemente às novas leis, principalmente os setores diretamente afetados por ela — proprietários rurais, banqueiros e empresários dos setores pesqueiro e petrolífero.

Em seguida, se somaram ao grupo dos descontentes praticamente todo o setor privado do país, agrupado na Federação de Câmaras e Associações de Comércio e Produção da Venezuela (Fedecámaras), a Central de Trabalhadores da Venezuela (CTV), além dos membros dos tradicionais partidos alijados do centro político, a AD e o Copei, e de outros movimentos políticos contrários à Chávez. Como demonstram Leite e Pérez Flores (2007, p. 347), no início de 2002, o panorama político venezuelano era francamente adverso à governabilidade. A tensão teria se tornado ainda maior com a adesão de vários militares de alta patente — muitos dos quais descontentes com o viés esquerdista do governo ao movimento oposicionista.

No início de abril de 2002, os trabalhadores do setor petrolífero anunciaram sua paralisação e, logo depois, foi convocada uma greve geral, prorrogada por tempo indefinido. Com o passar dos dias aumentaram as passeatas contra o presidente, contando com a presença de milhares de pessoas. Em resposta, as ruas também foram tomadas por milhares de simpatizantes do presidente Chávez. A grande tensão presente nas ruas de Caracas naquele momento chegou ao seu auge quando manifestantes chavistas e antichavistas entraram em confronto em frente ao Palácio de Miraflores, sede do Poder Executivo, tendo como resultado a morte de 14 pessoas. Buscando acalmar a situação, Chávez resolveu fazer um pronunciamento em cadeia nacional. Surpreendentemente, a imagem que chegou aos lares venezuelanos foi editada pelas principais emissoras de televisão da Venezuela, que, apoiando a tentativa de golpe que logo viria a acontecer, manipularam as imagens da manifestação, mostrando apenas a ação dos simpatizantes armados de Chávez que supostamente teriam atirado contra a população civil desarmada (que supostamente estaria contra Chávez), o que foi posteriormente comprovado que não aconteceu. Com isso, deram a entender que o presidente havia perdido o controle do país, que se encontrava naquele momento sem rumo. Sobre os acontecimentos que se seguiram posteriormente, cito Leite e Pérez Flores:

> Na madrugada do 12 de abril, o presidente Hugo Chávez foi preso por um grupo de militares e levado para uma base do Exército fora de Caracas. Anunciou-se a "renúncia espontânea" do presidente e nomeou-se, por decreto, o líder da Fedecámaras, Pedro Carmona, como chefe do novo governo provisório. O decreto não reconhecia os deputados eleitos da Assembleia Nacional e outorgava a Carmona poderes extraordinários para renovar a totalidade dos poderes públicos, inclusive os Poderes Judiciário e Eleitoral.
>
> Nesse meio tempo, militares leais ao presidente já se mobilizavam para resgatá-lo da base para onde tinha sido levado. Parte dos membros das Forças Armadas, que inicialmente apoiara o golpe, voltou atrás logo que o decreto de Carmona veio a público. O vice-presidente, Diosdado Cabello, compareceu ao Palácio de Miraflores, que já tinha sido cercado por simpatizantes de Chávez e pelos membros do gabinete, para exercer provisoriamente as funções de presidente. Na manhã de 14 de abril, Hugo Chávez teve seu cargo restituído e dirigia uma mensagem à nação, clamando pela unidade e pela reconciliação (Leite; Pérez Flores, 2007, p. 348).

Mesmo após o fracasso do golpe, setores militares e privados ainda tentaram retirar o presidente do poder, organizando novas marchas, greves gerais e até mesmo ensaios de novas insurreições militares. Funcionários do alto e médio escalão da estatal do petróleo PDVSA aderiram ao novo movimento de paralisação, levando ao declínio da produção do petróleo e à carência de alimentos e outros produtos de primeira necessidade.

Diante do insucesso dessa primeira onda de tentativas extrainstitucionais contra o presidente, a aliança opositora resolveu explorar os canais constitucionais de revogação de mandatos. No entanto, as sucessivas campanhas de coleção de assinaturas a favor de um referendo encontraram sérios obstáculos iniciais da parte das autoridades eleitorais e judiciárias antes de efetivamente ser convocada a consulta com caráter vinculante. Uma primeira tentativa de realizar um referendo consultivo foi desautorizada pelo Tribunal Supremo de Justiça, em razão da necessidade de renovar a diretoria do Conselho Nacional Eleitoral (CNE), até então composta por autoridades provisórias. Posteriormente, e já com um novo CNE nomeado pelo tribunal, uma segunda campanha de assinaturas foi invalidada sob o argumento de que ela se havia realizado antes do presidente completar a metade de seu mandato, como ordenava a constituição. Ainda a terceira e última campanha de assinaturas, realizada em março de 2004, não conseguiu ser validada imediatamente, devido ao argumento das autoridades eleitorais de que algumas assinaturas poderiam ter sido falsificadas.

Em agosto de 2004, materializou-se o disposto no artigo 72 da constituição venezuelana com a realização, a pedido de uma parcela expressiva de cidadãos, de um referendo popular sobre a continuidade no cargo do presidente Hugo Chávez. Em junho daquele ano, o Conselho Nacional Eleitoral (CNE) validou as assinaturas coletadas entre pelo menos 20% dos eleitores inscritos e organizou a consulta em nível nacional. Os eleitores deram uma ampla vitória ao presidente, abrindo assim um período de estabilidade e legitimidade renovada para o governo. Dessa forma, os mecanismos de revogação de mandatos na Venezuela se revelaram um instrumento eficaz para canalizar por vias institucionais as tensões próprias de um processo político altamente polarizado (Coelho; Cunha Filho; Pérez Flores, 2011, p. 14).

Como visto, durante muito tempo os opositores questionaram a legitimidade da nova constituição e se recusaram a participar de muitos dos mecanismos por ela estabelecidos, tendo boicotado, por exemplo, as eleições legislativas de 2005. Isto permitiu ao presidente Chávez obter a totalidade da representação na Assembleia Nacional para deputados afins ao governo, fato muitas vezes alardeado como prova de que não existiria oposição e que as instituições seriam uma fachada para uma ditadura de fato (Cunha Filho; Pérez Flores, 2009, p. 6). De acordo com Flores (2010, p. 15), "durante o período de 2006-2011, o Legislativo venezuelano foi amplamente dominado pelas forças governistas, que sem problemas outorgaram poderes especiais ao Executivo para legislar".

Após o triunfo no referendo de 2004, Chávez conseguiu nova vitória em 2006, quando foi reeleito presidente após derrotar o candidato da oposição Manuel Rosales com 62,9% dos votos. Mais uma vez a eleição foi considerada limpa e livre de fraudes por observadores internacionais. Em sua posse, o presidente anunciou que levaria a Venezuela ao chamado "socialismo do século XXI" e lançou o slogan "Pátria, socialismo ou morte". Pouco depois, o mandatário anunciou a intenção de reunir todos os membros de sua coalizão de governo em um único partido, o que de fato foi realizado com a criação do Partido Socialista Unido da Venezuela (PSUV).

Em 2007, Chávez propõe um amplo conjunto de reformas constitucionais que ampliariam ainda mais seu poder e acelerariam a construção do socialismo na Venezuela, tentando reformar 69 artigos da Carta Magna. Seu intento, no entanto, não obteve sucesso, no que significou a primeira derrota de Chávez desde que assumiu a presidência, em 1998. O percentual contrário às reformas foi de 51,05%. De acordo com Pérez Flores (2009, p. 8) "a perda de quase três milhões de votos em relação à eleição presidencial do ano anterior propiciou recuos obrigatórios que impediram que o programa de transformações no terreno institucional e econômico idealizado pelo governo avançasse com a rapidez desejada".

No final de 2008, no entanto, o presidente conseguiu novamente uma grande vitória que contornou de certa maneira a derrota do ano anterior: obtém a promoção de um referendo para a aprovação de uma emenda a vários artigos da Constituição, dentre eles aquele que eliminava as barreiras para que os ocupantes de cargos de representação se apresentassem como candidatos à reeleição. O "sim" à reeleição foi vencedor com 54,86% dos votos. Na prática, a mudança permitiu ao mandatário um número indefinido de candidaturas à reeleição, ampliando a possibilidade de perpetuação de sua figura no poder até o momento de sua morte (Pérez Flores, 2009, p. 6).

Novas eleições parlamentares foram realizadas na Venezuela em setembro de 2011 e dessa vez contaram com a participação dos partidos de oposição, que haviam boicotado o processo em 2006. De acordo com Pérez Flores (2010, p. 13), chamou a atenção a ação conjunta da oposição no sentido de se apresentar como um bloco unificado e alternativo à Chávez dentro dos marcos legais e institucionais das eleições, sob o guarda-chuva da chamada Mesa de Unidade Democrática (MUD).

No final de 2012, foram realizadas novas eleições presidenciais e Hugo Chávez foi reeleito para seu terceiro mandato consecutivo, derrotando o empresário Henrique Capriles com 55,8% dos votos. Chávez, no entanto, não pôde assumir oficialmente a presidência, por estar em Cuba em tratamento médico. No dia 5 de março de 2013, o vice-presidente Nicolás Maduro, do PSUV, anunciou oficialmente a morte de Hugo Chávez aos 58 anos, após anos de luta contra um câncer na região pélvica. Novas eleições foram convocadas, e Maduro foi declarado vencedor do pleito com apenas 300 mil votos a mais do que Henrique Capriles, representando uma diferença de apenas 1,8% dos votos válidos.

EQUADOR

A falta de estabilidade política no Equador deve ser refletida em grande parte como uma herança histórica do século XX. O recente período democrático equatoriano inicia-se através de uma transição negociada entre os militares e as forças civis em 1978, relativamente semelhante ao mesmo processo ocorrido no Brasil alguns anos depois. De acordo com Coelho (2007), os acontecimentos do período recente da sociedade equatoriana estão, sem dúvida, entrelaçados com eventos que começaram no início da década de 1980. A vida pública do país tem sido marcada por fortes disputas programáticas entre grupos sociais, partidos e classes. Consolidou-se uma concorrência entre projetos de desenvolvimento que conseguiram atingir uma situação de equilíbrio e poder de veto mútuo, que tem levado o país a uma situação de grande instabilidade política. Desde a redemocratização até 2012, nenhum partido conseguiu eleger mais de um presidente.

Como já destacado, a sociedade equatoriana atravessou profundas transformações na sua estrutura social, tanto do ponto de vista da distribuição de renda quanto dos mecanismos de organização da ação coletiva. É possível dizer que a segunda metade dos anos 1990 é o ponto culminante desse processo, com efeitos até os dias atuais. Ao mesmo tempo, os três últimos presidentes eleitos antes de Rafael Correa coincidiram numa agenda mais sintonizada com as reformas neoliberais. As principais questões de disputas entre os grupos políticos e partidários envolveram, basicamente, as sucessivas tentativas de aplicação das políticas de ajuste estrutural propugnadas pelas agências financeiras internacionais como condição para obtenção de novas linhas de crédito e renegociação de dívidas.

O Equador é um país com um histórico recente de lutas políticas e de forte polarização ideológica que têm resultado em curtos períodos presidenciais. O primeiro governo analisado é o de Sixto Durán Ballén (1992-1996), último presidente a terminar seu mandato constitucional. Considerado representante da velha elite oligárquica do país, com sua vitória o conservadorismo retorna à presidência, mantendo a tradição de alternância de poder entre os partidos de centro-esquerda moderada e o conservadorismo da direita oligárquica[61].

Com o objetivo de facilitar suas ações, Durán Ballén, membro do Partido União Rupublicana (PUR), buscou concentrar o poder nas mãos do Executivo, adotando também a estratégia de realização de plebiscitos para a legitimação de suas aspirações centralizadoras. Na área econômica, como já era esperado, o novo mandatário prosseguiu com a agenda liberal dos governos anteriores, inclusive com a manutenção dos mesmos quadros, o que imediatamente remete ao conceito de *insulamento burocrático* discutido por Diniz (2001)[62]. O funcionalismo público, mentor de cerca de 40% das greves no país, foi um dos principais alvos das novas

---

[61] Desde 1979, a orientação ideológica dos mandatários do país gravita entre a direita e a esquerda, cada um utilizando os pontos fracos de seu oponente para sua vitória, mas não conseguindo a obtenção de êxitos na confecção de políticas públicas de inclusão. Até 1996, e mesmo depois, é interessante perceber que a democracia equatoriana contém uma das características principais da poliarquia de Dahl (1997): a alternância de partidos e de forças políticas no poder. Desde a redemocratização, nenhum partido conseguiu eleger mais de um presidente. Sustento ainda que, nesse período, houve inclusive a alternância de elites e grupos políticos no poder, o que, no caso, acabou originando administrações com projetos políticos concorrentes, de modo que praticamente não houve continuidade entre esses governos. Muito pelo contrário, a cada novo mandato, novas diretrizes eram tomadas, e as antigas eram deixadas de lado, inclusive com o reaparelhamento da burocracia do país, por meio da indicação de funcionários fiéis ao novo regime.

[62] De um modo geral, uma das poucas áreas estáveis no Equador foi a relativa condução das políticas econômicas neoliberais ao longo dos sucessivos governos. Buscando o aprofundamento desta agenda, o discurso corrente utilizado nos outros países da América Latina de *reforma e modernização do Estado* foi a maneira encontrada para a implementação de novas medidas.

medidas, através da redução dos gastos com pessoal e pela afirmação da política de privatizações. No entanto, a diminuição da presença do Estado na vida pública equatoriana não significou sua substituição por entes privados. Para Villa (2004), a ação dos movimentos sociais foi o principal entrave ao aprofundamento das reformas de mercado na gestão de Durán Ballén. Além do socorro à banca privada do país, às privatizações e ao ajuste macroeconômico, o então governante desvalorizou o *Sucre*, a moeda nacional, em 35%.

Seu sucessor, Abdalá Bucaram Ortiz, presidente eleito pelo Partido Roldosista Equatoriano (PRE) em 1996, permaneceu apenas 186 dias no cargo. De acordo com Alberto Acosta (2006), Bucaram *tentou impulsionar a economia equatoriana para um nível superior do neoliberalismo*, buscando a rápida aprovação de uma lista de privatizações e reformas trabalhistas, além dos aumentos de 1000% nas tarifas telefônicas, 300% nas tarifas elétricas e 60% nas dos transportes[63]. Mesmo tendo assumido a presidência com um discurso crítico às reformas de mercado, uma vez no poder acabou por aprofundá-las de maneira nunca vista antes no país. A sucessão desses eventos teria feito com que a velha oligarquia empresarial do país, majoritariamente oriunda de Quito e Guayaquil, que já não via com bons olhos o então presidente, se afastasse ainda mais do governo, já que seus interesses não eram mais atendidos como em administrações passadas (Coelho, 2007, p. 59).

Tais eventos — principalmente os excessos de seu pacote econômico — levaram a uma ampla mobilização das forças sociais. O principal ator nesse momento foi o movimento indígena, que, apoiado pelas elites empresariais, realizou seguidas manifestações que paralisaram o país, executando o que ficou conhecido como uma *greve cívica nacional*. Como consequência, Bucaram acabou destituído prematuramente do poder pelo Congresso Nacional sob a acusação de insanidade mental, ainda que o então presidente

---

[63] Pelos excessos de sua administração, Abdalá Bucaram ficou conhecido como "El Loco".

nunca tivesse passado por qualquer tipo de exame médico para atestar suas condições de saúde.

Após uma manobra política realizada pelos partidos de oposição que formavam a maioria legislativa, a vice-presidente eleita Rosalia Arteaga, do Partido Independente para uma República Autêntica (MIRA), foi impedida de tomar posse, e Bucaram foi substituído pelo presidente do Congresso, Fabián Alarcón, que permaneceu apenas seis meses no poder e antecipou as eleições presidenciais, vencidas por Jamil Mahuad Witt, em 1998.

A administração de Mahuad, membro do Partido Democracia Popular (DP), ficou conhecida pela promulgação de uma nova Constituição para o país, depois de seguidas tentativas dos governos anteriores. A nova Carta Política, que substituiu a anterior de 1979, estabelecia dois objetivos principais: a estabilidade e a governabilidade do sistema político. O presidencialismo foi reafirmado, com o aumento da influência do Executivo para a formação de maiorias legislativas.

O presidente buscou também aprofundar as reformas de mercado em seu governo, propondo, por exemplo, a flexibilização das leis trabalhistas — seguindo o corolário sugerido pelo Consenso de Washington. As referidas iniciativas ocorreram, no entanto, em um ambiente desfavorável nas áreas econômica e política, com a inflação crescente e a consequente desvalorização da moeda nacional, o *Sucre*. A situação prosseguiu e tornou-se insustentável meses depois, em março de 1999, com a quebra quase total do sistema bancário do país em razão da desvalorização da moeda nacional (Coelho, 2007, p. 62).

A principal marca da gestão de Mahuad, contudo, foi a dolarização da economia em janeiro de 2000, tornando o Equador o primeiro país da América Latina a substituir oficialmente a moeda nacional com a introdução de uma moeda estrangeira com curso legal completo. O então presidente chegou a realizar um pronunciamento em rede nacional desmentindo o fato, afirmando que tal atitude seria *um salto no vazio*, para dias depois voltar atrás na sua decisão[64]. Tornou-se um consenso, no entanto, que o então presidente protegeu as instituições financeiras e os grandes investidores durante o processo de dolarização, enquanto a maioria da população teria perdido grande quantidade de dinheiro na conversão oficial do *Sucre* para o Dólar. Em seguida, o novo presidente empreendeu um grande programa de socorro aos bancos privados do país. Estimativas dão conta de que os cofres equatorianos perderam cerca de US$ 4 bilhões de dólares com a ação do governo em favor dos bancos do país, quantia que corresponderia à quarta parte da dívida externa equatoriana à época.

O governo de Jamil Mahuad teve seu fim com um golpe patrocinado por um grupo de militares que tinha no comando o então coronel Lúcio Gutiérrez e contava com o apoio da Confederação das Nacionalidades Indígenas do Equador (Conaie)[65]. Para muitos, o golpe teve uma saída honrosa, já que Mahuad acabou renunciando à presidência do país, uma vez que o Palácio Presidencial de Carondelet já estava sitiado pelas forças oposicionistas, bem como por milhares de manifestantes indígenas. De acordo com Villa: "Os anos que se estendem do triunfo de Abdalá Bucaram (1996) à queda de Jamil Mahuad, no ano de 2000, mostram o mais completo caos institucional da história contemporânea do Equador" (Villa, 2004, p. 141).

---

64 Nas palavras de Alberto Acosta: "Com essa decisão o Equador, cuja economia atravessava uma depressão sem termo de comparação na sua história, que levara a falência o seu sistema financeiro, e que se encontrava em situação de moratória da dívida externa, juntou-se ao grupo de 26 colônias ou territórios que naquele momento utilizavam uma moeda estrangeira — 11 deles o dólar norte-americano. [...] A decisão de dolarizar a economia respondeu a dinâmica dos interesses políticos hegemônicos e a lógica do capital internacional, em vinculação estreita com grande parte dos grupos dominantes do país. Foi mais o resultado de decisões e angústias políticas do que a consequência de reflexões técnicas" (Acosta, 2006, p. 60).

65 O principal movimento social do país, de caráter eminentemente étnico e antissistêmico, um dos atores políticos mais importantes do Equador, que será mais bem discutido no terceiro capítulo deste trabalho.

No lugar de Mahuad, assumiu Gustavo Noboa Bejarano (2000-2002), que realizou um governo de transição até a eleição de Lúcio Gutiérrez Borbúa, em 2002. De acordo com Coelho (2007, p. 64), Noboa, do DP, manteve basicamente o mesmo programa de governo de seu antecessor ao assumir o poder[66]. Inserido em um contexto de grave crise econômica, as pressões externas para o controle do déficit fiscal acentuavam-se. Seu breve governo tentou aumentar impostos e realizar diversos empréstimos com organismos financeiros internacionais, nem sempre obtendo sucesso, em razão da forte pressão da sociedade civil organizada e da Conaie sobre o presidente e os legisladores, que muitas vezes agiram como um ator de veto ao recusarem diversas propostas de aumento de impostos. Talvez por causa da incapacidade de realizar uma reforma fiscal de cunho ortodoxo, Gustavo Noboa enfrentou uma forte volatilidade em seu ministério. Aos poucos, a instabilidade partidária foi tornando mais difícil a coordenação do governo.

Após o insucesso da tentativa de elevar os impostos, Gustavo Noboa tentou novamente retomar as linhas de crédito com o FMI. Com a consolidação do novo arranjo ministerial, o mandatário encaminhou propostas que buscavam restabelecer a confiança dos organismos internacionais no país. O Executivo propôs, então, o uso dos rendimentos do petróleo para o pagamento da dívida externa, o chamado "Fundo de Estabilização". A proposta feita ao FMI previa que 80% dos rendimentos com petróleo fossem usados para o pagamento da dívida externa e da previdência. Desta vez, o governo obteve a maioria no Congresso e aprovou a proposta, que foi parcialmente modificada, com o teto limitado a 70%. Os últimos meses da administração do então presidente

---

66 O quadro geral em 1999 caracterizou-se por uma taxa de desemprego de 17%, desvalorização da moeda nacional — o sucre — em 80% em relação ao dólar e 62% da população vivendo abaixo da linha de pobreza. Com a dolarização da economia implementada por Mahuad, a taxa média de inflação, em 2000, atingiu 91%.

foram cercados por denúncias de corrupção, que ocasionaram o afastamento de seu ministro da Economia, o sexto, num período de dois anos, por acusações de suborno.

A gestão de Gustavo Noboa já teria nascido sem apoio político, visto que ele não foi escolhido através do voto popular e não contava com a maioria no Parlamento, já que seu governo sofria de falta de legitimidade (Coelho, 2007, p. 66). Ao final de seu mandato, como os outros presidentes do país, optou pelo exílio[67] na República Dominicana, já que corriam contra ele várias acusações de corrupção e malversação do uso do dinheiro público.

Noboa foi substituído por Lúcio Gutiérrez Borbúa (2002-2005), membro fundador do Partido Sociedade Patriótica (PSP), que governou o país por dois anos e quatro meses, sendo deposto pelo Congresso e obrigado a fugir. Gutiérrez despontou no cenário político equatoriano em janeiro de 2000, quando exerceu a liderança militar do golpe que derrubou o presidente Jamil Mahuad. A vitória do coronel Lúcio Gutiérrez Borbúa nas eleições presidenciais de outubro de 2002 representou para os movimentos sociais do Equador a esperança de mudança na agenda neoliberal (Coelho; Santana, 2007, p. 218). Essa expectativa foi alimentada principalmente pelo apoio dado à sua candidatura pela Conaie.

Logo após sua posse, o novo presidente anunciou a necessidade da redução da dívida externa, estimada em 40% do gasto anual. Para isso, implementou algumas medidas restritivas e outras expansivas: aumentou alguns impostos, suspendeu as contratações para o setor público e enviou para o Congresso proposta que reduziria a participação dos gastos sociais no orçamento de 21% para 19,5%, enquanto elevava os investimentos com defesa em 40,5%.

---

67 Esta parece ser uma característica do sistema político equatoriano. A situação chegou a tal nível de gravidade, em razão da confrontação direta das forças oposicionistas com o Executivo, que os vários presidentes foram obrigados a deixar o país, fugindo de perseguições políticas e de processos judiciais. E quando retornaram ao Equador, como o próprio Noboa, e Lúcio Gutiérrez posteriormente, foram detidos sob as mais diversas acusações.

Paralelamente a esse processo, Gutiérrez obteve a aprovação de linhas de crédito do FMI e do Banco Mundial para apoiar a política econômica do governo. Para Coelho e Santana (2007, p. 220), a obtenção desses empréstimos pareceu estar calcada em compromissos de ajuste fiscal assumidos pela gestão de Gutiérrez, que acabaram se tornando um condicionante da dependência externa e do grau de liberdade decisória do governo até o seu fim. Seu governo consolidou aos poucos a dependência em relação a uma agenda fiscal restritiva vinculada às linhas de crédito liberadas pelas agências de financiamento internacional, não correspondendo aos anseios da população quando da sua eleição. As tensões sociais que mobilizaram o Equador estiveram relacionadas com a percepção, por parte da população mais pobre, de que o Estado equatoriano parecia não ter compromisso com o seu bem-estar (Coelho; Santana, 2007, p. 220).

Nos meses de maio e junho de 2003, após cortar o orçamento para a educação de 30% para 10,7%, Gutiérrez enfrentou um forte movimento grevista dos professores que paralisou o país, sendo obrigado a voltar atrás e conceder um aumento de 12% nos salários dos profissionais da educação e maiores verbas para a área. Em seguida, os trabalhadores petrolíferos entraram em greve, temendo que o plano de contenção dos investimentos da estatal do petróleo Petroecuador se tratasse de uma estratégia de privatização da empresa e evasão das riquezas. O movimento obrigou o governo a fazer concessões importantes, a exemplo da limitação dos investimentos estrangeiros aos contratos de serviços, bem aquém do que desejava a presidência.

Ainda assim, o presidente Gutiérrez manteve as medidas de ajuste fiscal. Neste momento, a Conaie advertiu o governo, exigindo o fim das privatizações e a demissão de quadros identificados com a ortodoxia econômica, além de uma completa revisão na política energética equatoriana. Aos poucos, deputados da base do governo foram retirando seu apoio, ao mesmo tempo que o Partido Social Cristão (PSC), tradicional agremiação de direita do país, vinha realizando um movimento de aproximação. Poucos meses depois, após uma consulta às bases nacionais, os movimentos indígenas e camponeses, representados pelo *Pachakutik*, decidiram abandonar a coalizão governista. Neste momento, a bancada do governo no Congresso Nacional ficou reduzida a apenas oito deputados, de um total de cem cadeiras.

A reação de Gutiérrez em busca de apoio no parlamento significou aprofundar ainda mais a mudança programática de sua administração, tendo como consequência um progressivo deslocamento ideológico das relações de força partidária e a recomposição da base do governo no Congresso. Para tal, Lúcio Gutiérrez incorporou sete novos ministros de partidos de centro-direita, como o Partido Roldosista Equatoriano (PRE), comandado do exílio pelo ex-presidente Abdalá Bucaram, o Partido Renovador Institucional Ação Nacional (PRIAN), além do PSC, recuperando a maioria no Congresso. Deste momento em diante, a oposição e os movimentos sociais foram seguidas vezes às ruas pedindo a renúncia do presidente.

Com o objetivo de dar continuidade às políticas de ajuste macroeconômico, o passo seguinte de Gutiérrez foi realizar significativas mudanças no Judiciário do país, com o apoio de sua nova base parlamentar. Os quadros da Corte Constitucional e do Tribunal Superior Eleitoral foram modificados, e houve a indicação de um novo vice-presidente para o Congresso Nacional. No entanto, a principal modificação institucional ainda estava por vir (provavelmente o maior motivo de sua saída do poder): a aprovação no Congresso Nacional da remoção de 27 dos 31 juízes da Corte Suprema de Justiça (CSJ), que foram substituídos pelos indicados pelo presidente e por partidos da situação. Naquele momento, a CSJ se configurava como um verdadeiro ator com alto poder de veto da administração de Gutiérrez. Como pode ser observado, a conjunção de protestos populares e tentativas arbitrárias de reformas institucionais parece ter sido o mote para mais uma crise do governo, motivada pela polarização dos atores em jogo.

As reações à medida foram imediatas, com os partidos de oposição, líderes empresariais, movimentos populares e mesmo a Igreja Católica condenando a reformulação da Corte Suprema do país. A partir de março de 2005, o potencial de conflito entre as forças políticas equatorianas atingiu um nível em que os custos de supressão do adversário passaram a se tornar menores que os da tolerância, rompendo uma "segurança mútua" (Dahl, 1997). A oposição realizou o que ficou conhecido como a "Assembleia do Pichincha", em que foi discutida a autonomia financeira do país, sua posição em relação à reestruturação da CSJ e ao governo Gutiérrez, ao mesmo tempo que juristas equatorianos recorreram a uma instância arbitral externa ao Equador, a Corte Interamericana de Direitos Humanos (CIDH), órgão judicial da Organização dos Estados Americanos (OEA), para analisar a legalidade das mudanças da CSJ.

Nesse momento, pesquisas de opinião mostravam que a desaprovação do governo estava em torno de 80%. Nos dias subsequentes, ocorreram manifestações por todo o Equador. Grupos favoráveis e contrários ao governo enfrentaram-se nas ruas de Quito e nos arredores do Palácio presidencial de Carondelet. Em resposta, Gutiérrez resolveu decretar o estado de emergência no país. Em vez da desmobilização, o decreto acirrou ainda mais os protestos, liderados pelos governadores, prefeitos e partidos da oposição, e a população exigiu a renúncia imediata do presidente. Diante das reações negativas e da desobediência civil nas ruas da capital, o mandatário revogou o estado de emergência no dia seguinte à sua promulgação. O Congresso Nacional, em sessão extraordinária, aprovou por unanimidade a dissolução da CSJ, tornando nulas as decisões da Corte.

Em abril de 2005, ocorreu o ápice da crise, quando estudantes invadiram o prédio do Congresso Nacional, enquanto os deputados destituíam o então presidente da casa, Omar Quintana, seguindo-se à votação do impedimento de Gutiérrez sob a alegação de "abandono de cargo", ainda que o então presidente estivesse todo o tempo em seu gabinete.

Com a saída de Gutiérrez, a presidência foi então assumida por seu vice, Alfredo Palacio (2005-2007), que não era filiado a nenhum partido político. Já nas primeiras semanas de seu governo, uma mudança de rumo foi percebida em relação à gestão anterior: o novo presidente procurou, a princípio, adotar um discurso nacionalista e fortalecer a defesa dos investimentos na área social e na reativação da produção petroleira com capitais nacionais.

Seu principal projeto, entretanto, consistia na realização de amplas reformas constitucionais convocadas por meio da realização de uma consulta popular com o objetivo de "refundar o país", como desejado por praticamente todos os outros presidentes após a redemocratização. Sua proposta, todavia, foi rejeitada no Congresso unicameral do Equador, onde possuía baixo apoio parlamentar. Em resposta, o mandatário resolveu precipitar o anúncio da convocação de uma Assembleia Nacional Constituinte, desrespeitando a autoridade do Congresso e iniciando uma séria crise entre os poderes.

Sem alternativas institucionais, Palacio se viu obrigado a delegar tal tarefa ao Tribunal Supremo Eleitoral. O Tribunal, formado por juízes que faziam parte da cota política dos principais partidos do Equador, à época contrários à iniciativa, negou o pedido. A contenda chegou então a um impasse. Tanto o Congresso quanto o presidente solicitaram a intervenção da OEA na crise política do país, que atingiu um alto nível de paralisia decisória[68] A crise se refletiu também na grande volatilidade do gabinete de Palacio[69].

Sua administração também foi marcada por consecutivas paralisações lideradas pelos movimentos sociais do país, primordialmente ligados à Conaie. Os protestos, de um modo geral, estiveram

68 A queda de 29 pontos na popularidade de Palácio, desde que assumiu, sinalizou a fragilidade do governo.

69 A grande instabilidade nos cargos públicos também teria contribuído para a avaliação negativa de Palácio. Nesse período, ocorreram 248 mudanças nos cargos de funcionários públicos de alto escalão. Também ocorreram 61 paralisações e greves dos mais variados setores produtivos do país, especialmente dos ligados à produção de petróleo.

relacionados a alguns temas em comum, como a exploração das atividades petrolíferas por empresas multinacionais e o fim das negociações do Tratado de Livre Comércio (TLC) com os Estados Unidos.

Em virtude da grande pressão dos movimentos sociais e de parte do Congresso, Alfredo Palacio acaba resolvendo atender às reivindicações das ruas. Decidiu renegociar os contratos das 21 empresas estrangeiras de exploração de petróleo que operavam no país, uma das demandas mais antigas dos movimentos sociais. A medida baseou-se nas mudanças efetuadas na Lei de Hidrocarbonetos, numa cláusula que previa o restabelecimento do equilíbrio financeiro tanto para o Estado como para as empresas petroleiras. Nesse caso, o governo equatoriano se sentiu prejudicado devido à baixa cotação do petróleo na época da assinatura dos contratos, defasados em relação aos altos preços praticados à época no mercado internacional. Como consequência, os Estados Unidos suspenderam as negociações do Tratado de Livre Comércio (TLC) com o Equador.

Podemos perceber, no entanto, que com as atitudes consideradas mais extremas tomadas por Palacio, a pouco mais de seis meses para o fim de sua gestão, o presidente enfim conseguiu estabilizar a situação política do país, oferecendo respostas concretas às principais questões impostas pela Conaie e pelos movimentos sociais. Sua promessa basilar, de refundar o país por meio de uma nova Constituição, contudo, não foi realizada.

No final de 2006, o economista Rafael Correa venceu as eleições equatorianas no segundo turno, com 56,7% dos votos válidos. Ex-ministro da Economia de Alfredo Palacio entre os meses de abril e agosto de 2005, Correa ficou nacionalmente conhecido nesse breve período por convencer o então presidente a modificar a destinação dos recursos provenientes do petróleo, conforme comentado alguns parágrafos acima.

Considerado um candidato *outsider*, Correa lançou o movimento Aliança Pátria Altiva e Soberana (País), e sua campanha eleitoral baseou-se, sobretudo, na promessa de convocar uma nova Constituinte e refundar o país. Extremamente crítico dos políticos e do que chamou de "partidocracia corrupta equatoriana", Correa optou por não permitir que a Aliança País lançasse candidatos para o parlamento unicameral equatoriano, decisão que já mostrava a grande possibilidade de enfrentamento caso fosse realmente eleito. O governo de Rafael Correa será mais bem explicado no quinto capítulo deste trabalho.

CONCLUSÃO

O principal objetivo deste capítulo foi apresentar um breve relato dos principais episódios de crises políticas e quedas de presidentes ocorridas entre 1990 e 2012. Foram escolhidos 18 países, sendo excluídos dois: Haiti, pelas extremas dificuldades enfrentadas na estabilização de sua democracia nas últimas décadas, e Cuba, por se tratar de um regime socialista de mais de 50 anos.

A tabela 1 mostrou todas as quedas antecipadas de presidentes. Se consideradas apenas as interrupções de mandato dos presidentes constitucionalmente eleitos, as quedas correspondem a 15% do total de eleitos. Já se incluirmos, para além dos eleitos, as quedas de eventuais sucessores não eleitos, o percentual de saídas antecipadas sobe para 21% do total.

Em seguida, a tabela 2 estabeleceu a ordem de instabilidade presidencial considerada neste trabalho, instituindo a Argentina, a Venezuela e o Equador como os países que tiveram o maior número de quedas de mandatários em relação ao número de presidentes eleitos e seus eventuais sucessores não eleitos. A ordem estabelecida pela tabela 2 pode ser conferida na página ao lado, na Figura 1.

Costa Rica, Chile, Colômbia, El Salvador, México, Nicarágua, Panamá e Uruguai não apresentaram quedas antecipadas de mandatários no período analisado. Já Brasil, Peru, República Dominicana, Guatemala e Honduras tiveram uma queda cada um. Bolívia e Paraguai apresentaram duas quedas e, finalmente, Argentina, Venezuela e Equador foram palco de três saídas antecipadas de presidentes.

FIGURA 1 | **ORDEM DE INSTABILIDADE PRESIDENCIAL NA AMÉRICA LATINA**

COSTA RICA	CHILE	COLÔMBIA	EL SALVADOR	MÉXICO	NICARÁGUA	PANAMÁ	URUGUAI	BRASIL	PERU	R. DOMINICANA	GUATEMALA	HONDURAS	BOLÍVIA	PARAGUAI	ARGENTINA	VENEZUELA	EQUADOR

Buscando facilitar a compreensão do leitor acerca do histórico recente da democracia na América Latina, a tabela 3 identificou os períodos do último governo autoritário e do primeiro presidente civil, bem como o nome do primeiro presidente civil eleito, que não necessariamente foi o mesmo presidente que assumiu o poder com o fim das ditaduras.

Em linhas gerais, podemos estabelecer algumas diferenças entre a América do Sul e a América Central, principalmente no que diz respeito ao histórico de guerras civis sangrentas ocorridas nos países centro-americanos. Muitas vezes o retorno da democracia na América Central ocorreu somente a partir do fim dos conflitos internos, enquanto na América do Sul a redemocratização se deu com o encerramento das ditaduras militares. No entanto, em ambas as regiões, ex-guerrilheiros desistiram da luta armada e formaram partidos políticos, chegando mesmo à presidência, como no caso de Dilma Roussef no Brasil, Daniel Ortega na Nicarágua e Pepe Mujica no Uruguai. Do mesmo modo, os países andinos demonstraram a forte influência do caráter étnico na política local, se diferenciando dos demais países analisados.

Ainda que os dados do presente capítulo permitam outras conclusões, elas serão realizadas ao longo dos próximos capítulos do livro.

A DISCUSSÃO SOBRE AS QUEDAS PRESIDENCIAIS NOS ANOS 2000

Após realizar no primeiro capítulo um breve histórico das principais contribuições teóricas sobre a literatura que analisa a estabilidade política e democrática na América Latina a partir do fim da Segunda Guerra Mundial até pouco depois da virada do milênio, este capítulo tem como objetivo debater o "estado da arte" sobre o tema da instabilidade presidencial na região nos anos 2000.

Esta seção se dedica sobretudo às obras publicadas nos últimos dez anos, produzidas majoritariamente por três autores: o argentino Aníbal Pérez-Liñán, a canadense Kathryn Hochstetler e o norueguês Leiv Marsteintredet. Esses autores conceberam suas reflexões diante da convicção de que o "novo fenômeno da instabilidade dos chefes do Executivo na América Latina" ocorreu sem prejuízo para o regime democrático da região. Como é sabido, tais convicções passaram a ser questionadas na década seguinte.

Nesse sentido, o capítulo representa a materialização de um dos principais objetivos deste livro: compilar a produção bibliográfica recente e chamar a atenção para a multiplicidade de explicações e teorias contemporâneas sobre o tema das crises políticas e quedas presidenciais na região. Desta maneira, busca-se reunir para a língua portuguesa e em um único trabalho a discussão sobre o tema, com o objetivo de facilitar o acesso a futuros leitores interessados no assunto.

A título de diferenciação, vale ressaltar que os autores e as autoras discutidos no capítulo inicial não estavam necessariamente preocupados em problematizar os motivos das quedas presidenciais na região. Essa discussão ocorria de maneira mais lateral, visto que os principais temas debatidos nesse primeiro momento estariam mais relacionados ao estudo da estabilidade democrática, uma vez que a democracia na região ainda não estava consolidada e frequentemente perdia espaço para golpes de Estado e consequente implantação de regimes autoritários. Estariam inseridos nesse contexto teorias como as da Modernização e de Transição Democrática. A segunda parte do primeiro capítulo discutiu principalmente as contribuições institucionalistas sobre a viabilidade do presidencialismo latino-americano no início dos anos 1990, a partir da comparação com o parlamentarismo; e, finalmente, as críticas posteriores feitas a esses autores ao longo dos anos 1990 e início de 2000.

Por este motivo explica-se a opção pelo desmembramento em dois capítulos teóricos. Imaginou-se que a discussão conceitual sobre o fenômeno recente da instabilidade presidencial seria mais bem compreendida após a apresentação dos principais eventos de crises políticas e do relato detalhado das quedas de mandatários ocorridas nos países da América Latina entre 1990 e 2012 — realizada no capítulo anterior.

O DEBATE CONTEMPORÂNEO

O retorno da democracia na América Latina a partir do fim dos anos 1970 e início de 1980 trouxe uma nova agenda de pesquisas para a Ciência Política na região. Especialmente nos últimos anos, a ocorrência de seguidas quedas de presidentes em vários países da região e a posterior substituição destes por novos presidentes civis, sem prejuízo para o regime, despontou como um novo e ativo campo de estudo para a disciplina. Entretanto, de maneira análoga ao que ocorreu com o conceito de "estabilidade política", a definição de um conceito de "estabilidade presidencial" está longe de ser uma unanimidade na literatura da área.

De acordo com Marsteintredt (2009, 2011), as quedas presidenciais foram relacionadas nos últimos anos a escândalos de corrupção (Pérez-Liñán, 2009), apelo das ruas — mais do que desafios institucionais (Hochstetler, 2007) —, força presidencial no Congresso (Kim; Bahry, 2008), governos minoritários (Valenzuela, 2004), incapacidade de controle do mediano do Congresso (Negretto, 2003) e desempenho econômico (Edwards, 2007).

Refletindo sobre esses acontecimentos, Pérez-Liñán (2008) lista um vasto repertório de termos cunhados por diferentes autores sobre esse fenômeno na América Latina: instabilidade presidencial (Ollier, 2008), quedas presidenciais (Hochstetler, 2007), fracassos presidenciais (Edwards, 2007), remoção do presidente (Pérez-Liñán, 2009) ou presidências interrompidas (Kim; Bahry, 2008; Negretto, 2003; Valenzuela, 2004).

Para Pérez-Liñán (2008), muitos autores nas Ciências Sociais produziram suas próprias etiquetas para nomear acontecimentos semelhantes. No entanto, Marsteintredt (2008) e Pérez-Liñán (2008) oferecem definições mais objetivas para o fenômeno. Em artigo de 2008, Pérez-Liñán utiliza o termo "instabilidade presidencial", caracterizando-o como:

> Eventos nos quais os presidentes eleitos não concluem seus mandatos antes do tempo por motivos, ditos com certa elegância eufemística, alheios à sua vontade. Central em toda essa definição seria o fato de que tais motivos seriam de natureza política, não meramente privada (como no caso de renúncia por doença) (Pérez-Liñán, 2008, p. 107, tradução nossa).

Marsteintredt complementa a definição anterior conceituando:

> Uma interrupção presidencial é definida pela prematura, extraordinária e forçada saída de um presidente eleito que não leve à quebra no regime democrático. Todas essas interrupções possuem em comum o fato de que foram causadas por oposição popular e/ou institucional a ação ou inação presidencial (Marsteintredt, 2008, p. 7).

Em 2003, Pérez-Liñán já apontava o caminho que iria tomar cerca de cinco anos depois: as crises institucionais contemporâneas na América Latina estariam mais relacionadas aos governos do que à instabilidade do regime. Na maioria dos casos, as origens da crise envolveriam uma complexa interação entre mobilização social — tanto de maneira espontânea como provocada por atores políticos — e conflitos institucionais. Apesar das variações, existiria um elemento comum em todos os casos de quedas presidenciais e crises institucionais: o fim prematuro dos governos estaria relacionado às crises entre os presidentes e seus respectivos Congressos.

Independentemente do tipo de conflito, Negretto (2003) afirma que parece claro na maioria dos casos que tanto o Congresso como os presidentes percebiam a eliminação do outro como a solução para a crise. Sob essa perspectiva, a renúncia forçada ou mesmo o *impeachment* dos presidentes, por um lado, e a substituição ou dissolução do Congresso pelos mandatários, por outro, podem ser percebidos como resultados simétricos não cooperativos.

Tendo em vista a riqueza da discussão, tanto no que diz respeito a autores como também na diversidade de conceitos, as próximas páginas deste capítulo serão dedicadas ao debate de algumas obras consideradas necessárias para o melhor entendimento da contribuição teórica contemporânea sobre o fenômeno das quedas de presidentes e da instabilidade política na América Latina. A ordem dos autores aqui analisados obedeceu à cronologia da publicação de suas respectivas obras, buscando uma sequência lógica e complementar dos argumentos adotados pelo conjunto da literatura.

VALENZUELA E O REVISIONISMO DE SUAS POSIÇÕES EXTREMADAS

Neste terceiro capítulo, analiso novamente a obra de Arturo Valenzuela, especialmente seu artigo publicado 11 anos após o polêmico *Presidentialism in Crisis* (1993), sob o título *Latin American presidencies interrupted* (2004). Nesse segundo artigo, o autor empreende uma revisão à sua já citada obra do início dos anos 1990, além de discutir boa parte das críticas que recebeu de outros autores (principalmente os latino-americanos) ao longo do hiato entre as publicações.

Valenzuela (2004, p. 11) mostra claramente certo revisionismo de suas posições extremadas acerca das falhas do presidencialismo latino-americano, ao mesmo tempo que critica explicações teóricas gerais que acredita terem sido concebidas sem o devido processo metodológico de verificação. Dentre suas principais críticas, estariam as teses que afirmam que a estabilidade da democracia e a manutenção dos presidentes no poder estariam relacionadas a pré-condições como o fortalecimento do sistema partidário ou de algumas instituições específicas. Para o autor, ainda não existiram estudos conclusivos e metodologicamente sofisticados que provassem as referidas teorias.

Seu novo artigo é bem menos crítico e muito mais amplo do que o anterior, discutindo uma série de temas que sequer tinha mencionado antes, sob uma perspectiva menos catastrófica do que no passado. Pela primeira vez, cita a força das ruas, dos protestos civis e das paralisações como importantes para definir a estabilidade dos presidentes. Outro tema fundamental seria o seu reconhecimento sobre o fato de que muitas vezes os custos políticos da realização de acordos com organismos financeiros multilaterais, como o Fundo Monetário Internacional (FMI), poderiam também gerar crises políticas e presidenciais, tornando-se um assunto proeminente para as análises da região.

No caso específico dos protestos, afirma Valenzuela (2004, p. 12), o presidente pode acabar sendo vítima de um dilema: se, por um lado, não houver qualquer tipo de repressão aos manifestantes, a situação pode complicar e o presidente corre o risco de perder o controle e a confiança da população; por outro, o uso excessivo da força e da coação pode produzir efeitos negativos mais incendiários ainda. Para o autor, a possível personalização da autoridade na figura do mandatário pode criar uma situação mais complicada ainda, visto que as falhas do governo geralmente não são vistas como falhas do partido do presidente, mas sim como erros do próprio chefe do Executivo. Deste modo, o peso simbólico de períodos recentes de presidentes poderosos, corruptos e não democráticos na memória da população levaria os cidadãos a esperar que eles tenham condições de corrigir os problemas do país ou enfrentar acusações amargas que podem inclusive levá-los à deposição.

Valenzuela (2004, p. 12) concebe uma espécie de modelo possível de queda de presidentes na região:

> Nos sistemas presidencialistas muitas vezes uma crise deixa de ser sobre algum tema específico e sua reparação para tornar-se uma questão de se o chefe do Executivo deve ou não permanecer no cargo. A polícia e os militares, temendo associação com o presidente impopular e desacreditado, podem reagir com força contra o que acreditam ser ameaças à ordem pública. O presidente (com seu mandato fixo) então começa a ver sua posição como insustentável, com nenhuma estratégia de saída disponível, como, por exemplo, a dissolução do Congresso e a chamada para novas eleições, que seria a solução em regimes parlamentaristas. As pressões das ruas (incluindo aí a preocupante possibilidade de violência) e as ações extremadas e ilegais do Legislativo podem criar o cenário necessário para um presidente não terminar o seu mandato. Nesse meio tempo, os confrontos políticos e a turbulência causada pela

> possibilidade de queda presidencial podem transformar uma crise de governo em uma crise da própria ordem constitucional[70] (Valenzuela, 2004, p. 12, tradução nossa).

Valenzuela (2004, p. 12), no entanto, retoma o argumento sobre a dificuldade dos presidentes da região de formar uma coalizão majoritária. Para o autor, a fraqueza das instituições seria menos importante na definição da estabilidade do que a dificuldade em construir e manter o apoio político em um sistema partidário fragmentado com pouca ou nenhuma disciplina[71]. Com a ausência de maioria no Congresso, os presidentes lutariam por apoio no parlamento apenas para descobrirem que os legisladores — incluindo muitas vezes os membros do próprio partido — não possuem nenhum interesse em colaborar com um Executivo fraco ou para auxiliar outro para que se torne forte.

O autor deixa claro em sua obra que compartilha das mesmas ideias de Linz em seu influente artigo de 1990, inclusive textualmente citando o referido autor (Valenzuela, 2004, p. 13). De acordo com Valenzuela (2004), os partidos de oposição farão questão de

---

70 *"In presidential systems, a crisis will often cease to be primarily about specific grievances and their redress, and become instead a question of whether the chief executive himself should go. The police and military, fearing association with an unpopular or discredited leader, may under react to threats against public order. If unrest mounts, the fixed-term president may find his position growing untenable, with no ready-made exit strategy available to match the dissolution of parliament and call for new elections that would be the solution in a prime-ministerial regime. Pressure from the street (including the worrisome possibility of violence) and congressional actions that push the limits of constitutional propriety may be what it takes to make a failing president face his fate. In the meantime, the political confrontations and turbulence caused by the issue of his removal can threaten to transform a government crisis into a full-blown crisis of the constitutional order itself".*

71 Como demonstrado no primeiro capítulo deste trabalho, esse argumento foi desconstruído por vários outros autores, como Chasquetti (2001), Cheibub (2002) e Negretto (2003).

não obter nenhum crédito por políticas de sucesso do presidente[72], ao mesmo tempo que o culparão por todos os eventuais erros e falhas de seu governo. Em algum momento, a oposição poderia pensar que a opção com maiores ganhos seria a de buscar a queda do presidente, iniciando uma espécie de *death spiral*. Como no presidencialismo não existe possibilidade de eleições antecipadas, as relações entre Executivo e Legislativos iniciarão uma situação de paralisia (*deadlock*) nos termos do que Linz (1990) cunhou de "jogo de soma zero". Assim, os custos para o presidente em compartilhar o poder para construir uma coalizão de governo podem exceder seus benefícios, levando a situações perversas em que o chefe do Executivo terá como resultado uma administração fraca e politicamente isolada (Valenzuela, 2004, p. 14).

O referido autor também discorre sobre os poderes de decreto do presidente, afirmando que quanto maiores, mais complicada será a relação com o Legislativo. Para o autor, os chefes do Executivo tendem a atacar o Congresso e escolher alguma manobra que lhes permita adotar a legislação desejada, como, por exemplo, a utilização de decretos-lei. Assim, ao mesmo tempo que o presidente se tornaria mais forte, o presidencialismo ficaria mais fraco e com maior propensão para o conflito.

AMORIM NETO: PRESIDENCIALISMO, ESTRATÉGIAS DECISÓRIAS E FORMAÇÃO DE GABINETES

Amorim Neto (2006) procura analisar o nexo entre as estratégias decisórias dos presidentes e os padrões de formação dos gabinetes nas Américas, além de identificar os efeitos dos atributos

[72] Afirmação que é questionável, principalmente se levarmos em conta o caso do Brasil, representado na disputa da "paternidade" do Bolsa Família entre o Partido dos Trabalhadores (PT) e o Partido da Social Democracia Brasileira (PSDB).

das formações ministeriais sobre sua estabilidade e algumas das decisões macroeconômicas. Para tanto, analisa o uso que os presidentes fazem de seus poderes constitucionais e partidários para implementar seus objetivos programáticos, verificando como os diferentes aspectos dos gabinetes afetam sua durabilidade, a estabilidade ministerial e o déficit fiscal. Ainda que não analise diretamente o fenômeno das quedas presidenciais, sua obra é complementar a uma série de outros autores que identificam nos caracteres institucionais importantes variáveis para a definição das estratégias adotadas pelos presidentes ao longo de seus mandatos, bem como em relação à sua permanência no poder.

O principal objetivo dos mandatários da região seria a maximização da consecução de seu programa de governo, recorrendo ou a procedimentos legislativos ordinários — projetos de lei — ou a prerrogativas unilaterais do Executivo — decretos —, cada um levando a nomeação de um tipo diferente de gabinete (Amorim Neto, 2006). A primeira estratégia decisória estimularia o presidente a formar gabinetes majoritários de políticos ligados a partidos da situação e cujas pastas seriam alocadas em bases proporcionais ao peso legislativo destes, de maneira análoga aos regimes parlamentaristas. A segunda estratégia favoreceria uma solução minoritária para a formação ministerial, o que implicaria um maior recrutamento de ministros sem laços partidários, asseclas e tecnocratas, entre outros. Estes não ajudariam a construir maiorias legislativas e servem para outros propósitos, como trazer experiência técnica para o governo ou estabelecer laços diretos com os grupos de interesse, por exemplo, em uma alocação menos judiciosa dos postos governamentais dos partidos.

Na opinião de Amorim Neto (2006), de um lado, encontra-se o presidente procurando apoio legislativo, competência técnica, confiança política ou laços com grupos sociais para implementar seu programa de governo; de outro, estariam partidos e outros atores políticos em busca de recursos clientelísticos e voz na formulação das políticas governamentais. Essa seria a matéria-prima da qual se fazem os gabinetes presidenciais.

O autor sustenta que outro objetivo do presidente seria controlar o aparato burocrático do poder Executivo. Nos países sul-americanos, tal controle constituiria fator ainda mais importante, já que a burocracia seria formada por políticos ou por funcionários públicos de carreira com baixa qualificação — sendo que ambos poderiam ter interesses diferentes daqueles do chefe do Executivo.

Nessa perspectiva, a duração e a durabilidade dos gabinetes são percebidas de maneiras diferentes, na medida em que a primeira mede o tempo decorrido entre o começo e o fim de uma dada equipe ministerial, enquanto a segunda mede o potencial de duração de um determinado governo à luz de um modelo de sobrevivência de governos. Outra variável utilizada para explicar a durabilidade dos gabinetes seria a fragmentação legislativa, que tornaria mais complexa e heterogênea a sua formação. A compreensão da durabilidade seria mais importante do que a mensuração da duração.

Os gabinetes mais duráveis teriam a vantagem de permitir que os ministros formulassem e executassem as políticas governamentais com maior eficiência. Os gabinetes de curta duração criariam incentivos para que os ministros gastassem o mais rapidamente possível seus orçamentos, favorecendo o aumento do déficit público.

Por fim, comparando os incentivos dos partidos para participarem dos gabinetes presidenciais na América Latina e nos Estados Unidos, Amorim Neto (2006) percebe três grandes diferenças. A primeira seria o tamanho do Estado na América Latina. Quanto maior o Estado, mais os partidos teriam incentivos para a busca de cargos no Executivo. A baixa qualidade da assessoria legislativa na região, no sentido de auxiliar na formulação de políticas, seria também um incentivo aos partidos para o caminho da obtenção dos ministérios. Por último, nos Estados Unidos, para integrarem o gabinete, os congressistas devem renunciar a seus cargos legislativos, o que diminui o interesse de deputados e senadores para participar do gabinete presidencial. Já na América Latina, devem apenas pedir licença de seus cargos eletivos, tendo suas cadeiras provisoriamente ocupadas por suplentes. Outra diferença reside no fato de que nos EUA o gabinete é 100% formado por um partido único, o partido do presidente.

KIM E BAHRY E AS INTERRUPÇÕES PRESIDENCIAIS NAS DEMOCRACIAS SURGIDAS APÓS A CHAMADA "TERCEIRA ONDA DE DEMOCRACIA"

Uma das contribuições mais influentes dos últimos anos acerca do tema da instabilidade presidencial consiste no artigo de Kim e Bahry, publicado em 2008 sob o título "*Interrupted presidencies in third waves democracies*". Como o próprio nome já diz, o objetivo dos autores é analisar as interrupções presidenciais nas democracias surgidas após a chamada "terceira onda", termo cunhado por Samuel Huntington (1994) para designar os países que retornaram ao regime democrático após o advento da Revolução dos Cravos, em 1974, em Portugal. Apesar de não discutirem em seu artigo apenas os casos latino-americanos, as reflexões desenvolvidas por Kim e Bahry (2008) tiveram relativa repercussão nos estudos posteriores sobre as quedas presidenciais na América Latina.

Kim e Bahry (2008, p. 808) afirmam que grande parte da literatura sobre presidencialismo, representada principalmente por Lijphart (1992) e Sartori (1994), define um sistema presidencialista como aquele no qual o presidente é a "cabeça do governo", sendo eleito para um mandato definido constitucionalmente pelo voto popular (seja diretamente ou pelo colégio eleitoral). No entanto, Kim e Bahry (2008) preferem adotar em seu trabalho as concepções oriundas de outros estudos sobre interrupções presidenciais (Cheibub, 2002; Hochstetler, 2007; Negretto, 2003), que definem uma presidência interrompida como aquela em que um mandatário constitucionalmente eleito deixa o poder por *impeachment*, renúncia ou golpe.

Os autores realizam uma breve retrospectiva sobre o presidencialismo e seus principais intérpretes contemporâneos, afirmando que as experiências da terceira onda democrática na América Latina sugerem que alguns dos conceitos clássicos sobre o presidencialismo deveriam ser revisados. Desde a crítica de Juan Linz sobre o presidencialismo no início dos anos 1990, uma substancial literatura emergiu discutindo a durabilidade dos regimes presidencialistas em comparação com o parlamentarismo (Kim; Bahry, 2008, p. 808)[73].

Das 52 democracias da "terceira onda" analisadas no artigo, 19 (aproximadamente um terço) experimentaram renúncias ou destituições antecipadas de presidente entre 1974 e 2003. Após a apresentação dos referidos casos, os autores concluem que a interrupção dos mandatos presidenciais antes do período constitucional definido não é uma exclusividade da América Latina. Então, o que torna alguns presidentes mais vulneráveis do que outros? Buscando responder a essa pergunta, Kim e Bahry (2008, p. 808) iniciam uma acurada retrospectiva das principais explicações teóricas apresentadas ao longo dos anos 1990, que serão discutidas a seguir.

A primeira abordagem analisada discute a vulnerabilidade na distribuição de recursos partidários e de poder pelos chefes do Executivo. A falta de apoio de uma maioria estável no parlamento supostamente aumentaria as chances do conflito entre Executivo e Legislativo (Jones, 1995), levando o presidente a procurar rotas alternativas, com o intuito de promover sua agenda. Contudo, quando não possuem uma maioria estável, os mandatários estariam

[73] Para os autores, os primeiros estudos comparados sobre o presidencialismo após a terceira onda eram focados principalmente na sobrevivência dos regimes, geralmente utilizando o parlamentarismo como base de comparação (Cheibub, 2002; Linz, 1990, 1994; Mainwaring, 1993; Przeworski et al., 2000; Stepan; Skach, 1993). A atenção para a manutenção dos presidentes em seus cargos seria muito mais recente (Cheibub, 2002; Hinojosa; Pérez-Liñán, 2003; Hochstetler, 2007; Negretto, 2003; Pérez-Liñán, 2003; Valenzuela, 2004).

menos dispostos a governar pela via legal e tenderiam a utilizar seus poderes unilaterais (Cox; Morgenstern, 1993, eventualmente ampliando seus poderes para evitar os obstáculos constitucionais que poderiam se tornar um veto à sua ação.

Outro argumento relativo à vulnerabilidade presidencial seria o da fragmentação do sistema partidário. Quanto maior o número de partidos, menores as chances de alguma legenda obter maioria no Legislativo, tornando a negociação entre o presidente e o parlamento mais complicada (Jones, 1995; Mainwaring, 2003; Samuels,; Chugart, 2003). A fragmentação também redundaria em sistemas partidários mais polarizados, o que implicaria a execução de acordos menos estáveis e confiáveis.

No entanto, como demonstrado por Cheibub (2002) e Cheibub, Przeworski e Saiegh (2004), a formação de coalizões de governo poderiam compensar os citados problemas. Não obstante, Kim e Bahry (2008, p. 809) levantam a possibilidade de que tais coalizões não necessariamente seriam eficazes. Para os autores, o trabalho de Amorim Neto (2006) teria demonstrado que coalizões de governo não necessariamente são coesas ou se traduzem em apoio estável no parlamento. Isso ocorreria porque mesmo que os presidentes apontem os membros dos partidos da coalizão para a formação do gabinete, as referidas indicações nem sempre correspondem à distribuição partidária dos assentos no Legislativo (Amorim Neto, 2006; Samuels; Eaton, 2002).

A vulnerabilidade dos presidentes também teria sido recorrentemente ligada à distribuição dos poderes entre o Executivo e os demais ramos. Quanto mais fortes os poderes presidenciais, menor disposição teriam os mandatários em buscar um compromisso com o Legislativo (Shugart; Carey, 1992).

A última vertente analisada pelos autores em seu breve resumo teórico discute a influência dos escândalos presidenciais de corrupção e os consequentes confrontos com a população civil nas ruas em protesto (Hochstetler, 2007; Mainwaring; Pérez-Liñán, 2005).

Finalmente, após uma longa revisão bibliográfica empreendida ao longo do artigo, Kim e Bahry (2008) se dedicam a reexaminar as fontes das interrupções presidenciais nas novas democracias de 1974 até 2003. Os seguintes fatores seriam os responsáveis por aumentar a vulnerabilidade presidencial: 1) ausência de apoio partidário no Congresso (governos divididos); 2) baixo percentual de votos no primeiro turno das eleições majoritárias; 3) desequilíbrio no poder presidencial; e 4) economia em declínio e mobilização pública contra o mandatário (Kim; Bahry, 2008, p. 807). Diferentemente dos autores do início dos anos 1990, Kim e Bahry (2008) acreditam que a manutenção dos presidentes em seus cargos não tem necessariamente a ver com a estabilidade da democracia em seus respectivos países. Os presidentes podem até cair, mas os governos democráticos geralmente continuam[74].

Em relação aos governos divididos, os autores dizem que a fragmentação partidária aumentaria o potencial de conflito. Ainda que muitos presidentes tentassem encontrar maneiras de obter acordos com o Congresso, um cenário partidário instável dificultaria muito essa possibilidade. Tais problemas aumentariam ainda mais quando o equilíbrio entre poderes estivesse mal balanceado na direção do Executivo.

A clássica "dupla legitimidade" citada por Linz (1990) também teria importância para aumentar a vulnerabilidade dos presidentes (Kim; Bahry, 2008, p. 818). Como é sabido, os presidentes tendem a clamar maior legitimidade democrática de seus mandatos, acreditando possuírem maior apoio popular do que os parlamentares. Para os autores, uma votação baixa em uma eleição de apenas um turno diminuiria essa possibilidade, bem como demonstrações públicas da população contra o presidente também poderiam enfraquecer a estratégia independente dos mandatários.

---

[74] A exceção seria o caso dos presidentes eleitos na África Subsaariana, que tendem a ser removidos dos seus cargos à força, o que via de regra acaba levando à suspensão da democracia nos países onde isso ocorre.

Para os autores, adversidades econômicas também influenciariam. Quedas no PIB *per capita* aumentariam as chances de interrupções de mandato presidencial, em parte porque diminuiriam as receitas do governo, levando os presidentes a adotarem medidas austeras na economia, ampliando, assim, a possibilidade da construção de uma oposição popular contra os mandatários.

Finalmente, Kim e Bahry (2008, p. 818) afirmam que as conclusões de seu artigo, ao mesmo tempo que fortalecem algumas abordagens teóricas anteriores, também encontraram resultados diferentes de outras obras importantes sobre o tema das interrupções presidenciais. No que diz respeito aos efeitos dos escândalos de corrupção (Pérez-Liñán, 2003), discordam da força explicativa dessa variável, pois mesmo que consiga explicar alguns casos de interrupção do mandato presidencial, outros eventos semelhantes não redundaram necessariamente na destituição dos mandatários. A capacidade dos presidentes em enfrentar as denúncias dependeria de uma série de outros fatores, como a credibilidade da fonte das acusações, o tipo e a magnitude das infrações, o tamanho do apoio parlamentar do mandatário e a capacidade e vontade dos meios de comunicação locais em denunciar o presidente.

Kim e Bahry (2008, p. 818) também discordam do impacto creditado às manifestações populares para a destituição dos presidentes (Hochstetler, 2007). Mesmo considerando a importância das mobilizações para a queda dos presidentes, os autores afirmam que em outros casos os mandatários foram obrigados a deixar o poder sem o aparecimento de nenhuma mobilização popular momentânea ou prolongada.

Podemos perceber, no entanto, que as conclusões de Kim e Bahry (2008) não necessariamente possuem valor explicativo definitivo para os casos de interrupção presidencial na América Latina, uma vez que seu artigo de 2008 não analisa exclusivamente a região. Desse modo, torna-se importante certa relativização de suas críticas e seus resultados, o que de fato foi realizado por outros teóricos nas obras publicadas posteriormente.

ANÍBAL PÉREZ-LIÑÁN E O JUÍZO POLÍTICO

Um dos principais autores contemporâneos sobre o tema das quedas presidenciais na América Latina é o argentino radicado nos Estados Unidos Aníbal Pérez-Liñán. Esta seção analisa duas de suas principais obras: o artigo publicado em 2008 no periódico *América Latina Hoy*, intitulado "*Instituciones, coaliciones callejeras e inestabilidad política: perspectivas teóricas sobre las crisis presidenciales*", no qual o autor busca entender e tipificar as quedas recentes de presidentes na América Latina; e o livro publicado originalmente em inglês, em 2007, sob o título *Presidential impeachment and the new political instability in Latin America*, e republicado em espanhol, em 2009, com o título *Juicio político al presidente y nueva inestabilidad política en America Latina* — exatamente a versão utilizada neste capítulo.

Em seu artigo de 2008, Pérez-Liñán (2008, p. 105) chama a atenção para uma importante particularidade do fenômeno contemporâneo da instabilidade presidencial na América Latina, tão acostumada historicamente com a alternância de períodos autoritários e democráticos: o paradoxo recente das quedas presidenciais sucessivas sem prejuízo para o regime, ou, em suas palavras, a emergência de democracias estáveis com governos instáveis. O período analisado por seu artigo compreende os anos de 1985 a 1995, no qual 13 presidentes eleitos foram removidos de seus cargos ou forçados a renunciar. A conta se elevaria a 18 se incluirmos os vice-presidentes ou os sucessores nomeados para completar os mandatos daqueles que tampouco conseguiram encerrar os seus ou convocaram eleições antecipadas. Dentre suas principais conclusões, observa que as quedas presidenciais na região não constituem um fenômeno passageiro restrito a certo contexto histórico, visto que ocorreram em contextos institucionais e econômicos muito diferentes.

Já o livro de 2009 tem como objetivo principal explorar as origens e as consequências do novo padrão de instabilidade na América Latina, destacando os acontecimentos ocorridos entre

1992 e 2004 que definiram essa tendência (Pérez-Liñán, 2009, p. 12). De acordo com o autor, durante esse período as elites civis compreenderam que os golpes militares tradicionais, em sua maior parte, se tornaram impraticáveis, e experimentaram o uso de instrumentos constitucionais para remover presidentes impopulares. Dentre os instrumentos possíveis para tal, são analisados os chamados "juízos político aos presidentes", que teriam se convertido em uma característica distintiva do novo panorama político da América Latina.

De acordo com Hochtetler (2011, p. 127), o referido livro de Pérez-Liñán apresenta uma análise refinada de seis casos de *impeachment* em sistemas presidencialistas na América Latina — Brasil, Colômbia, Equador, Paraguai (1999), Paraguai (2002), Venezuela —, justapondo tanto os componentes institucionais como os não institucionais (incluindo a cobertura da mídia[75] e a reação popular).

Dito isto, uma das principais reflexões empreendidas pelo autor em ambas as obras seria se o fenômeno das quedas presidenciais antecipadas estaria restrito ou não à América Latina. Tal reflexão traria imediatamente outras: as abordagens desenvolvidas pelos autores que estudam o fenômeno da instabilidade presidencial na região estariam realmente corretas? Poderiam esses *approaches* ser utilizados e comparados com outras regiões, como, por exemplo, no caso dos países da África?

A resposta do autor retoma as ponderações de Kim e Bahry (2008), que afirmam que aproximadamente três quartos das democracias inauguradas na terceira onda de democratização são sistemas presidenciais ou semipresidenciais, sendo que mais de um terço destas sofreram a renúncia ou a remoção de um presidente eleito entre 1974 e 2003.

---

[75] Para Pérez-Liñán (2008, p. 114), os primeiros estudos sobre as crises presidenciais enfatizaram também o papel importante dos meios de comunicação, em especial do jornalismo. Da mesma maneira, os fatores econômicos receberam considerável atenção como pré-condições para as crises presidenciais.

Apesar das aparentes semelhanças com a África, o estudo das quedas de mandatários na América Latina teria suas particularidades (Pérez-Liñán, 2008). Segundo o autor, ao contrário do que geralmente ocorre na África, onde a queda de um presidente costuma significar o colapso do regime democrático, a instabilidade presidencial na América Latina quase não gera a instabilidade do regime. Outro fator que diferenciaria as regiões seria o comportamento dos militares. Via de regra, as Forças Armadas da região não têm agido como um instigador, mas como um árbitro do destino dos mandatários nas crises presidenciais, com exceção do ano 2000, no Equador[76]. De modo geral, o fenômeno de interesse parece caracterizar-se na América Latina pela preservação da ordem constitucional.

Na primeira seção do livro são identificadas as categorias que permitem caracterizar o fenômeno das quedas presidenciais com maior clareza, apontando três possibilidades que serão descritas a seguir: 1) renúncia antecipada, 2) juízo político e 3) golpe legislativo.

Uma renúncia antecipada denotaria uma presidência interrompida no contexto de uma crise sem queda, mas não necessariamente um conflito entre o presidente e o Congresso. O juízo político, por sua vez, indicaria uma situação em que a presidência foi interrompida de acordo com um procedimento constitucional, sendo resultado da ação do poder Legislativo contra o presidente. Já a ideia de golpe legislativo significaria uma presidência interrompida através da atuação direta do parlamento, em circunstâncias que potencialmente violentariam a normalidade do processo democrático.

---

[76] Vale lembrar que o artigo de Pérez-Liñán foi publicado em 2008 e desde então ocorreram duas quedas antecipadas: Honduras, em 2008, e Paraguai, em 2012. No entanto, como demonstrado no capítulo anterior, o caso hondurenho parece contradizer o histórico recente de não intervenção militar nas quedas presidenciais, já que as Forças Armadas hondurenhas tiveram um papel preponderante em garantir a viabilidade do processo para a destituição de Manuel Zelaya e para posteriormente a expulsão do presidente do país, vestindo apenas seus pijamas em um voo realizado na madrugada seguinte ao processo de *impeachment*.

Pérez-Liñán (2008) desenvolve ainda outro conceito importante para a análise das quedas de presidente na América Latina: o de crise presidencial. Para o autor, o referido conceito estaria diretamente relacionado com a existência de uma tensão institucional, especialmente quando existente entre o presidente e o parlamento. Por crise presidencial se entende: 1) todo processo pelo qual o Congresso tenta remover o presidente de seu cargo; 2) quando o presidente tenta fechar o Congresso; e 3) quando um dos poderes apoia um movimento civil ou militar contra o outro.

Para além dessas categorias, são identificados outros possíveis resultados de uma crise presidencial: 1) o golpe de Estado convencional — que interrompe a presidência sem empregar um procedimento democrático e sem marco institucional previsto pelo Congresso; 2) o reequilíbrio do regime ou a estabilização do conflito institucional, que evitariam a queda dos mandatários; e 3) os casos em que o presidente consegue dissolver o Congresso (Pérez-Liñán, 2008, p. 109).

Já em seu livro publicado em espanhol no ano seguinte, Pérez-Liñán (2009, p. 26) afirma que o conceito de "crise presidencial" faz referência explícita a casos graves de conflito entre Executivo e Legislativo no qual um dos poderes constitucionalmente eleito busca a dissolução do outro. O termo "crise" teria sido escolhido para descrever uma situação política que se caracteriza por um sentido de "imediatez e urgência" entre atores poderosos.

Já a definição operativa de "crise presidencial" utilizada na obra de 2009 inclui qualquer episódio no qual o Executivo: 1) ameace dissolver o Congresso; 2) respalde uma reforma constitucional que tenha esse propósito; 3) tente levar a cabo um golpe contra o parlamento: ou 4) suspenda o mandato da legislatura (ainda que não proclame sua "dissolução" por decreto) até novas eleições. Também inclui toda situação na qual o Congresso: 1) anuncie a decisão de iniciar um juízo político ao presidente; 2) declare o mandatário incapacitado ou tente forçar sua renúncia, debatendo qualquer uma dessas alternativas; ou 3) legitime um levante militar ou civil contra o Executivo, seja aceitando sua "renúncia" ou nomeando um sucessor para o presidente (Pérez-Liñán, 2009, p. 84).

Retomando de certa maneira a discussão realizada em 2008, o autor afirma a existência de um tipo de ação política transformado em conceito teórico (baseado na observação empírica da realidade contemporânea) que possuiria a capacidade de "solucionar" uma crise política e restaurar a ordem da nação: o conceito de intervenções de curto prazo (sejam interrupções ou efetivo controle temporal do poder).

A aprendizagem histórica dos efeitos da instabilidade presidencial para a estabilidade dos regimes democráticos na América Latina teria ensinado aos atores políticos, principalmente às Forças Armadas, que os militares não podem desejar (nem os civis podem permitir) que se imponha um governo militar, a menos que se trate de um breve período de transição (Pérez-Liñán, 2009, p. 90).

Segundo o autor, as intervenções de curto prazo poderiam adotar três formas diferentes, de acordo com a natureza das coalizões cívico-militares. A primeira é chamada de "golpe legislativo"[77], uma ação conjunta de militares e do Congresso para derrubar o presidente (o que Alfred Stepan (1966) chama de "intervenção moderadora"). A segunda corresponde ao que se costuma chamar de "autogolpe" e constitui uma aliança entre o Executivo e os militares para dissolver o Congresso. A terceira forma significaria a tomada do poder no curto prazo, sendo o presidente e os legisladores removidos de seus cargos para que, posteriormente, um novo grupo civil assuma o poder.

Sobre os golpes legislativos, Pérez-Liñán (2009, p. 92) afirma que historicamente nem sempre eles são conduzidos unicamente pelos próprios legisladores. Na maioria das circunstâncias, o parlamento

---

[77] Pérez-Liñán já havia utilizado anteriormente o conceito de golpe legislativo ao se referir a esse golpe como um dos possíveis efeitos de uma queda presidencial, como visto nas primeiras páginas desta seção.

teria apenas servido como um instrumento para respaldar a ação de uma conspiração militar, o que levaria, segundo o autor, a uma distinção necessária entre os parlamentares proativos — aqueles que iniciam e controlam os enfrentamentos com os presidentes —, e os reativos — aqueles que apenas se somam às ações conduzidas majoritariamente por militares ou outros atores sociais.

Já a definição de autogolpe do cientista político argentino, como já dito, resulta de uma aliança entre o presidente e os militares para dissolver o Congresso. O autor detalha ainda mais o conceito: "o termo autogolpe se refere a uma interrupção breve das garantias constitucionais e o fechamento do Congresso por parte do Executivo, que governa por decreto, empregando referendos e convoca novas eleições legislativas para ratificar um regime com poderes executivos mais amplos"[78] (Cameron apud Pérez-Liñán, 2009, p. 94, tradução nossa). A referência obrigatória de autogolpe no período foi aquele perpetrado por Alberto Fujimori no Peru, em 1992. Cabe salientar, no entanto, que para Pérez-Liñán (2009) os autogolpes seriam diferentes dos golpes presidenciais que instalam um regime autoritário, que serão analisados a seguir.

A tomada de poder a curto prazo — ou ditadura a curto prazo (Pérez-Liñán, 2009, p. 97) — implicaria uma derrota mútua tanto para o presidente como para o Legislativo. Dentro do contexto de uma crise presidencial, os militares poderiam intervir para retirar tanto o mandatário como os legisladores de seus cargos, instalando um governo interino e reestabelecendo o regime presidencial logo depois de ocupar o poder por alguns meses. Essa forma de intervenção não teria características necessariamente neutras, porque as rupturas de curto prazo tenderiam a favorecer a ascensão de determinadas facções políticas após o reestabelecimento do governo civil. Dessa maneira, uma intervenção desse

---

[78] *"El termino autogolpe se refere a una interrupción breve de las garantías constitucionales y una clausura del Congreso por parte del Executivo, que gobierna por decreto, emplea referéndums y convoca a nuevas elecciones legislativas para ratificar un régimen con poderes ejecutivos más amplios."*

tipo mostraria que as Forças Armadas considerariam que as elites civis são incapazes de resolver a crise institucional existente.

Por outro lado, os rompimentos democráticos de longo prazo muitas vezes aconteceriam após os enfrentamentos entre o Executivo e o Legislativo em um contexto de comoção social e política mais ampla, que pode conduzir ao colapso do regime presidencial, como aconteceu nos seguintes casos: golpe no Brasil em 1964; no Chile e no Uruguai em 1973; e na Argentina em 1976 (Pérez-Liñán, 2009, p. 99). As rupturas de longo prazo teriam produzido três resultados principais: 1) a derrota do presidente e estabelecimento de um Legislativo submisso[79]; 2) a eliminação do Congresso e a nomeação de um presidente títere[80]; e 3) a imposição de uma junta militar com amplos horizontes[81].

Pérez-Liñán (2009, p. 103) discute também um outro conceito fundamental: o de crises presidenciais que não redundam em quebras democráticas. Para o autor, as crises presidenciais sem quebra democrática seriam tipificadas de acordo com três modelos diferentes: 1) a destituição dos presidentes; 2) a dissolução legal do Congresso; e 3) alguma forma de estabilização institucional.

---

79 Sobre o caso da derrota do presidente e do estabelecimento de um Legislativo submisso, o caso clássico citado por Pérez-Liñán constitui na deposição do presidente brasileiro João Goulart em 1964.

80 Em 1972, após a exigência das Forças Armadas de maior autonomia nos assuntos do governo, o presidente uruguaio Juan Bordaberry aceitou a maior participação dos militares através da criação do Conselho Nacional de Segurança. Após conflitos com o Congresso e ameaças de um processo de *impeachment* de Bordaberry, o presidente conseguiu dissolver o Legislativo com o apoio dos militares e designou um Conselho de Estado integrado por civis e membros das Forças Armadas. Bordaberry conseguiu permanecer no cargo, sendo substituído por Aparício Mendez posteriormente, com a manutenção do governo militar até 1984.

81 O exemplo de imposição de uma junta militar com amplos horizontes citado por Pérez-Liñán (2009) consiste no golpe militar chileno de 1973, que depôs o presidente socialista Salvador Allende, impetrado por membros das Forças Armadas, que posteriormente escolheram o general Augusto Pinochet como presidente do país, constituindo uma ditadura militar que durou 17 anos.

Sobre a remoção constitucional do presidente, essa categoria se refere a qualquer procedimento que faculte ao Congresso remover o mandatário por motivos legais, incluindo o juízo político convencional (Pérez-Liñán, 2009, p. 104)[82]. Inscrito nesse tipo de destituição existiria ainda um padrão alternativo no qual o Congresso autoriza a Corte Suprema de Justiça do país a levar a cabo um julgamento, uma declaração de incapacidade mental, física ou moral do chefe do Executivo. Dentro dessa categoria (destituição dos presidentes) estariam também situações marginais em que os mandatários foram obrigados a renunciar por conta da forte pressão popular, ocorrendo em seguida ação da legislatura para negociar os termos da transição, nomeando, por exemplo, um novo chefe do Executivo. Em tais situações, o Congresso desempenharia um papel reativo semelhante àquele exercido em muitos golpes legislativos descritos anteriormente.

De acordo com o autor, a destituição presidencial dentro dos limites da lei constitucional preservaria a integridade do regime, ainda que pudesse conduzir ou não a um resultado positivo em termos normativos.

Já a segunda possibilidade de uma crise sem quebra democrática seria a dissolução legal do Congresso (Pérez-Liñán, 2009, p. 105). No entanto, o autor afirma que os regimes presidenciais em geral carecem deste procedimento e onde ele existe, geralmente, é muito restrito. O objetivo de tais reservas seria o histórico de autogolpes impetrados nos países da América Latina nas últimas décadas.

Os casos recentes de dissolução do Congresso seriam: 1) quando a Assembleia Constituinte colombiana dissolveu o parlamento em 1991; 2) quando um referendo constitucional permitiu a dissolução do Congresso e da Corte Suprema de Justiça da Guatemala em 1994; 3) quando o presidente venezuelano Hugo Chávez conseguiu

[82] Pérez-Liñán fala que seu exemplo primordial para juízo político se encontra na Constituição dos Estados Unidos — o modelo clássico de *impeachment* daquele país.

a aprovação de uma Assembleia Constituinte para dissolver o Congresso opositor em 1999. O último caso de dissolução legal do Congresso, ocorrido após a publicação da primeira versão do livro de Pérez-Liñán, teve lugar no Equador em 2007. Na ocasião, o presidente equatoriano Rafael Correa conseguiu a aprovação via consulta popular para que os cidadãos equatorianos decidissem se queriam ou não a instalação de uma Assembleia Constituinte para a promulgação de uma nova Carta Magna para o país. O resultado foi a vitória do "sim" para a dissolução do Congresso e a convocação da Constituinte, com 81,72% dos votos.

A terceira possibilidade é a já citada crise sem quebra que envolve o reequilíbrio das forças políticas e a consequente estabilização, resultando na continuidade dos funcionários eleitos tanto do Executivo como do Legislativo (Pérez-Liñán, 2009, p.106). Isso ocorre, por exemplo, quando um presidente sobrevive a um processo de juízo político (como sucedeu com o então presidente Luis González Macchi, no Paraguai, em 2000).

Especificamente sobre a ação efetiva do Legislativo nos momentos de crise presidencial, o Congresso costuma ser um dos principais atores a tomar parte para a saída dos mandatários do poder. O Parlamento geralmente age de forma ativa, ao iniciar os processos de juízo político. Entretanto, às vezes também atua de maneira reativa, ao legitimar uma queda gerada pela atuação de outros atores. Nesses casos, a intervenção legislativa seria importante para "encapsular" a crise e lhe dar uma saída minimamente legítima, o que permitiria preservar a ordem democrática (Pérez-Liñán, 2008, p.109).

A DISTINÇÃO ENTRE AS EXPLICAÇÕES "INSTITUCIONAIS" E DAS MOBILIZAÇÕES SOCIAIS

Segundo Pérez-Liñán, as interpretações teóricas recentes sobre as crises políticas (e algumas vezes também sobre a instabilidade presidencial) na América Latina apelaram fundamentalmente para duas variáveis explicativas: a institucional (associada às elites que as conduzem) e aquela ligada à mobilização social (junto aos movimentos sociais que falam em seu nome).

Sobre as explicações de origem institucional, Pérez-Liñán (2008) realiza um itinerário muito semelhante àquele percorrido ao longo do primeiro capítulo deste trabalho. Dentre os principais temas apreciados, destacam-se o componente do conflito Executivo-Legislativo, os debates sobre os "perigos" do presidencialismo (Linz, 1990; Valenzuela, 1993) e as críticas posteriores de obras como as de Cheibub (2002), Negretto (2003), entre outros. Por tais razões, optei por não repetir nesta seção as mesmas discussões, buscando apenas novas abordagens.

De acordo com Pérez-Liñán (2008, p. 114), um dos trabalhos mais cuidadosos da safra de autores contemporâneos seria o de Edwards (2007). Em um artigo no qual analisa exclusivamente a América Latina, Edwards (2007) argumenta em favor da necessidade de integrar tanto as variáveis institucionais como as não institucionais (a adoção de políticas neoliberais; as condições econômicas em termos de inflação e crescimento; a presença de escândalos e corrupção; e a erupção de protestos sociais) em um modelo unificado para explicar o colapso presidencial. Sua análise quantitativa indica que a inflação, os protestos populares e os escândalos incrementariam o risco de uma queda presidencial, ainda que a presença de apoio legislativo majoritário diminuísse este risco. Em contraste com o trabalho de Kim e Bahry (2008), Edwards (2007) não teria encontrado valor explicativo na porcentagem de votos obtidos pelos presidentes no que diz respeito à manutenção da sua estabilidade, mas sim na inflação extrema, que colocaria em risco a permanência dos mandatários no poder.

Os resultados de Edwards (2007) também contrariam os de Pérez-Liñán (2008). Para o último autor, a inflação não pode ser encarada como um fator determinante para prever a queda do apoio público aos presidentes depostos ou a erupção de protestos populares. Uma das possíveis explicações dadas por Pérez-Liñán

(2008) para a diferença de resultados diz respeito às divergências entre a seleção dos casos analisados em ambos os artigos[83].

RESULTADOS DOS MODELOS ESTATÍSTICOS

O modelo estatístico do artigo de 2008

Pérez-Liñán (2008, p. 114) realiza também uma relevante discussão metodológica sobre os modelos de análise aplicados em seu artigo[84]. Ainda que muito interessante, optei por não reproduzir aqui essa parte da obra do autor, preferindo discutir diretamente os resultados de sua análise estatística[85].

O autor apresenta um modelo de regressão logística para eventos raros (*relogit*) utilizando dados de 18 países entre 1980

---

83 O artigo de Pérez-Liñán (2008) excluiu da amostra considerada os casos ocorridos na década de 1980, não refletindo as quedas de Hernán Siles Zuazo, em 1985, e de Raúl Alfonsín, em 1989, dois casos marcados por crises hiperinflacionárias.

84 Como o presente trabalho não desenvolve nenhuma reflexão mais aprofundada sobre métodos quantitativos, até porque as análises estatísticas empreendidas no quinto capítulo deste livro são de cunho descritivo, optei por não reproduzir a referida discussão neste capítulo, preferindo analisar diretamente os resultados da pesquisa.

85 Segundo Pérez-Liñán, por exemplo, Negretto (2003) utilizou uma análise de regressão logística para eventos raros (*relogit*) com uma amostra de 75 administrações entre 1978 e 2003 que incluía sete variáveis independentes do tipo puramente institucional. Edwards (2007) realizou uma análise de sobrevivência dos presidentes de dez nações latino-americanas entre 1978 e 2003, modelando a probabilidade de queda do presidente como uma função de variáveis institucionais, sociais e econômicas.
Em contraste aos estudos quantitativos, que tendem a assumir um modelo de causalidade múltipla aditivo, os estudos qualitativos de tipo comparativo tenderiam a apresentar argumentos complexos em que as múltiplas condições causais formam uma configuração histórica decisiva. Para Ollier (2008), a instabilidade presidencial é produzida como consequência da combinação de múltiplos fatores, que incluem uma liderança presidencial debilitada, uma oposição conspirativa e uma mobilização popular heterogênea.

e 2004. As unidades de análise do modelo são presidências-ano (n=471), e a variável dependente é um indicador dicotômico codificado como "1" quando a presidência foi interrompida (N=15) e "0" nos demais casos (Pérez-Liñán, 2008, p. 120). O modelo inclui três variáveis independentes: um indicador institucional que reflete a proporção de cadeiras controladas pelo partido do presidente na Câmara Baixa; um indicador de mobilização popular que captura a extensão do movimento social de protesto; e uma variável de controle dicotômica (o nível de inflação).

O indicador de mobilização popular foi construído a partir do boletim do *Latin American Weekly Report* e adquire valores entre "0" e "5", refletindo o número de grupos sociais que tomaram as ruas para protestar contra o governo em um dado ano. O valor "0" indica que não houve protesto, enquanto os valores maiores que zero indicam quantos grupos codificados (trabalhadores, empregados estatais, camponeses, movimentos indígenas organizados, setores pobres urbanos e grupos de classe média) participaram das mobilizações. Valores superiores a "3" (aproximadamente 9% dos casos) sugerem que uma ampla mobilização social tomou as ruas em um determinado ano.

Além das três variáveis independentes, o modelo inclui um termo de interação (isto é, um produto) entre o tamanho do partido do governo no Congresso e o tamanho do protesto social, de forma a capturar a dinâmica daquelas conjunturas históricas em que as condições institucionais e socais se potencializam ou se cancelam mutuamente.

De acordo com os resultados encontrados no artigo, os protestos sociais aparecem como o principal fator explicativo para a queda dos presidentes, enquanto a variável que mede a força legislativa não possui um efeito claro para explicar a instabilidade presidencial. A inflação teria um efeito estatisticamente significativo, mas substantivamente débil no processo que conduz as presidências interrompidas. Tal como identifica Edwards (2007), a pressão inflacionária só parece desestabilizar os governos em situações extremas. Somente uma inflação de 10.000% produziria um risco esperado para o presidente de 8,1% (Pérez-Liñán, 2008, p. 122). No entanto, um contexto como esse provavelmente detonaria saques e mobilizações massivas, o que enfatizaria novamente o papel dos protestos sociais. Como podemos perceber, os resultados do artigo de Pérez-Liñán (2008) reforçam os argumentos de Hochstetler (2007), que serão melhor discutidos ainda neste capítulo em uma seção dedicada exclusivamente à autora.

No entanto, a força legislativa do presidente parece proteger o Executivo dos desafios gerados pela manifestação popular. O coeficiente para o termo de interação indica um valor negativo, o que sugere que o impacto dos protestos sociais se reduz à medida que cresce o peso do partido do presidente no Congresso. Uma vez que a legenda do mandatário controle 77% dos assentos legislativos, o coeficiente condicional para efeito de protesto deixa de ser estatisticamente significativo. Assim, uma estrutura partidária forte seria capaz de "filtrar" os efeitos sociais da crise.

Contudo, Pérez-Liñán (2008, p. 123) alerta para a existência de um possível problema metodológico presente nos resultados do seu artigo, uma vez que a amplitude dos protestos sociais estaria superestimada, pois serviria como indicador de mecanismos causais diferentes.

O exame das perspectivas teóricas esboçado neste artigo, junto com a análise estatística de 15 presidências interrompidas entre 1980 e 2004, sugere três conclusões fundamentais. Em primeiro lugar, indica a possibilidade de que os fatores institucionais cumpram um papel importante no que diz respeito à instabilidade presidencial, ao facilitar ou dificultar a construção de um "escudo legislativo" para proteger o presidente do Congresso.

No entanto, Pérez-Liñán (2008, p. 123) não esclarece o papel que as coalizões de governo exerceriam nesse caso, indicando apenas o tamanho do partido do presidente em seu artigo. As importantes reflexões de Cheibub (2002) e Negretto (2003) acerca da importância da formação de coalizões no presidencialismo latino-americano não teriam sido levadas em consideração pelo autor. Todavia, faz uma espécie de *mea culpa* ao assumir que o tamanho do partido do presidente seria um indicador imperfeito para medir o apoio legislativo ao poder Executivo, que seria afetado também por coalizões de governo e pela disciplina partidária.

De acordo com o cientista político argentino, a extensão da "coalizão *callejera*" parece ser o principal fator que determina a instabilidade presidencial. Quando múltiplos movimentos sociais convergem em espaço público para demandar a queda do governo, a posição do presidente costuma se mostrar insustentável.

Finalmente, Pérez-Liñán (2008) afirma a probabilidade de que existam complexas interações entre o desenho institucional e a mobilização popular. Assim, os protestos podem ser menos efetivos quando o presidente conserva amplo apoio entre as elites políticas.

Os modelos de análise comparada qualitativa e os resultados estatísticos oriundos do artigo de 2009

A principal conclusão da análise comparada qualitativa empreendida por Pérez-Liñán (2009, p. 303) seria a de que em um contexto de baixa intervenção militar foram os amplos protestos populares que determinaram, em grande medida, a queda dos governos. No entanto, foi somente na presença dos escândalos midiáticos e de uma legislatura proativa que ocorreu o modelo institucional de remoção que é o tema central de seu livro: o chamado juízo político ao presidente. Escrevendo de outra maneira, o modelo clássico para a existência de um juízo político ao presidente aconteceria na ausência de intervenção militar, na presença de escândalos e com um fraco escudo legislativo de apoio ao mandatário.

O autor apresenta ainda mais quatro modelos alternativos para explicar a ocorrência tanto de um juízo político como de uma destituição presidencial. Os resultados mais relevantes desses outros modelos atestam em geral para a necessidade da presença de um nível significativo de conflito entre o Executivo e o Legislativo para iniciar um juízo político, bem como da presença das massas nas ruas para forçar a saída de um presidente, mesmo que o conflito entre o presidente e o parlamento seja inexistente.

As evidências reunidas a partir da análise quantitativa mostram inicialmente que os presidentes dispostos a negociar desde o princípio com a oposição têm menos possibilidade de enfrentar uma crise que redunde em um processo de juízo político. Ao mesmo tempo, a disposição para a negociação de votos estaria associada aos presidentes que não possuem maioria parlamentar.

Desta maneira, um presidente eleito com baixo apoio partidário geralmente seria obrigado a negociar com o parlamento desde o seu primeiro dia no poder. Tal realidade constituiria um paradoxo, afirma Pérez-Liñán (2009, p. 312): presidentes pertencentes a partidos pequenos se esforçariam mais para assegurar amplas coalizões e para manter contentes seus seguidores (buscando maior coesão interna); no entanto, ao refletir especificamente sobre as crises presidenciais, isso não se repetiria, visto que somente os presidentes (pouco razoáveis) em situação de minoria tomariam uma decisão oposta.

Como visto, a análise de Pérez-Liñán sobre as crises e a instabilidade presidencial é realmente muito bem-feita e detalhada. Contudo, como o próprio autor confirma em seu texto, sua principal ênfase consiste no estudo dos conflitos entre Executivo e Legislativo, deixando em segundo plano importantes atores políticos para a compreensão do fenômeno: o Judiciário e a sociedade civil (representada muitas vezes na ação dos movimentos sociais organizados). Por conta disso, as próximas seções deste capítulo são dedicadas a dois autores que tentaram desenvolver uma abordagem complementar à de Aníbal Pérez-Liñán: Kathryn Hochstetler e Leiv Marsteintreted.

MARSTEINTREDET E AS INTERRUPÇÕES PRESIDENCIAIS

O cientista político Leiv Marsteintredet é o penúltimo autor analisado neste capítulo, tanto por sua obra ser a mais recente em relação aos demais autores como por realizar uma espécie de discussão *a posteriori* das demais contribuições teóricas sobre o tema da instabilidade presidencial na região.

Seu primeiro trabalho analisado nesta seção é o artigo *Variation of executive instability in presidential regimes: three types of presidential interruption in Latin America*, concebido em 2009. Nele, Marsteintredet realiza uma tipologia do que acredita constituir os três tipos de interrupções presidenciais na América Latina, discutindo os principais antecedentes, o processo de destituição em si e as consequências para o país e para a democracia após a saída dos mandatários.

Inicialmente, faz-se necessário a ressalva que o conceito utilizado por Marsteintredet para definir o fenômeno estudado — o de interrupções presidenciais — difere daquele adotado pelos outros autores analisados neste capítulo. Dentre as diferentes contribuições teóricas existentes citadas pelo autor, estariam aquelas ligadas a: escândalos presidenciais (Pérez-Liñán, 2009); desafios impostos pelas ruas (Hochstetler, 2007); força do presidente no Congresso (Kim; Bahry, 2008); governos minoritários (Valenzuela, 2004); falta do controle do voto do mediano no parlamento (Negretto, 2003); e performance econômica (Edwards, 2007).

A definição do cientista político norueguês para interrupções presidenciais consiste na saída prematura, extraordinária e forçada de um presidente eleito, mas que, no entanto, não leva a uma quebra do regime democrático (Marsteintredet, 2009, p. 6). As interrupções presidenciais também poderiam ser percebidas como medidas corretivas que, principalmente, possuem o objetivo de acabar com algum tipo de comportamento indesejado (Marsteintredet, 2009, p. 12).

Uma das principais críticas do autor ao estado da arte da literatura que estuda as interrupções presidenciais na América Latina consiste no tratamento do fenômeno em tela de uma forma que todos os casos são compreendidos da mesma maneira, sem fazer a correta distinção entre eles (Marsteintredet, 2009, p. 2). Provavelmente a principal razão para a generalização dessa abordagem seria devido à maior facilidade para a construção das análises estatísticas comparadas e para a obtenção de um maior nexo causal nas diversas obras que analisam as interrupções presidenciais. Outra possível razão seria por permitir a comparação do novo fenômeno da instabilidade do Executivo com a produção teórica oriunda da antiga tradição de estudos de instabilidade do regime na América Latina.

Para o cientista político norueguês, no entanto, não seria correto analisar as interrupções presidenciais a partir de um único *approach*. Se as quedas presidenciais fossem tratadas apenas como variável dependente, a discussão seria reduzida apenas à determinação da causa mais importante para a saída prematura dos mandatários: as instituições ou os "atores das ruas". Contudo, imaginando as interrupções presidenciais como variável independente, o debate tomaria o rumo das reflexões sobre os supostos impactos positivos ou negativos das quedas de mandatários nas democracias presidencialistas. Outra questão diretamente relacionada a essa seria saber quando as interrupções presidenciais de fato serviriam para um reequilíbrio das crises dos respectivos sistemas políticos.

Portanto, seria necessária a diferenciação em relação aos variados casos de interrupção, ainda pouco exploradas pela literatura. Esse seria exatamente um dos objetivos principais do artigo de 2009: a busca da sistematização das diferenças entre os casos.

De acordo com Marsteintredet (2009, p. 4), as interrupções presidenciais na América Latina ocorrem geralmente de acordo com uma das seguintes definições: 1) escândalos presidenciais, nos quais os mandatários são removidos por conta de seus comportamentos que infringem as leis do país de alguma maneira[86]; 2) violação dos princípios democráticos e da ordem constitucional pelo chefe do Executivo[87]; e 3) descontentamento popular com as políticas adotadas pelos presidentes[88]. Para cada um desses tipos de interrupção presidencial existiria uma trajetória diferente, tanto durante como depois do evento das quedas, bem como em relação aos atores envolvidos e as suas consequências.

No que diz respeito aos escândalos presidenciais, os principais atores envolvidos seriam as instituições políticas (primordialmente o parlamento) comandadas pelas elites do país e apoiadas pela pressão popular nas ruas. Já em relação aos principais resultados do processo de destituição, tanto o regime como as instituições seriam pouco afetadas, enquanto o nível de conflito na sociedade diminuiria bastante após a saída dos presidentes. O rumo das políticas anteriormente adotadas pouco mudaria.

Já na análise das violações dos princípios democráticos e da ordem constitucional pelo chefe do Executivo, os protagonistas da interrupção presidencial seriam novamente as instituições políticas comandadas pelas elites e apoiadas pela pressão popular nas ruas, bem como os atores internacionais pró-democracia que entrariam em cena para negociar a saída dos mandatários com as elites. Como consequências, o autor identifica a adoção de melhorias nos procedimentos democráticos e reformas constitucionais para corrigir as "falhas democráticas". Como aconteceu com os escândalos presidenciais, ocorreria uma reacomodação do nível de conflito interno, que diminuiria após a saída dos mandatários. Persistiriam, no entanto, as mesmas políticas adotadas no período anterior.

---

86 Os dois casos de escândalos presidenciais citados por Marsteintredet seriam as deposições de Collor no Brasil, em 1992, e de Oviedo no Paraguai, em 1996.

87 Serrano na Guatemala, em 1991, Fujimori no Peru, em 1993, e Balaguer na República Dominicana, em 1996.

88 Andrés Pérez, em 1992, na Venezuela; Alfonsín, em 1989, e Fernando de la Rúa, em 2001, na Argentina; Sánchez de Lozada, em 2003, e Carlos Mesa, em 2003, na Bolívia; Bucaram, em 1996, Mahuad, em 2000, e Gutiérrez, em 2005, no Equador.

Finalmente, no caso das interrupções motivadas pelo descontentamento popular com as políticas empreendidas pelos presidentes, os principais atores seriam aqueles oriundos das manifestações e protestos das ruas, mas com certo apoio das elites tanto no interior quanto no exterior das instituições. Dentre as principais implicações do processo de destituição estariam uma maior flexibilidade dos mandatos presidenciais, além do uso de procedimentos questionáveis do ponto de vista dos princípios democráticos e constitucionais. De modo distinto dos casos anteriores, nesse tipo de processo, os conflitos permaneceriam mesmo após a saída dos presidentes do poder, geralmente ocorrendo novas interrupções e mudanças substantivas na política econômica do país, principal alvo dos protestos populares.

Cabe ressaltar, no entanto, que Marsteintredet publicou em 2010, em parceria com Mariana Llanos, uma das obras contemporâneas mais importantes sobre o fenômeno das quedas presidenciais na América Latina: o livro intitulado *Presidential Breakdowns in Latin America*. A edição consiste em uma compilação de artigos escritos por diversos intelectuais em forma de estudo de caso dos eventos de quedas presidenciais na região. Apesar da reconhecida importância da obra, nesta seção optou-se pela sua análise indireta, já que foi largamente utilizada como referência ao longo do segundo capítulo deste trabalho, além de ser mais bem analisada por Kathryn Hochstetler na próxima seção desse capítulo.

KATHRYN HOCHSTETLER E A "DESCOBERTA" DOS PROTESTOS POPULARES

Nesta seção, analiso parte da produção teórica da cientista política canadense Kathryn Hochstetler, uma das principais autoras contemporâneas que se dedica ao tema da instabilidade presidencial na América Latina. Seu artigo, originalmente publicado em inglês, em 2006, foi traduzido para o português em 2007, quando foi publicado na *Revista Lua Nova* sob o título "Repensando o presidencialismo: contestações e quedas de presidentes na América do Sul", e representou uma das contribuições mais importantes para o estudo do tema deste trabalho. Na ocasião, Hochstetler (2007) demonstrou a importância da mobilização popular e dos protestos civis nas ruas como uma das variáveis explicativas mais determinantes para a permanência ou não no poder de presidentes em situações de desgaste.

Contudo, a referida obra não é diretamente debatida neste capítulo ou nesta seção, em razão de ter sido amplamente analisada por muitos dos autores aqui resenhados (principalmente nas obras de Pérez-Liñán e Marsteintredt). Assim, a opção tomada nesta seção seguiu a direção da discussão de três contribuições mais recentes da autora, que evidenciam tanto o desenvolvimento teórico de sua análise como a importância "das ruas" para a definição da permanência dos mandatários no poder na região.

OS IMPACTOS POLÍTICOS DAS REFORMAS NEOLIBERAIS NA AMÉRICA LATINA

O primeiro artigo aqui analisado constitui uma parceria de Hochstetler e Alberto Palma, intitulado "Globalization, Partisan Politics, and Social Movements in Latin America", apresentado originalmente em abril de 2009, na 67ª Conferência Anual da Midwest Political Science Association. O objetivo do trabalho é analisar os impactos políticos das reformas econômicas neoliberais na América Latina, dando especial ênfase à participação dos partidos políticos e dos movimentos sociais nesse contexto. De acordo com Hochstetler e Palma (2009, p. 1), o consenso nos países da América Latina sobre a superioridade das reformas neoliberais ocorrido entre o fim da década de 1980 e início dos anos 1990 caiu por terra rapidamente na virada do milênio, quando teria ocorrido um recuo parcial das políticas de ajuste em muitos, mas não todos, os países da região.

As conclusões de Hochstetler e Palma (2009) contrariariam o então consenso na literatura, que definia que a transição para a democracia eleitoral combinada com o neoliberalismo teria provocado sérios impactos para a atomização da sociedade latino- De maneira intuitiva, dizem os autores, esse tipo de literatura considerava que as eventuais queixas da sociedade civil contra o neoliberalismo não se traduziriam em sérias contestações contra essas políticas ou mesmo contra a democracia.

Utilizando um banco de dados que congregava os principais protestos ocorridos na América do Sul entre 1980 e 2007, Hochstetler e Palma (2009) argumentam que não teria ocorrido nenhuma mudança sistemática em relação ao tempo ou ao espaço no que diz respeito a uma suposta atomização da sociedade civil. A mobilização social, pelo contrário, seria "responsiva" às oportunidades para influenciar o Estado, à disponibilidade de aliados e às mudanças de recursos para a mobilização. O que os "teóricos da atomização" não esperavam era que a desconstrução de um tipo clássico de associação pelo neoliberalismo — os sindicatos — seria substituída por novas formas de mobilização popular (Hochstetler; Palma, 2009, p. 10). Assim, teria acontecido uma "remobilização" da sociedade civil na América Latina, via cidadãos determinados a desafiar as políticas econômicas e a baixa qualidade de suas democracias. Já no que diz respeito à política partidária, a região voltou a ser palco do retorno da esquerda ao poder, com a emergência de presidentes contrários ao ajuste neoliberal em praticamente todos os países da região.

De acordo com dados da Comissão Econômica para a América Latina e Caribe (Cepal) citados no artigo de Hochstetler e Palma (2009), o pico do neoliberalismo na América Latina teria ocorrido entre os anos de 1996 a 2000 e diminuído desde então, com exceção dos países do norte, mais ligados à influência dos Estados Unidos, que mantiveram as políticas de ajuste nos anos 2000. Entretanto, afirmam os autores, o processo de reversão do neoliberalismo teria variado ainda mais do que a própria diversidade na implementação das reformas na virada da década de 1980 para 1990.

Para os autores, de maneira oposta ao que foi imaginado pelos "teóricos da atomização", o que ocorreu na maioria dos países da América Latina ao longo das décadas de 1990 e 2000 seria que a combinação entre democracia e reformas orientadas para o mercado em realidade teria ampliado o número de demonstrações populares contrárias ao ajuste neoliberal e aos governos que as implementavam. A partir de uma conclusão que parece óbvia, mas apoiada em dados estatísticos, Hochstetler e Palma (2009, p. 15) afirmam que ocorreram mais protestos nas democracias que aderiram ao neoliberalismo do que nos países autoritários que adotaram as reformas, contradizendo mais uma vez os achados dos "teóricos da atomização" da sociedade.

O banco de dados de Hochstetler e Palma (2009) foi construído a partir da observação de dados do Latin America Weekly Report entre 1980 e 2007. As inferências encontradas também contrariam o argumento dos "teóricos da atomização" de que os protestos na América Latina se concentrariam especialmente em alguns países e não representariam o conjunto da região. Hochstetler e Palma (2009) afirmam que de fato apenas dois países — Argentina e Bolívia — concentrariam os protestos entre 2000 e 2007, em contraste com a Colômbia e o Uruguai, que quase não apresentaram esse tipo de ocorrência. No entanto, os autores demonstram que os chamados "protestos de nível médio" ocorreram na grande maioria dos Estados da região desde o início dos anos 1990, mostrando que, na verdade, esse seria um padrão que teve continuidade ao longo do tempo.

Os protestos teriam ocorrido principalmente contra as chamadas "reformas estruturais de segunda fase" ou buscando impedir a ação do Estado de diferentes maneiras, tendo como protagonistas os movimentos piqueteros na Argentina; os ambientalistas nos Andes contrários à exploração de petróleo em santuários históricos e ecológicos; as ações na fronteira entre Argentina e Uruguai, impedindo a construção das chamadas papeleras; o Movimento dos Sem Terra (MST) no Brasil; e os milhões de pessoas que realizaram inúmeras marchas na Colômbia pedindo o fim da guerra civil no país, entre tantos outros.

A "ANOMALIA" SUL-AMERICANA DAS "FALHAS PRESIDENCIAIS"

Em artigo publicado em 2009 no *Journal of Politics in Latin America*, Kathryn Hochstetler e Margaret Edwards tentam explicar as razões das falhas dos presidentes sul-americanos que ou não conseguem terminar seus mandatos ou passam por sérias dificuldades para de fato completá-los. Essa seria a "anomalia" que as autoras se referem no título do artigo. A pesquisa busca compreender as semelhanças e diferenças dos casos de "falhas presidenciais" na América do Sul em relação ao resto do mundo, examinando particularmente variáveis ligadas às instituições, à economia, à corrupção e à ocorrência de protestos como possíveis fatores explicativos.

De acordo com as autoras, entre 1978 e 2005, um total de 13 presidentes foi forçado a deixar o poder antes do fim de seu mandato constitucional previsto, tanto via renúncia como por destituições comandadas pelo Legislativo. Essas taxas seriam especialmente altas na América do Sul, onde 25% de todos os presidentes e 65% dos chefes do Executivo que tiveram efetivamente seus mandatos desafiados não conseguiram encerrar seus períodos constitucionais[89]. Hochstetler e Edwards (2009) chamam esses acontecimentos de falhas presidenciais (*presidential failures*), já que constituiriam desvios das condições institucionais rígidas do presidencialismo.

Por razões de espaço, optei por relacionar diretamente aqui as principais conclusões do artigo citado, bem como da metodologia utilizada. Hochstetler e Edwards (2009, p. 42) empregam em sua análise estatística o modelo *Probit* de duas equações de Heckman, que consiste em uma regressão do tipo *Probit* para

---

89 Hochstetler e Edwards (2009, p. 35) afirmam que esses números contrastam com as taxas encontradas fora da América do Sul, especialmente na América Central e na Ásia — com apenas um caso de fim antecipado dos mandatos presidenciais, além de apenas 13% de quedas de mandatários com suas gestões realmente desafiadas.

estimar os ajustes de suas próprias equações. A estimativa da amostra completa compreende uma equação que aborda 470 presidentes-ano, enquanto o modelo de falhas presidenciais inclui apenas os 39 países-ano em que os mandatários foram efetivamente desafiados em sua permanência no poder.

Hochstetler e Edwards (2009) apresentam uma longa e detalhada discussão metodológica sobre suas opções para a construção dos modelos estatísticos, bem como uma bem realizada explicação para as relações e inferências encontradas, que optei por não desenvolver nesta seção em razão da busca de uma maior objetividade do texto. Mas, em resumo, os resultados dos modelos estatísticos de Hochstetler e Edwards (2009) indicam que os presidentes que são envolvidos em escândalos de corrupção, que administram o país em um contexto de declínio da economia e com baixos números de PIB *per capita*, teriam maior inclinação a enfrentar desafios à sua permanência no poder ao longo de seus mandatos. Para os mandatários incluídos nessas condições, o risco de uma saída prematura dos seus cargos aumentaria com o uso de força letal contra os manifestantes da oposição que exigem a saída dos presidentes.

Assim, como já dito muitas vezes anteriormente por outros autores, Hochstetler e Edwards (2009, p. 52) afirmam que o novo tipo de instabilidade presidencial na América Latina é diferente das quebras democráticas do passado. A democracia permaneceu mesmo com o fato de presidentes serem forçados a deixar seus cargos antes do fim de seus mandatos constitucionais, os quais ainda que rígidos, não os protegeram. Os resultados de Hochstetler e Edwards (2009) estão diretamente relacionados às conclusões de Hochstetler (2007) e Pérez-Liñán (2009) sobre o papel decisivo dos escândalos presidenciais para sua permanência ou não no poder, argumentando que a existência dos escândalos e de provas efetivas de corrupção seriam muito importantes em um primeiro momento, quando a manutenção dos presidentes é desafiada de algum modo. No entanto, como dito acima, um dos principais fatores que definirá a queda dos mandatários é o uso de força letal contra os manifestantes e a eventual morte de alguns deles, o que aumentaria muito a chance de saída antecipada do poder.

Tais resultados mostrariam também, afirmam as autoras, que os presidentes na América do Sul podem ser removidos dos seus cargos muito mais facilmente do que o imaginado por Linz (1990) em um dos primeiros estudos sobre a "nova instabilidade" na região. Da mesma maneira sugerida por Hochstetler (2007), os esforços bem-sucedidos para retirar os mandatários da presidência seriam sempre acompanhados de grandes mobilizações contra o chefe do Executivo. Assim, Hochstetler e Edwards (2009, p. 53) afirmam que a "nova instabilidade do presidencialismo" poderia estar associada mais a eventos exógenos do que propriamente às características inerentes do tipo de regime. Variáveis institucionais seriam muito importantes para explicar as "falhas presidenciais", mas sozinhas não dariam conta de esclarecer todo o fenômeno.

Finalmente, Hochstetler e Edwards (2009) concluem pela necessidade de novas pesquisas sobre o tema das saídas prematuras dos presidentes, em razão da existência de uma grande variedade dos casos analisados na América do Sul.

A REVISÃO CRÍTICA DAS OBRAS DE PÉREZ-LIÑÁN E MARSTEINTREDET

Em artigo publicado individualmente em 2011, intitulado "The fates of presidents in post-transition Latin America", Kathryn Hochstetler realiza uma revisão crítica de outras obras que discutem o mesmo tema: presidentes que não conseguem terminar seus mandatos na América Latina, sem que essa remoção signifique quebra democrática. Dentre as publicações analisadas, está o livro de Aníbal Pérez-Liñán (2009) e o livro de Mariana Llanos e Leiv Marsteintredet (2010), ambos discutidos nesse capítulo[90].

---

[90] A terceira obra analisada por Hochstetler (2011) é o livro de Baugartner e Kada, publicado em 2003, cujo título é *Checking Executive Power: Presidential Impeachment in Comparative Perspecitve*, que optei por não discutir neste capítulo.

Já na introdução de seu artigo, a autora reforça (e concorda) com a ideia comum às obras contemporâneas que analisam a instabilidade presidencial na América Latina de que se, por um lado, não podemos mais falar de remoção de presidentes causando quebras democráticas, por outro, poderíamos discorrer sobre o surgimento de um novo fenômeno: presidentes que não conseguem terminar seus mandatos em um contexto de permanência da democracia. Conforme Pérez-Liñán (2009) já havia notado, a recente onda de *impeachments* na América Latina seria a ponta de um *iceberg* que parece ser muito maior no seio da política na região. Essa novidade, de acordo com Hochstetler (2011), seria um novo modelo de instabilidade no qual os presidentes são frequentemente removidos dos seus cargos tanto na presença como na ausência de procedimentos formais de *impeachment*.

Segundo a autora, vários foram os artigos publicados ao longo da primeira década do século XXI que chegaram às mesmas conclusões: que os processos de *impeachment* muitas vezes realizados com escassas garantias constitucionais poderiam ser percebidos como similares a renúncias presidenciais (graças às pressões dos protestos populares e partidários). Tais estudos mostrariam também que as diferenças nos mecanismos de deposição de presidentes poderiam ser encaradas como uma questão de tempo e oportunidade (Hochstetler, 2011, p. 127)[91]. Quase todas essas obras buscaram encontrar padrões através da análise de múltiplos casos, na maioria das vezes utilizando abordagens quantitativas para tentar traçar o impacto de uma série de variáveis causais.

Para Hochstetler (2011), o livro de Llanos e Marsteintredet (2010) seria o sucessor lógico de toda essa literatura. Um dos maiores trunfos dos autores seria a introdução do termo "quebras presidenciais" (*presidential breakdowns*), além de continuar com a

---

[91] A autora cita várias das obras já analisadas ou relatadas ao longo deste capítulo, de maneira que também escolhi não repetir mais uma vez os mesmos autores e discussões analisadas anteriormente.

análise a partir de variáveis identificadas anteriormente por outros trabalhos. No entanto, de acordo Hochstetler (2011), a principal particularidade da obra de Llanos e Marsteintredet (2010) seria a dedicação quase integral do volume à realização de estudos de caso sem a utilização de uma abordagem estatística, ao contrário de outras obras anteriores.

Hochstetler (2011) também retoma no presente artigo a discussão das chamadas variáveis não institucionais como importante fator explicativo para a instabilidade dos presidentes na região. Dentre elas, afirma a autora, a utilização dos protestos populares tem sido a principal escolha da literatura (e da própria Hochstetler ao longo de suas últimas obras). Hochstetler (2011) cita entre as obras que utilizam esse tipo de abordagem seu próprio artigo de 2006 e o que escreveu em parceria com Edwards, em 2009; além do importante livro de Pérez-Liñán (2009) e o artigo de Kim e Bahry (2008).

Segundo a cientista política canadense, todos os casos de quedas presidenciais na América do Sul e a grande maioria dos eventos de instabilidade presidencial ocorridos no resto da América Latina, com exceção da República Dominicana, teriam em comum esse tipo de protesto (Hochstetler, 2011, p. 131). Dessa maneira, os protestos contra o presidente e as variáveis diretamente relacionadas a esses eventos (como, por exemplo, o uso de violência pelos mandatários com o intuito de conter as mobilizações populares) teriam mostrado a tendência de uma grande associação de causalidade com as quebras presidenciais.

De acordo com a autora, todas as obras que consideram os protestos populares como variável identificaram também a incidência de escândalos envolvendo os presidentes, perfazendo uma das raízes dos protestos e das quedas presidenciais. Nesse ponto, Hochstetler (2011) faz menção direta às conclusões de Pérez-Liñán (2009), que mostram que os protestos populares aumentariam à medida que os escândalos envolvendo o chefe do Executivo viessem à tona, principalmente através da cobertura da mídia. Estes aumentariam ainda mais em um cenário de insatisfação popular relacionada ao baixo desempenho econômico dos mandatários. À medida que o descontentamento aumentasse, os presidentes teriam mais chances de sofrer um processo de *impeachment*, a não ser que possuíssem um apreciável conjunto de parlamentares leais que atuassem em prol da sua defesa (Hochstetler, 2011, p. 132).

Em relação à influência das variáveis econômicas para o fenômeno das quedas presidenciais, Hochstetler (2011) cita principalmente as ponderações de Llanos e Marsteintredet (2010). De acordo com a cientista política canadense, os referidos autores concluem que de fato os problemas econômicos criariam desafios para os mandatários, mas que a administração dos governos importaria mais do que os problemas em si. Em qualquer evento, escolhas econômicas e seus resultados parecem ser muito mais um fator que agravaria as crises do que de fato derrubaria os presidentes (Hochstetler, 2011, p. 132).

No entanto, ao encerrar seu artigo, a autora assevera a dificuldade de se chegar a conclusões finais e definitivas sobre o tema das quebras presidenciais. Citando uma das conclusões de Llanos e Marsteintredet (2010), Hochstetler (2011) afirma que os mandatários tipicamente enfrentariam uma "tempestade perfeita" de fatores causais, tornando difícil a compreensão de qual deles é o mais importante. Talvez o mais fundamental seria a percepção de que as quedas presidenciais constituiriam o resultado de longas cadeias causais, de maneira que conclusões dependeriam de quão longe na cadeia estaria disposto a ir o analista político, além de quais suposições seriam feitas sobre as sequências históricas e seus contrafactuais.

Dando mais exemplos, Hochstetler (2011) afirma que tanto Pérez-Liñán (2009) como Llanos e Marsteintredet (2010) compartilhariam praticamente as mesmas variáveis, assumindo apenas uma sequência causal diferente. Para Pérez-Liñán (2009), os escândalos e os protestos seriam os primeiros fatores, enquanto os fatores ligados ao Legislativo viriam em seguida. Já Llanos e Marsteintredet (2010) iniciam sua argumentação detalhando as falhas nas relações entre Executivo e Legislativo, com os protestos aparecendo apenas como o último fator de uma cadeia de eventos que levaria às quebras presidenciais (Llanos; Marsteintredet, 2010, p. 216 apud Hochstetler, 2011, p. 132).

Finalmente, a autora afirma que nenhum dos dois trabalhos acima citados teria conseguido encerrar a análise causal das quedas presidenciais. Ao contrário, mostrariam a necessidade de futuras pesquisas sobre o tema. Para Hochstetler (2011) faltaria ainda, por exemplo, uma reflexão mais aprofundada na literatura sobre a influência dos fatores internacionais sobre as quedas presidenciais, vistas geralmente apenas no contexto das pressões externas que teriam o importante papel de ajudar a manter a democracia na região. Afirma, portanto, que o estudo sobre as quedas presidenciais ainda estaria em um estágio de expansão, já que cada novo trabalho abriria mais questões do que conclusões.

CONCLUSÃO

Como dito anteriormente, a redação do presente capítulo somente foi possível graças à discussão conceitual realizada no primeiro e ao relato das crises e quedas de presidentes empreendida no segundo.

No capítulo inicial deste trabalho, o debate sobre as diferentes concepções de democracia mostrou-se necessário, visto que a região ainda vivenciava um momento histórico em que os períodos democráticos se alternavam com os autoritários, levando muitos autores a discutirem temas como a transição democrática e a própria consolidação da democracia na América Latina. Uma das principais questões nesse momento era: como fazer para que as democracias perdurassem?

Inserida nesse contexto, parte da literatura institucionalista publicou diversas obras no início dos anos 1990 em que criticavam duramente o modelo de presidencialismo em curso na América Latina, que em comparação com o modelo parlamentarista demonstraria suas fraquezas e até mesmo impossibilidades.

No momento seguinte, ao longo dos anos 1990 e principalmente na década seguinte, o foco da análise institucional mudou: sistemas presidencialistas multipartidários já não eram mais vistos como uma "combinação explosiva", desde que os mandatários conseguissem formar coalizões de governo majoritárias, entre outras características institucionais.

Com o retorno definitivo da democracia na região e com o passar dos anos, um novo fenômeno foi sendo observado: a instabilidade presidencial em um contexto de estabilidade democrática, exatamente o tema debatido pelos autores desse terceiro capítulo.

Assim, buscou-se apresentar as obras mais relevantes da primeira década dos anos 2000 que analisam o tema das crises políticas e quedas de presidente na América Latina. Esse novo conjunto de autores não abandonou a validade das explicações institucionalistas, mas adicionou uma nova dimensão à análise: a sociologia política das mobilizações populares. De tal modo que os três principais autores debatidos neste capítulo, apesar de suas diferenças analíticas, demonstraram que o fenômeno da instabilidade presidencial só pode ser compreendido com o uso das abordagens institucionais e sociológicas.

O argentino Aníbal Pérez-Liñán, a canadense Kathryn Hochstetler e o norueguês Leiv Marsteintredet perceberam outro fator muito importante na América Latina contemporânea: o novo padrão de destituição de mandatários ocorreria principalmente em razão dos conflitos do chefe do Executivo com as demais instituições do país (principalmente o Legislativo) em um contexto de forte pressão das ruas pela saída dos presidentes, geralmente identificados pela maioria da população como os principais culpados pelas crises políticas e econômicas.

Outra peculiaridade desse novo momento consiste no alto custo da realização de um golpe militar clássico nos moldes concretizados no passado. Desde o advento da redemocratização, tanto a população como a opinião internacional não veem com bons olhos o retorno do autoritarismo, exercendo forte pressão para que esse tipo de estratégia não seja mais utilizada.

No entanto, a destituição de presidentes impopulares continua sendo um dos mecanismos mais comuns para a resolução de crises, só que dessa vez — em sua grande maioria — dentro das normas constitucionais. Dentre os instrumentos adotados, o *impeachment* mostrou-se o mais utilizado, principalmente em razão do grande número de conflitos entre presidentes e parlamentos nas três últimas décadas. Autores como Pérez-Liñán (2009) afirmam que os chamados "juízos políticos aos presidentes" se converteram em uma característica distintiva do presidencialismo na América Latina. Da mesma maneira, sugere Hochstetler (2007), os esforços bem-sucedidos para retirar os mandatários da presidência seriam sempre acompanhados de grandes mobilizações contra o chefe do Executivo.

Finalmente, o argumento que perpassa toda essa produção teórica seria o de que esse novo padrão de instabilidade na América Latina, inscrito em um contexto de permanência dos regimes democráticos, constitui justamente o resultado do aprofundamento da democracia na região, e não de sua falta, como defendido por muitos ao longo das últimas décadas.

O PAPEL DA SOCIEDADE E DAS INSTITUIÇÕES NA DEFINIÇÃO DAS CRISES POLÍTICAS E QUEDAS DE PRESIDENTES

O primeiro capítulo deste trabalho buscou realizar um breve histórico das principais contribuições teóricas acerca da literatura que analisa a estabilidade política e democrática na América Latina. Em seguida, empreendi o relato dos eventos de crise política com chance de queda de presidentes, bem como da própria dinâmica das quedas dos mandatários no capítulo seguinte. A terceira parte foi dedicada a analisar o "estado da arte" contemporâneo sobre o tema da instabilidade presidencial, a partir de obras inscritas em um contexto no qual a democracia já se encontrava relativamente consolidada.

Após percorrer o percurso narrado acima, o presente capítulo busca apresentar a análise da instabilidade política e presidencial, lançando mão de duas das vertentes mais clássicas do estudo do tema: 1) a ação da sociedade civil e dos movimentos sociais e 2) a explicação institucional.

Ressalto que não acredito que nenhuma das duas dimensões seja mais importante do que a outra, mas que seria exatamente a combinação de ambas que aumentaria o entendimento sobre os fenômenos das crises políticas e quedas de presidentes. No final do capítulo realizo uma breve conclusão, retomando as principais inferências encontradas.

A ANÁLISE DA AÇÃO DA SOCIEDADE CIVIL E DOS MOVIMENTOS SOCIAIS

O objetivo desta seção é discutir o papel da sociedade civil e dos movimentos sociais para a definição tanto do surgimento de crises políticas como da estabilidade presidencial na América Latina no período em estudo. No que diz respeito especificamente aos movimentos sociais, estruturo a discussão considerando dois argumentos fundamentais: sua atuação na promoção das principais mobilizações contra presidentes e a influência e eventual organização de partidos que funcionaram como braços políticos para a representação institucional de seus interesses.

O advento da redemocratização a partir do final dos anos 1970 e das reformas de cunho neoliberal ao longo das duas décadas seguintes criou novas dinâmicas políticas na maioria dos países da América Latina, possibilitando o surgimento de novas demandas e formas de organização, além da reestruturação de antigos grupos em torno dessa nova realidade.

Aaqui erssim, podemos perceber que, dependendo da organização e da capacidade de mobilização dos movimentos sociais junto à sociedade civil, essa atuação conjunta em momentos de crise possibilitou que ambos se transformassem em verdadeiros atores de veto junto ao Executivo. No que diz respeito aos movimentos sociais, a literatura indica que quanto menos incorporados à política formal forem seus integrantes, maior a chance de crises políticas provocadas por estes atores.

Inúmeras foram as mobilizações, greves e protestos empreendidos entre 1990 e 2012 por membros da sociedade civil e dos movimentos sociais organizados. Tais ações chegaram a questionar frontalmente a ordem institucional dos respectivos países, como o caso da invasão de cidadãos equatorianos ao Congresso Nacional e ao Palácio Presidencial de Carondelet, que acabaram sendo decisivas para a queda tanto de Jamil Mahuad, em 2000, como de Lúcio Gutiérrez, em 2005. Na Bolívia, os protestos populares chegaram a sitiar a capital La Paz, resultando em muitos mortos e feridos, sendo um dos principais motivos para a renúncia consecutiva de dois presidentes: Gonzalo Sanchez de Lozada, em 2003, e Carlos Mesa, em 2005. Em relação à Argentina, a atuação popular dos *piqueteros* e dos *desocupados* foi fundamental para o aprofundamento da crise política que resultou nas seguidas quedas presidenciais entre 2001 e 2003.

Os movimentos sociais se constituíram como verdadeiros grupos de pressão organizados em torno de seus interesses. A maior prova disso é a cristalização de suas principais demandas em interesses nacionais, passando a influir em boa parte da agenda política de alguns países da região, como, por exemplo: na instauração de uma Assembleia Constituinte na Bolívia, em 2006, e no Equador, em 1998; nos protestos contrários à assinatura de tratados de livre comércio com os Estados Unidos; e em temas relativos à exploração e exportação de hidrocarbonetos. Em outro exemplo bastante conhecido, medidas ortodoxas do Executivo na economia, na Argentina, foram alvo de protestos que acabaram por modificar a orientação da agenda política dos mandatários, como ocorreu com o governo Kirchner (2003-2008).

Em boa parte dos chamados "governos progressistas" da América Latina que chegaram ao poder na primeira década do milênio, os presidentes levaram para o interior de seus governos alguns expoentes e líderes históricos dos movimentos sociais, especialmente no Brasil, com os integrantes do Movimento dos Trabalhadores Rurais Sem Terra (MST), e na Argentina, com os *piqueteros* e *desocupados*, objetivando inserir os movimentos sociais na discussão política e no planejamento do país. No entanto, abundam críticas a essa última estratégia, considerada por muitos como uma espécie de cooptação das principais lideranças dos movimentos sociais pelo Executivo, que assim conseguiria transformar um dos atores mais importantes na definição da estabilidade política e presidencial das últimas décadas em aliado de primeira hora das novas administrações, comandadas por mandatários de centro-esquerda. Do mesmo modo, temos que considerar que seria impossível que representantes de movimentos sociais e sindicatos, por exemplo, não fizessem parte de governos progressistas, uma vez que boa parte dos partidos políticos de esquerda foram formados e liderados justamente por indivíduos ligados historicamente à luta popular

BREVE CONTEXTUALIZAÇÃO TEÓRICA

Durante as décadas de 1970 e 1980, os livros de Touraine (nascido em 1925) sobre os movimentos sociais serviram de marco teórico para grande parte da literatura posterior, em especial as obras referentes aos movimentos sociais latino-americanos, as quais analisam os movimentos sociais e suas relações com os sistemas políticos, colocando como objeto central de estudo a ação social coletiva. Para Touraine, democracia e movimentos sociais estão intrinsecamente ligados, já que os últimos não poderiam existir sem a primeira. Assim, ao aprofundar seu enfoque e concepções de democracia, advoga por uma *democracia cultural*, que pudesse efetivamente defender a autonomia e identidade dos movimentos sociais.

Garretón (2000) analisa as transformações das matrizes sociopolíticas da sociedade, o surgimento de novas formas de ação coletiva, a rotação e translação de seus eixos de evolução e, consequentemente, a emergência de novos padrões epistemológicos. O autor define movimentos sociais como ações coletivas relativamente estáveis, com um nível mínimo de organização, orientados para a transformação ou conservação da sociedade ou de alguma de suas esferas. A hipótese central do autor sustenta que a decomposição da matriz sociopolítica influenciou de maneira decisiva para modificar a natureza do movimento social, ressignificando novos eixos de ação coletiva e conflito social. Gohn (2006, p. 15) formula o conceito de movimentos sociais como "ações sociopolíticas construídas por atores sociais coletivos pertencentes a diferentes classes e camadas sociais, articuladas em certos cenários da conjuntura socioeconômica e política de um país, criando um campo político de força social na sociedade civil". A autora complementa sua definição inicial afirmando que as ações dos movimentos sociais desenvolvem um processo social e político-cultural que cria uma identidade coletiva para o movimento a partir de interesses em comum.

Garretón (2000) distingue movimento social — singular — de movimentos sociais — plural —, definindo os polos entre os quais oscilam as diversas teorias sobre o tema. De um lado, o *movimento social* estaria orientado ao nível histórico-estrutural de uma determinada sociedade, definindo seu conceito central. De outro, os movimentos sociais seriam atores concretos que se movem nos campos da vida e das instrumentalidades, organizacional e institucional. Melucci (2001) também oferece importante contribuição teórica ao tema ao afirmar que um movimento social não é a resposta a uma crise, mas a expressão de um conflito, manifestado em sua organização, que implicaria uma ruptura dos limites de compatibilidade do sistema ao qual a ação se refere. Neste universo estão inscritos tanto a atuação dos movimentos sociais de linhagem clássica, como, por exemplo, o movimento sindical como também os chamados novos movimentos sociais (NMS), como os movimentos étnicos e *piqueteros*.

De acordo com autores como Mirza (2006) e Silva (2012), a ação dos movimentos sociais latino-americanos poderia ser resumida em uma ideia central: com o fim do período autoritário e o retorno da democracia, novas expectativas foram criadas e esperadas pelos cidadãos, que, após conviverem com a repressão das ditaduras em quase toda a região, aspiravam aos direitos inerentes de uma democracia livre, com a melhoria nas condições de vida após décadas de pobreza e desigualdade social. Contudo, a classe política não teria conseguido corresponder a essas demandas da maneira esperada. Como resultado, os cidadãos passaram a não acreditar no modelo de representação tradicional dos partidos políticos e, por extensão, na democracia como sistema: assim, se manifestaram: em sucessivos *levantamientos*, os indígenas; em piquetes e marchas, os desempregados; em ocupações de terra e mobilizações, os sem-terra; em greves, bloqueio de vias e manifestações nas ruas, os trabalhadores e camponeses.

Argumentando na mesma direção de Mirza (2006), mas ampliando a discussão para o conceito de estabilidade presidencial, Hochstetler (2007)[92] afirma que a presença ou ausência de protestos populares de rua constituiu fenômeno basilar para a saída dos presidentes na América do Sul: todas as mobilizações bem-sucedidas de quedas presidenciais incluíram participantes da sociedade civil, que exigiam nas ruas a saída dos presidentes. Contudo, a participação popular em mobilizações não constitui o único meio de ação nem tem efeito obrigatório de destituir presidentes, já que, em momentos diversos, grandes mobilizações não necessariamente redundaram em quedas de mandatários. Todavia, ao que parece, todas as quedas presidenciais que tiveram como motor principal a ação do Legislativo também contaram com forte atuação dos movimentos sociais organizando os protestos da sociedade civil[93].

Pérez-Liñán (2008) cita o influente estudo de Hoschtetler (2007), afirmando que a autora assegura que os protestos populares se converteram no novo "poder moderador" da vida republicana. Tais mobilizações exitosas que exigiam a saída dos mandatários incluíram atores da sociedade civil demandando nas ruas que os

92 Com a intenção de não cansar o leitor com textos e conceitos repetitivos, optei nesta seção por não desenvolver muito as explicações de Hochstetler, uma vez que a autora teve parte de sua obra analisada no terceiro capítulo deste trabalho.

93 Talvez o caso do golpe das forças oposicionistas a Hugo Chávez na Venezuela não se encaixe bem na afirmação. Ainda que as forças oposicionistas contassem com parcela relevante da população, o que definiu o golpe foi claramente a união de grupos da elite a grupos militares. Argumento semelhante se aplicaria aos golpes em Honduras, em 2009, e no Paraguai, em 2012.

presidentes "*se vayan*". Assim, ao menos no período analisado por Hochstetler, que vai de 1978 a 2003, praticamente todas as tentativas de derrubar presidentes que tiveram lugar exclusivamente na legislatura falharam. A queda dos governos geralmente envolveria uma "interação dialética" entre o povo e as instituições, em que os protestos das ruas adquirem um papel determinante.

Argumentando na mesma direção, Pérez-Liñán (2008) afirma que os militares compreendiam no passado o principal fator de força capaz de impor a saída de um presidente. Contudo, a retirada do exército do campo político teve duas consequências fundamentais: 1) os movimentos sociais teriam se transformado no principal fator capaz de desestabilizar um governo, por meio de protestos ou confrontos violentos; 2) a capacidade repressiva do Estado foi limitada pela crescente resistência do Exército em exercer funções para-policiais. Esta situação teria iniciado uma cena de poder popular que, combinada com o marco das instituições democráticas, careceria de precedentes na América Latina. Consequentemente, o "povo" teria se convertido em sujeito social, um sujeito coletivo que demandava muito mais do que ser apenas escutado, mas exigia mudanças profundas nas estruturas da sociedade. Ao mesmo tempo que as tradicionais formas de fazer política eram questionadas, uma dinâmica completamente nova de vinculação com o Estado era desenvolvida. Assim, de acordo com Mirza (2006):

> Os velhos movimentos sociais se debilitam, perdem intensidade e luminosidade, ainda que não feneçam. Os novos emergem da desolação e da impotência, se erguem novos sujeitos sociais no amanhecer da pós-modernidade. Ambos coexistem, todos coabitam as lojas povoadas ainda férteis para a busca de sonhos e utopias (Mirza, 2006, p. 13).

O "povo", portanto, ganhou assim um papel preponderante na explicação das crises presidenciais, não como referência a uma massa amorfa e manipulada, mas como uma categoria que representa a cidadania mobilizada. Não como a representação de uma turba anômica, mas como a manifestação política dos movimentos sociais. Identificando a importância dos protestos sociais no novo contexto histórico, Postero e Zamosc (2004) denominaram os casos de instabilidade presidencial como "juízos políticos populares". Tais acontecimentos teriam gerado uma dinâmica complexa entre a sociedade civil, os setores mobilizados e os atores institucionais. Como regra geral, esses movimentos de protesto buscaram a deposição dos mandatários, mas não possuíam um plano coordenado para substituí-lo por outra figura. Com o objetivo de exercer alguma forma de *accountability*, os protestos enfocam principalmente ações contra o governo, mas não contra o regime democrático. Por este motivo, autores como Postero e Zamosc (2004), Llanos e Marsteintredet (2010) e Samuels e Hochstetler (2011) concluem que, ao percebermos a mobilização popular simplesmente como uma *disrupción* da ordem legal, corremos o sério risco de vermos a democracia somente em sua chave formal, ignorando seus aspectos substantivos.

Ollier (apud Pérez-Liñán, 2008) assevera que em um contexto de instituições débeis pode ser um erro assumir que as instituições constituem a principal variável explicativa, dado que numerosas regras careceriam da potência necessária para restringir, de maneira estrita, a disputa pelo poder. Para a autora, os protestos populares cumpririam diferentes papéis em uma queda presidencial: 1) erodir a posição de um presidente que se manteve forte por certo período; 2) aparecer nos momentos finais de uma administração já débil como consequência de uma crise existente; 3) convencer os políticos reticentes de confrontar os presidentes; ou 4) ser impulsionados por políticos impacientes que buscam depor o presidente eleito.

Deste modo, os Congressos dos países latino-americanos muitas vezes teriam decidido pela destituição de presidentes em razão da grande pressão popular das ruas (como o caso das deposições de Abdalá Bucaram e Lúcio Gutiérrez no Equador, entre outros). Outras vezes teriam aproveitado algum tipo de protesto popular como desculpa para retirar um presidente que desagrade a maioria oposicionista (como parece ter sido o caso do *impeachment* contra Fernando Lugo no Paraguai, motivado entre outras razões por conta da violenta ação do Exército contra manifestantes ligados a grandes proprietários de terra).

Contudo, Pérez-Liñán (2008) lembra que nem todas as mobilizações populares redundam necessariamente em quedas presidenciais (como podemos ver nos dados apresentados no início deste capítulo, que mostram que a estabilização das forças políticas ainda é o tipo de resolução majoritária de crises políticas com real chance de queda de presidentes). Isto sugere que os protestos podem ser necessários, mas não são suficientes para impulsionar a instabilidade presidencial.

Quais as condições, então, em que os protestos e a mobilização popular podem ser perigosos para a sobrevivência dos presidentes? Hoschtetler (2007) sustenta que quando os protestos envolvem setores específicos (como, por exemplo, os sindicatos ou os estudantes) e são focados principalmente no questionamento de políticas públicas concretas, existiria maior chance de permanência do chefe do Executivo. Já as mobilizações mais amplas, com participação adicional da classe média, de camponeses e de movimentos étnicos, geralmente insistiriam que os presidentes deixassem seus cargos[94]. Ollier (apud Pérez-Liñán, 2008) defende que a mobilização social "heterogênea" seria a chave para a instabilidade presidencial. Outros trabalhos tendem a sustentar essa conclusão: quando o protesto popular configura uma ampla coalizão *callejera* de setores díspares, a debilidade do Executivo se tornaria exposta em todo o espectro político, favore-

---

94 Tais afirmações são particularmente verdadeiras quando aplicadas aos presidentes de centro-direita ou que fizeram o *policy switch* para a centro-direita, especialmente no contexto dos anos 1990 e 2000. Já na década seguinte, com a maior parte dos países elegendo governos de centro-esquerda, os grupos sociais que foram às ruas exigindo a saída de presidentes foram outros, mais ligados a organizações conservadoras e de direita.

cendo a ação das elites, que se realinhariam antecipando a queda dos governos (Pérez-Liñán, 2008). Tal sucessão de fatos deixaria para o presidente um dilema insolúvel: qualquer tentativa de negociar poderia indicar debilidade frente a seus adversários, ao passo que qualquer tentativa de reprimir as mobilizações populares acabaria com a pouca legitimidade que lhe resta.

ALGUNS EXEMPLOS DA ATUAÇÃO DOS MOVIMENTOS SOCIAIS NA AMÉRICA LATINA E SUA RELAÇÃO COM A ESTABILIDADE POLÍTICA E PRESIDENCIAL

Nesta seção, não tenho a intenção de relacionar ou discutir todos os movimentos sociais que atuaram e influíram de alguma maneira para a instabilidade política e presidencial na América Latina, mas pretendo apresentar aqueles que considero paradigmáticos para a análise aqui empreendida. Dessa maneira, serão considerados tanto casos em que os referidos grupos foram fundamentais para a permanência ou não dos chefes do Executivo em seus cargos — Argentina, Bolívia, Equador e Venezuela — como os casos em que as organizações sociais não foram tão decisivas no que diz respeito ao tema deste trabalho — Brasil e Uruguai.

Bolívia e Equador

Em relação à Bolívia e ao Equador, a ênfase recai sobre os movimentos sociais de caráter majoritariamente étnicos. Em todos os casos de crises políticas e quedas de mandatários ocorridos entre 1990 e 2012, esses grupos estiveram presentes, transformando-se em atores fundamentais para se entender os rumos da estabilidade política e presidencial nos respectivos países.

Para a compreensão do panorama contemporâneo, faz-se necessário um breve histórico da sua formação. Ao longo do século XX, os indígenas, quando incorporados ao Estado, sempre o foram na condição de camponeses, ligados à concepção de luta de classes. A partir do final dos anos 1970, houve uma reconsideração de tais movimentos, e a identidade étnica começou a ganhar força (Van Cott, 2005).

No caso boliviano, os movimentos indígenas sempre estiveram ligados ao movimento sindical, sendo que as demandas de caráter étnico foram agregadas posteriormente. Contudo, não podemos falar de um movimento indígena coeso, uma vez que há uma clara separação entre grupos indígenas, especificamente os movimentos indígenas *Katari* e os indianistas (Camargo, 2006).

Também o caso equatoriano está ligado em sua gênese aos movimentos camponeses e às federações sindicais. Contudo, desde a fundação da Confederação das Nacionalidades Indígenas Equatorianas (Conaie), em 1979, o debate tomou a tonalidade das demandas étnicas (Yashar, 2005). No ano de 1990, esta organização assumiu o protagonismo com os diversos bloqueios que paralisaram o país, que se desenrolaram desde então com grande frequência[95]. Em 1996, foi criado o Movimento Pachakutik (PK), braço político da Conaie. Desde então, a principal estratégia eleitoral utilizada pelo Pachakutik foi o apoio a outros candidatos nas eleições presidenciais, e não a constituição de uma candidatura própria[96]. Carlos de La Torre evidencia a importância das ações desses movimentos para a vida política equatoriana:

> Na década de 1990, o movimento indígena equatoriano adquiriu uma presença pública muito importante. A Conaie e suas organizações protagonizaram *levantamientos* em

95 O Equador destaca-se na região dos Andes como um dos poucos países que conseguiram articular uma confederação indígena unificada e mobilizar uma identidade étnica e programática, embora isso não tenha significado, ainda, uma representação parlamentar proporcional, ou mesmo a eleição de um indígena à presidência, como ocorreu na Bolívia.

96 A primeira candidatura à presidência lançada pelo Pachakutik foi a de Luis Macas em 2006.

> julho de 1990, abril de 1992, junho 1994, janeiro e fevereiro de 1997, janeiro de 2000 e janeiro de 2001. Os levantes indígenas são formas de ação coletiva por meio das quais as comunidades bloqueiam as estradas e marcham até as capitais de província e Quito para ocupar os espaços e os símbolos do poder e apresentar suas demandas. Os levantes foram importantes nas destituições dos presidentes Bucaram e Mahuad (La Torre, 2006, p. 19).

Desta maneira, os movimentos sociais de caráter étnico no Equador e na Bolívia se distinguem dos tradicionais movimentos sociais do passado, com novas reivindicações e formação mais abrangente (Dávalos, 2005). São constituídos em sua maioria por uma parcela excluída da população[97], transformando-se, ao longo dos anos, em verdadeiras potências sociais no interior da política de seus respectivos países. Estão focados principalmente nas novas demandas impostas pelos efeitos da globalização e por maior inclusão social e política. Após anos de experiência democrática, estes movimentos tomaram vulto e entraram para a política formal, chegando até a presidência, como no caso boliviano.

Nesse contexto, destaca-se o surgimento de novos partidos no cenário político na região, principalmente aqueles fundados a partir de movimentos sociais ou de forças da sociedade civil. Em países como Bolívia e Equador, por exemplo, pela primeira vez na história foi possível a constituição de partidos políticos indígenas com efetiva força legislativa e poder de barganha.

---

[97] Os povos indígenas representam cerca de 60% dos bolivianos. Entre 1997 e 2002, o percentual de indígenas vivendo em condição de extrema pobreza permaneceu em 52%, e a taxa de pobreza nesta parcela da população diminuiu de 75% para 74%, enquanto na população não indígena a redução foi de 57% para 53%.

Argentina

A análise do período recente de maior participação dos movimentos sociais e da sociedade civil no que diz respeito à estabilidade política na Argentina deve fazer referência obrigatória aos eventos ocorridos entre 2001 e 2003, no qual tais sujeitos sociais foram os protagonistas das quedas de todos os indivíduos que chegaram ao poder.

Tais atores eram trabalhadores empregados e desempregados, pequenos e médios proprietários, estudantes, pobres, aposentados e vizinhos que se mobilizaram, juntos ou separados, por reivindicações imediatas, mas também contra a política econômica do governo e contra o governo em si (Cabrera; Cotarello, 2006, p. 54). Segundo Jatobá e Epsteyn (2007, p. 55), dentro deste contexto estavam os diferentes movimentos *piqueteros*, grupos heterogêneos de desempregados surgidos no contexto do ativismo anterior à crise de 2001, que poderiam ser considerados como os agrupamentos políticos mais organizados, combativos e contestatórios do país.

Para exemplificar a atuação dos referidos grupos, será apresentada a seguir uma breve retrospectiva dos fatos ocorridos em dezembro de 2001 que precipitaram a grave crise dos anos seguintes. As primeiras manifestações populares nas ruas, ainda esparsas, tiveram início no dia 12, organizadas pelos mais distintos grupos sociais, não necessariamente possuindo a mesma bandeira. Alguns dias depois, teve início a sétima greve geral consecutiva no país, convocada por diversas organizações sindicais, com alta adesão entre os trabalhadores. Nesse meio-tempo, se intensificaram as manifestações populares, pacíficas ou não (prédios do governo e de grandes corporações privadas acabaram sendo atacados e saqueados sistematicamente).

As reivindicações populares começaram então a se aglutinar em torno de um mesmo propósito, tomando cada vez mais a direção de soluções imediatas para a crise, aumentando ainda mais os conflitos entre manifestantes e forças policiais em todo o país. De acordo com Cabrera e Cotarello (2006, p. 73), desse momento em diante a revolta popular argentina teria tomado a forma clássica de um motim contra o governo, com o aumento da escalada da violência. Mas nem todas as ações eram desse tipo. Outras forças populares preferiram continuar com as manifestações pacíficas, no que ficou conhecido como os famosos *panelazos*. O ápice do confronto com as forças oficiais de segurança ocorreu quando um grande número de manifestantes tomou a região central da capital Buenos Aires, centro político do país, exigindo a saída do presidente, de seus ministros, e de qualquer um identificado com a administração de Fernando de la Rúa, o que acabou por acontecer poucos dias depois, sendo repetido nos dois anos subsequentes.

De maneira semelhante aos movimentos sociais andinos, as mobilizações massivas na Argentina incluíram em muitos casos o bloqueio de vias públicas (abarcando pontes e estradas) de crucial importância como estratégia para fazer valer suas demandas frente ao governo. Tais protestos foram acompanhados de lemas que expressavam um total repúdio à classe política tradicional, anunciados pelo *slogan* "*que se vayan todos*". De acordo com Jatobá e Epsteyn (2007, p. 56), outro fenômeno inédito teria surgido a partir da crise econômica e da agitação política e social da Argentina no início dos anos 2000: a ocupação de fábricas por parte de empregados dispensados.

Entretanto, ao discutir especificamente o ambiente político argentino pós-crise de 2001, Wolff (2007) afirma que, contemporaneamente, a influência dos *piqueteros* teria ficado confinada à participação individual de seus líderes no parlamento ou em gabinetes do Executivo. Por um lado, isso seria devido à capacidade do Partido Peronista em se adaptar às mudanças circunstanciais e absorver as forças sociais; e, por outro, ao fato de que a categoria social dos "trabalhadores desempregados" não representaria uma clivagem social viável para a construção de uma organização política diferenciada. Contudo, o autor argumenta que não existiriam dúvidas de que o país estaria desde então mais aberto à participação desses setores populares do que no passado.

Venezuela

O caso venezuelano também foi escolhido como exemplo de que os movimentos sociais, ou em maior grau, a sociedade civil, podem exercer papel fundamental na democracia não apenas contribuindo para quedas de presidentes contrários à vontade geral, mas também para a manutenção dos mandatários. Todos os acontecimentos aqui discutidos fazem referência direta ao período compreendido pelo governo de Hugo Chávez, que, a partir de 1998, ano de sua eleição, exerceu forte influência sobre a sociedade civil e as organizações sociais da Venezuela.

Desde então, a sociedade civil e os movimentos sociais se aglutinaram em dois polos opostos: a favor ou contra Chávez. O primeiro evento relevante nesse novo contexto, o chamado *Paro Cívico*, ocorreu contra o presidente, em dezembro de 2001, e foi sucedido por mais três episódios desse tipo. Convocado pela Federación de Cámaras de Indústria y Comercio (Fedecamaras), a máxima organização patronal do país, representou o primeiro grande enfrentamento entre os distintos grupos empresariais e o governo de Chávez. A partir desse momento, seriam constantes as manifestações nas ruas exigindo a saída do presidente ou clamando por sua permanência. O conflito chegou ao ápice meses depois, com a paralisação das atividades administrativas da estatal do petróleo PDVSA, respaldada pela Fedecamaras, que tomou a iniciativa de convocar um novo *Paro Cívico*, promovido por organizações sociais e políticas de oposição, além da Confederación de Trabajadores de Venezuela (CTV) e do episcopado da Igreja católica (Maya, 2004, p. 28). Tais acontecimentos foram o estopim para o golpe realizado em seguida contra o presidente Chávez, caracterizado por Maya (2004) como uma insurreição civil violenta, deixando como resultado 19 mortos e mais de uma centena de feridos.

Em resposta ao golpe e às informações desencontradas sobre o paradeiro de Chávez, milhares de cidadãos venezuelanos oriundos dos setores populares do país, além de diversas organizações civis, foram às ruas exigindo o retorno do mandatário. A esses grupos se aliaram militares fiéis ao presidente, proporcionando a mudança na correlação de forças e o contragolpe que permitiu o regresso do mandatário eleito democraticamente à presidência. De acordo com Maya (2004), o retorno de Chávez ao poder após o golpe liderado por Pedro Carmona deve-se principalmente à atuação decisiva de parcela considerável da população venezuelana que apoiou o mandatário. A referida autora, ao analisar o golpe e o contragolpe ocorridos na Venezuela em 2002, afirma que em ambos os casos uma significativa porção de venezuelanos civis e militares se sublevaram contra o novo governo, desconhecendo sua legalidade e legitimidade, ao mesmo tempo que outra expressiva porção de venezuelanos, igualmente formada por militares e civis, também se mobilizou, expondo suas vidas para defender o presidente.

Sobre as possibilidades de análise da sociedade civil e dos movimentos sociais na Venezuela após a chegada de Hugo Chávez ao poder, Mirza (2006) reconhece que o modelo tradicional de análise dos movimentos sociais não consegue dar conta totalmente do quadro venezuelano. Segundo o autor, a partir de meados dos anos 1990, o sistema de partidos se desinstitucionalizou. Contudo, apesar do fortalecimento dos movimentos sociais, estes ainda não teriam atingido um grau de autonomia e representatividade. Desde então, a diversidade dos movimentos sociais na Venezuela teria se dividido em torno da dinâmica *chavismo/antichavismo*.

Brasil

De acordo com Coletti (2004), o Movimento dos Trabalhadores Rurais sem Terra (MST) foi o movimento social popular que mais cresceu no Brasil na década de 1990 e se constituiu como o principal foco de resistência à política neoliberal implementada no país desde a eleição de Collor, em 1989. O autor sustenta que o MST cresceu em uma conjuntura de refluxo para a maioria dos outros movimentos sociais populares do país, em especial para o movimento sindical combativo articulado em torno da Central Única dos Trabalhadores (CUT), considerada pela vasta literatura sobre o tema um caso paradigmático de construção do poder sindical na América Latina.

Nascido oficialmente em 1984, o MST tem lutado pela reforma agrária e por justiça social em um país que possui um dos maiores índices de concentração de terras e renda do planeta. Seus principais instrumentos de luta são as ocupações de terra, os acampamentos, as marchas, as ocupações de prédios públicos, os saques e as manifestações públicas, utilizados como instrumentos de pressão sobre o governo por desapropriação de terras e assistência técnica e financeira dos assentados. No entanto, o MST não possui uma ideologia de confrontação direta contra o Estado e não participou de maneira decisiva em mobilizações contra presidentes. Contudo, desde a eleição de Lula em 2002, existe o já citado questionamento se o MST teria perdido parte de sua autonomia, alinhando-se progressivamente ao Estado e ao Partido dos Trabalhadores (PT). Para autores como Fernandes (1996, p. 18), os movimentos camponeses participaram nas indicações de diversos nomes para cargos do segundo escalão do governo, o que evidenciaria sua ligação estreita com o Executivo.

Uruguai

Refletindo sobre o caso uruguaio, Falero (2004) aponta para a eclosão de setores populares após a redemocratização, em 1985, especialmente através de dois movimentos sociais importantes: o sindical e o estudantil, bem como a ação desses grupos no interior dos partidos políticos. Também teria sido determinante a estratégia corporativa para a criação e o desenvolvimento dos movimentos sociais.

Segundo Mirza (2006), o movimento operário constitui provavelmente o paradigma unitário a partir da década de 1960, quando foi fundada a *Plenario Intersindical de Trabajadores — Convención*

Nacional de Trabajadores (PIT-CNT), a Central Sindical única do Uruguai (caso praticamente excepcional na América Latina). Seu discurso é reivindicativo, antineoliberal, anticapitalista e classista. Contudo, de maneira análoga aos outros países da região, o sindicato foi perdendo sua expressão a partir da década de 1980. A segunda metade da década de 1990 foi marcada pelo desenvolvimento de movimentos locais de protesto em cidades do interior do país, capazes de grandes mobilizações, inicialmente locais e posteriormente nacionais. Contudo, a autonomia do PIT-CNT ainda pode ser considerada moderada, devido ao vínculo com partidos de esquerda. Sobre o caso uruguaio, Mirza (2006) afirma que as demandas de diferentes setores sociais parecem ter sido absorvidas pelo movimento sindical e pela esquerda organizada, inscrevendo majoritariamente a resolução das principais discussões e conflitos do país na esfera da política, contribuindo para a estabilidade presidencial.

A RELAÇÃO ENTRE MOVIMENTOS SOCIAIS E PARTIDOS POLÍTICOS

De acordo com Mirza (2006), a maior parte dos partidos políticos tradicionais demonstrou a incapacidade para assumir a condução eficaz do processo de reconstrução do Estado com o fim do período autoritário na América Latina. Dessa maneira, parte da teoria credita a emergência dos novos movimentos sociais ao enfraquecimento do protagonismo da classe operária e de suas organizações. Do modo análogo, os já citados novos movimentos sociais ampliaram o debate para temas que antes não eram tratados com a relevância que mereciam, como a exclusão histórica dos povos indígenas, o papel da mulher na sociedade, a degradação do meio ambiente, entre outras questões. Dessa forma, afirma Mirza (2006), os novos movimentos sociais latino-americanos configurariam novos eixos do conflito social. A partir dos anos 1980, os movimentos sociais teriam começado a ocupar o lugar dos partidos, irrompendo no ambiente da política institucional. Os espaços, portanto, se confundem, sendo uma das razões que justificam o tipo de abordagem aqui realizada, que analisa a instabilidade política e presidencial a partir das relações entre sistema político e movimentos sociais.

Anastasia, Ranulfo e Santos (2004, p. 59) discutem os efeitos da institucionalização do sistema partidário e a ação das forças de esquerda no cenário político na região. Os autores afirmam que em países nos quais a esquerda se organizou em partidos políticos institucionalizados que se apresentaram como uma alternativa viável para a conquista de poder existiria grande chance de sucesso, principalmente quando estes mostram claramente sua posição contrária aos efeitos da globalização. Por outro lado, em países nos quais a esquerda não conseguiu se organizar em partidos competitivos, o conflito político teria transbordado para a multidimensionalidade, proporcionando muitas vezes a eclosão de movimentos de desmantelamento do sistema partidário, radicalização do processo político e questionamento do monopólio legítimo do uso da força pelo Estado.

As variações dessa correlação de forças seriam distribuídas segundo a posição de controle e manejo de recursos estratégicos — econômicos, institucionais, simbólicos e políticos — pela capacidade de articulação entre os atores e seus veículos de comunicação interna e externa; pelo apoio dos cidadãos; e pelo grau de legitimidade acumulado. As alianças de classe e setores sociais, nesse sentido, se manifestariam nas articulações entre os movimentos sociais e partidos políticos.

Aqui, portanto, cabe uma reflexão entre a linha de ação dos partidos políticos tradicionais e dos movimentos políticos. Uma das indicações da vasta literatura sobre partidos políticos seria a de que estes teriam um maior comprometimento com o jogo e as instituições democráticas, o que não seria compartilhado na mesma medida pelos movimentos sociais. Mainwaring e Scully (2008), por exemplo, argumentam que sistemas partidários institucionalizados facilitam uma governança democrática efetiva. Para os autores, um sistema partidário institucionalizado provê estrutura para a democracia política na arena eleitoral e na legislatura. Desse modo, se os mesmos partidos participam da contenda eleitoral ao longo de um período considerável, acabam conferindo estabilidade ao sistema, gerando mais previsibilidade na ação dos atores e nas escolhas políticas, uma vez que os partidos ajudam a reduzir os custos de informação e transação.

Um dos melhores exemplos dessa atuação conjunta ocorreria no Equador, por exemplo, em relação aos interesses dos indígenas do país — através da articulação entre a Conaie e seu braço político, o Pachakutik —, que agiriam em duas frentes: como partido, influenciando diretamente na dinâmica institucional, propondo leis, promovendo vetos às iniciativas do Executivo, iniciando o processo de juízo político contra o presidente; e como movimento social, sendo o principal promotor das greves e manifestações que paralisam o país, com seu alto poder de barganha.

Ressalto, entretanto, que, quando os movimentos sociais não atingem o poder, podem constituir influentes grupos de pressão que nem sempre estão inseridos na lógica democrática, chegando à utilização de diversas táticas que poderiam ser consideradas mais radicais como forma de barganha política. De acordo com Segovia (2004), a instabilidade econômica e política desses países desde o retorno da democracia promoveu a consolidação de espaços extrainstitucionais onde os movimentos sociais discutem, rechaçam e apresentam alternativas à aplicação das reformas econômicas e políticas pelo Executivo. Deste modo, os movimentos sociais teriam conquistado e consolidado seus próprios canais de participação, seja aproveitando os espaços institucionais, seja impulsionando novas vias de contestação extrainstitucional, como ocorreu, por exemplo, na tomada de estradas, bloqueio de vias, panelaços e invasões ao parlamento. O que percebemos nesses países foi, portanto, a articulação do discurso histórico, sindical e étnico cultural com os conteúdos antineoliberais nas décadas de 1990 e 2000.

CONCLUSÃO PARCIAL

Como visto nesta seção, a importância dos movimentos sociais e da sociedade civil nos processos de crise política e, principalmente, na definição da estabilidade presidencial demonstra a necessária reflexão sobre o real papel desses atores nos países analisados e, em uma esfera maior, no presidencialismo. Ao mesmo tempo que muitas vezes o Executivo utiliza estratégias que diminuem ou mesmo praticamente ignoram a representatividade popular situada no Legislativo em nome da governabilidade, os representados aparecem como força política definidora da manutenção ou não dos presidentes.

Sendo assim, defino a atuação dos movimentos sociais em relação à estabilidade presidencial após 1989 em quatro tipos: 1) para destituir presidentes; 2) contra o Estado e o sistema político em geral (expresso no lema "*que se vayan todos*"); 3) pela manutenção de presidentes (oposição ao golpe contra Chávez, em 2002, e Zelaya, em 2009); e 4) indiferentes.

Destarte, longe de serem considerados elementos desestabilizadores da democracia na região, os movimentos sociais podem ser qualificados em grande parte como os principais defensores da soberania popular, utilizando as mobilizações contra presidentes como forma de restabelecer o equilíbrio político de seus países.

De acordo com Mirza (2006), a implantação do modelo neoliberal na região provocou uma maior agregação de forças sociopolíticas, modificando as relações entre o Estado, os sistemas partidários e os movimentos sociais. Essa formação de frentes de oposição e de esquerda se constituiu pela necessidade de um enfrentamento mais eficaz à hegemonia neoliberal. Tal combate, apesar de não prescindir do Estado e da exigência de políticas sociais compensatórias, gira em torno da produção de práticas sociais, identidades comunitárias e redes como substitutos de frágeis mecanismos estatais de proteção social.

Esse tipo de desenvolvimento teórico percebe os novos movimentos sociais como fundamentais para a reconstrução de um modelo democrático inclusivo que possa ir além da democracia representativa tal como é executada atualmente. De acordo com Coutinho, Mireles e Delgado (2008), a mobilização coletiva assistida na América do Sul no início deste século ocorre contra a exclusão, seja ela relacionada diretamente ao processo neoliberal ou não. Neste sentido, os movimentos sociais da região lutariam por voz, inclusão social e reconhecimentos de seus direitos, retirando-se das margens. Ao mesmo tempo, o ator coletivo sul-americano lutaria também para ser parte dos processos decisórios, muitos destes cruciais para o rumo nacional e com repercussão nos âmbitos regional, internacional e mesmo global. Os anseios de Dahl (1997) sobre inclusividade estão presentes nesse argumento. Mirza (2006) afirma que partidos políticos, movimentos sociais, atores sociais, todos estão estreitamente envolvidos na construção e manutenção do delicado equilíbrio democrático. A repartição do poder em uma democracia representativa não é um ato único que se execute no dia seguinte às eleições, mas sim o produto de uma interação permanente cuja correlação de forças depende de fatores econômicos, políticos e socioculturais[98].

A EXPLICAÇÃO INSTITUCIONAL

O objetivo desta seção é debater as principais discussões teóricas acerca da influência dos sistemas políticos dos países latino-americanos e suas implicações para a estabilidade política e presidencial. As relações entre os três poderes — Executivo, Legislativo e Judiciário — constituem, segundo a literatura, um dos principais elementos para a manutenção dos mandatários no poder.

Retomo alguns dos argumentos apresentados no primeiro capítulo deste trabalho, relacionando-os a casos concretos de instabilidade política e presidencial na região. Quase todos os autores

[98] Para maiores informações, ver: Coelho, Cunha Filho e Pérez Flores (2011).

discutidos até aqui apresentaram, de diferentes maneiras, explicações que utilizavam as variáveis institucionais para elucidar a dinâmica das quedas de presidentes. O trabalho de pesquisa visa, portanto, identificar possíveis padrões que contribuam com o referido debate. Para além da discussão teórica, serão apresentados vários exemplos empíricos relacionados às principais variáveis institucionalistas aludidas pela literatura, com o intuito de esclarecer ainda mais para o leitor a relação entre a teoria e realidade concreta.

Como já afirmado anteriormente, Amorim Neto (2006), ao avaliar os sistemas presidencialistas da América Latina, observa uma grande variação institucional entre os países — como também atestam os trabalhos de Shugart e Carey (1992), Jones (1995), Sartori (1994), Carey (2003), Mainwaring (1993), entre outros —, o que, em interação com a inclinação ideológica do presidente, o sistema partidário e as condições econômicas, refletiria uma diversidade de padrões de governança. Estes, por sua vez, poderiam ser associados ao desempenho político e econômico dos países das Américas.

De modo análogo, Anastasia, Ranulfo e Santos (2004) afirmam que as instituições: 1) afetam o comportamento e os resultados políticos e 2) interagem e produzem efeitos combinados sobre atributos desejáveis da ordem democrática, tais como estabilidade política, *accountability* e representatividade. Para os autores acima mencionados, os efeitos combinados das instituições poderiam produzir uma distribuição dos poderes de agenda e de veto entre os atores expressiva de um ponto de equilíbrio entre estabilidade, *accountability* e representatividade, ou seja, do chamado *ponto de equilíbrio da democracia*. Esse ponto de equilíbrio seria afetado pela variação das condições sob as quais as instituições políticas devem operar. Segundo Anastasia, Ranulfo e Santos (2004), existem evidências de que determinadas combinações entre instituições e condições seriam capazes de produzir tal ponto de equilíbrio. Caminhando no mesmo sentido, Hagopian e Mainwaring (2005) salientam que a vulnerabilidade de um regime político estaria diretamente relacionada à criação de instituições que regulassem o conflito distributivo dos países da América Latina. Em outras palavras, regimes democráticos seriam vulneráveis especialmente quando falham em resolver as pressões oriundas das necessidades dos cidadãos e não desenvolvem mecanismos de inclusão e representação para compensar as ineficiências em seus desempenhos (Hagopian; Mainwaring, 2005).

A discussão aqui apresentada faz menção direta e obrigatória ao chamado "dilema institucional" das recentes democracias latino-americanas, que poderia ser sintetizado em quais seriam os arranjos institucionais compatíveis com sociedades que combinam heterogeneidades estruturais com pobreza e desigualdade social (Anastasia; Ranulfo; Santos, 2004). Este "dilema institucional" seria traduzido, de alguma forma, no *trade off* entre maior estabilidade ou maior representatividade. A busca por uma maior centralização dos poderes nas mãos do Executivo levaria ao aumento da governabilidade do país, que nem sempre estaria acompanhada de maior representatividade/responsividade dos desejos dos cidadãos expressos no sufrágio (o que em um segundo momento poderia ser crucial para a instalação de mobilizações populares contrárias aos mandatários).

Faz-se necessária, portanto, uma maior reflexão sobre a constante tensão relacionada ao progressivo acréscimo do hiperpresidencialismo na região e as possíveis consequências em relação à governabilidade, aos conflitos entre os poderes, à articulação dos sistemas partidários e à responsividade dos políticos eleitos aos anseios dos eleitores, que serão debatidos nas seções apresentadas a seguir.

REFORMAS POLÍTICAS, ECONÔMICAS E O HIPERPRESIDENCIALISMO

Os anos 1980 foram marcados pela ascensão do neoliberalismo. A eleição dos defensores da corrente liberal na Inglaterra e nos Estados Unidos, associada às dificuldades da esquerda em resolver a crise que se apresentava, fortaleceu a ideia de que o Estado não constituía mais a fórmula salvadora. Pelo contrário, seria considerado parte essencial do problema.

Nesse contexto, no final dos anos 1980, foi realizado em Washington um encontro cujo objetivo era estabelecer as medidas que os países em desenvolvimento e subdesenvolvidos deveriam adotar para controlar suas economias. O projeto político-econômico preconizado pelo Consenso de Washington[99] no início dos anos 1990 foi o vencedor da disputa entre "estatismo *versus* capitalismo de mercado" (ainda que tal vitória, como é sabido, tivesse prazo de validade). Intelectuais, políticos e burocratas ortodoxos advogaram a favor desse "receituário", em um amplo consenso da direita. Por outro lado, a esquerda firmou posição contrária, radicalizando a polarização (essa polarização se enfraqueceu após a ascensão dos governos de esquerda na região, nos anos 2000).

O retorno da democracia na América Latina a partir do fim da década de 1970 e a posterior adoção das reformas orientadas para o mercado, calcadas nas receitas preconizadas pelo Consenso de Washington no fim dos anos 1980, trouxeram à região a promessa de desenvolvimento econômico e melhoria das condições de vida de seus cidadãos. No entanto, ao longo da década de 1990 e da primeira metade dos anos 2000, o que se viu em grande parte dos países da região foi justamente o oposto: piora nos indicadores sociais e aumento da desigualdade, trazendo a reboque desencantamento com a democracia e com o neoliberalismo. Pesquisas de opinião — como as realizadas pelo *Latinobarómetro* — identificaram o descontentamento dos cidadãos com as chamadas "promessas não cumpridas".

---

99 Fiori (1995) caracteriza o Consenso de Washington como um programa de convergência ou homogeneização das políticas econômicas dos países latino-americanos, desenhado pelas burocracias internacionais e nacionais de Washington, que combina austeridade fiscal e monetária com desregulação dos mercados, liberalização financeira, abertura comercial, privatizações e eliminação de todo tipo de barreiras ou discriminações contra os capitais forâneos.

O Poder Executivo foi a instituição escolhida como responsável pela implementação das reformas políticas e econômicas. Para que o receituário neoliberal fosse posto em prática, estes países optaram, em sua maioria, pela hipertrofia do Executivo, provocando o seu insulamento. Isto ocorreu devido aos superpoderes concedidos aos presidentes quando da implementação das reformas, expressos no controle da agenda, permitindo a formação de maiorias partidárias e o controle do acesso à patronagem, dispondo assim de meios para ameaçar e impor sanções (Figueiredo; Limongi, 1999)[100].

Dessa maneira, o objetivo das páginas adiante será relacionar a atuação dos mandatários e de seus assessores mais próximos como principais promotores do ajuste macroeconômico na região, salientando diferenças e semelhanças em sua implementação, bem como as diversas consequências ao longo das últimas décadas nos países da região no que diz respeito ao equilíbrio de poderes e à estabilidade política e presidencial.

Cabe, no entanto, fazer a ressalva de que o processo de execução das reformas neoliberais não ocorreu de maneira uniforme e esteve longe de ser unânime entre a opinião pública e os demais poderes constituídos. A história recente da América Latina mostra que teria sido exatamente a dinâmica interna da política de cada um desses países que determinou o aprofundamento ou não do ajuste estrutural. Enquanto em alguns países a oposição ao

---

100 Uma das principais controvérsias da literatura em relação a esta questão, presente em autores discutidos no primeiro capítulo como Figueiredo e Limongi (1999), Pessanha (2002), Amorim Neto (2006) e Anastasia, Ranulfo e Santos (2004), procura entender se na verdade a atuação do Executivo seria uma espécie de *usurpação* das funções legislativas do parlamento ou se, ao contrário, trata-se de uma *delegação* do parlamento ao Executivo, para que este último pudesse ter a relativa liberdade de ação indispensável para a condução de reformas políticas e econômicas sem a necessidade constante de negociação. Refletindo sobre a questão, Pessanha (2002) argumenta que, ao longo do século XX, operou-se um movimento de transferência gradativa da iniciativa da legislação para o Poder Executivo.

neoliberalismo não encontrou forças ou praticamente não existiu em certos momentos (como no caso da Bolívia e Argentina), em outros a ação dos partidos de oposição e dos movimentos sociais organizados foi determinante para impedir a adoção mais abrangente das reformas (Brasil, Uruguai, entre outros).

Nas palavras de Mirza (2006), o poder Executivo e particularmente a Presidência constituem o núcleo central de aplicação das políticas públicas, arbitradas por um conjunto de normas e orientações disputadas na arena política por uma multiplicidade de atores portadores de interesses diversos e contrapostos. A conciliação dessas forças, no entanto, não supõe necessariamente o consenso. Przeworski (1996), por sua vez, ressalta a importância do desenho institucional para as novas poliarquias latino-americanas, salientando os aspectos políticos e sociais na implementação das reformas:

> Instituições políticas bem desenhadas poderiam induzir os governos a se comprometerem acima de tudo com intervenções econômicas socialmente desejáveis, independentemente das suas motivações. Por isso é que, a meu ver, a reforma do Estado não deveria orientar para limitar o papel do governo na economia, mas sim para melhor equipá-lo para exercer esse papel e para obrigá-lo a prestar contas aos cidadãos (Przeworski, 1996, p. 19).

Assim, desde a redemocratização, podemos perceber dois padrões de comportamento do Executivo que foram sendo intensificados ao longo dos anos: as tentativas de centralização de poderes nas mãos dos presidentes e as tentativas de implementação das reformas econômicas e do Estado. Nota-se que, na verdade, ambas as ações parecem ser complementares. O Executivo buscou a centralização e o aumento de suas prerrogativas para conseguir pôr em prática seu plano de reestruturação institucional e econômica proveniente do arcabouço normativo das reformas de mercado[101]. Recorro às argumentações de Diniz (2001) sobre o *modus operandi* das reformas do Estado na América Latina, em que não teria ocorrido propriamente o enfraquecimento do Estado, expressão que a autora considera pouco elucidativa, mas sim o fortalecimento desproporcional do Executivo, em razão da concentração de poder decisório nessa instância, cada vez mais controlada pela alta tecnocracia, o que teria enfraquecido os suportes institucionais da democracia.

Como já demonstrado no capítulo anterior por Amorim Neto (2006), o Executivo lançaria mão de duas estratégias para conseguir dar prosseguimento a seus objetivos: 1) a utilização de procedimentos legislativos ordinários (projetos de lei) ou 2) o uso das prerrogativas do Executivo via emissão de decretos e medidas provisórias. Cada escolha corresponderia a uma consequência. A primeira estimularia o presidente a formar gabinetes majoritários de políticos ligados a partidos da situação e cujas pastas seriam alocadas em bases proporcionais ao peso legislativo destes; enquanto a segunda estratégia favoreceria uma solução minoritária para a formação ministerial, com um maior recrutamento de ministros sem laços partidários e uma alocação menos judiciosa dos postos governamentais dos partidos[102].

Figueiredo, Canello e Vieira (2012, p. 867) argumentam que na ausência de um poder de veto forte, seria compreensível que a existência do decreto afetasse o cálculo do presidente. De acordo com os referidos autores:

---

[101] Tais atitudes, na verdade, constituem um contrassenso, uma vez que as reformas de cunho neoliberal exigiriam, ao menos em tese, a menor participação do Estado, tanto na Economia como na política. O que aconteceu, na realidade, foi o contrário. O Executivo procurou regular cada vez mais as instituições do país, submetendo-as ao seu controle.

[102] Segundo Amorim Neto (2006), na América Latina contam com prerrogativas institucionais semelhantes às medidas provisórias os presidentes da Argentina, do Brasil, do Peru e do Equador.

> Ao ser editado com força de lei, o decreto altera o *status quo*, moldando assim as alternativas possíveis para a escolha parlamentar, uma vez que o *status quo* está excluído. Isso pode resultar na aprovação de uma política mais próxima ao ponto ideal do presidente, política essa que poderia não ser aprovada se introduzida na forma de projeto de lei ordinária. Sendo assim, o decreto pode de fato favorecer a aprovação da agenda legislativa do Executivo, mas este jamais seria capaz de passar uma legislação contrária à opinião majoritária do Legislativo (Figueiredo; Canello; Vieira, 2012, p. 867).

Esse teria sido exatamente um dos erros de Fernando Collor de Mello no Brasil. Sua administração se caracterizou pelo embate com o Congresso e pelo uso de medidas provisórias e decretos-lei como principal maneira de realizar suas políticas. De acordo com Figueiredo (2010, p. 112) "a inabilidade do presidente em obter e sustentar apoio legislativo teve um papel crucial para o sucesso do *impeachment* [...] governou com apoio da minoria e foi posteriormente isolado por suas políticas extremas e estratégia unilateral".

A utilização dos poderes de decreto em um contexto de baixo apoio legislativo ou perda de coalizão de governo também precipitou a saída de Manuel Zelaya da presidência hondurenha, em 2009. A crise institucional entre os poderes do Estado emergiu quando o Procurador Geral derrubou o decreto que autorizava a organização do referendo popular convocado pelo presidente, provocando em seguida a edição de um novo decreto por Zelaya com as mesmas motivações do anterior. Após diversas manobras efetuadas pelo mandatário para a realização da consulta, o Congresso de Honduras, capitaneado pelo principal opositor de Zelaya, Roberto Michelleti, aprovou uma lei que tinha o objetivo preventivo de evitar o referendo nacional patrocinado pelo mandatário. O resultado desse conflito entre poderes foi o conhecido golpe cívico-militar contra Zelaya, efetivado após o reconhecimento dos membros da Suprema Corte e do Congresso Nacional da suposta inconstitucionalidade dos atos de Zelaya e consequente ordem de prisão contra o presidente.

A estratégia adotada pelo presidente boliviano Carlos Mesa de aparentemente sustentar seu governo apenas na grande taxa de popularidade de 80% do início de seu mandato também não deu certo. Sua tentativa inicial de montar um gabinete independente e se afastar dos partidos políticos tradicionais, condenados por ele como culpados pelo alto nível de corrupção e atraso socioeconômico do país, não deu certo, principalmente em razão da tática adotada pelo presidente: buscar atender a todas as demandas sociais por meio da promulgação de Decretos Supremos. No entanto, o chefe do Executivo boliviano carece de poderes para emitir decreto com força de lei, o que na prática significou que cada nova tentativa realizada por Mesa de solucionar os principais problemas do país via decreto acabava transferindo para o Legislativo a decisão final sobre o tema. O resultado geralmente era negativo para o então presidente, visto que Carlos Mesa era um mandatário sem partido e sem uma base sólida de apoio no Congresso. Como não conseguiu efetivar o diálogo com os parlamentares, explicava à população o fracasso de suas iniciativas culpando a suposta má vontade do Congresso.

Suas seguidas tentativas de aumentar seu poder e influência anunciando sua renúncia (três vezes no total) deram certo apenas das duas primeiras vezes. Seu desejo de antecipar as eleições para presidente, vice-presidente, deputados, senadores e constituintes, e posterior convocação de um referendo nacional para a regulação dos hidrocarbonetos na Bolívia, não logrou êxito frente ao Congresso boliviano[103]. A renúncia de Mesa em 2005, devido à sua incapacidade de atender às demandas de diversos setores do país, aparentemente parece ter sido a única solução possível para o impasse instaurado no país na ocasião.

---

[103] Apesar de o referendo ter sido realizado, Carlos Mesa não conseguiu transformar nenhuma das cinco perguntas formuladas na ocasião em novas leis, graças às diversas dificuldades postas pelo Legislativo para sua promulgação.

Portanto, uma das consequências do aumento dos poderes do Executivo foi a convicção de alguns mandatários de que possuíam maior legitimidade democrática e, consequentemente, direito a amplos poderes. Tal particularidade supostamente lhes permitiria agir de acordo com sua vontade, nem sempre respeitando o necessário equilíbrio com o Legislativo e o Judiciário ou mesmo a vontade popular.

Inseridos nesse contexto, podemos afirmar que, ao longo dos anos 1990 e da primeira metade dos 2000, os mandatários que enfrentaram um maior número de crises políticas e quedas presidenciais geralmente reivindicaram a legitimidade adquirida pelo voto popular a seu favor, tanto nos momentos de crise como na execução de medidas arbitrárias ao longo de seus mandatos. Atuavam como se a vitória em uma eleição majoritária lhes desse a permissão para sua livre ação como representantes, mesmo que por vezes esse *mandato imperativo* significasse sobrepujar outros representantes também eleitos pelo povo, como com os parlamentares, ou mesmo as mínimas garantias institucionais e jurídicas do país, expresso, por exemplo, nas intervenções no Judiciário por parte do Executivo[104].

Caminharam nesse sentido, por exemplo, os presidentes que realizaram a chamada *policy switch* ou estelionato eleitoral, traindo suas promessas de campanha e implementando as reformas de mercado. Como será visto a seguir, a adoção da referida estratégia pelos mandatários teve consequências diretas para a estabilidade política e presidencial no período analisado.

[104] Como nos casos da Argentina com Menem, em 1994, e do Equador com Gutiérrez, em 2005.

De acordo com Pitkin (1972), uma das características gerais das eleições, levando em consideração a teoria que defende a máxima responsividade dos representantes em relação aos representados, consiste em que cada partido e candidatos revelem suas intenções antes do pleito, apresentando decisões e políticas públicas que adotarão caso eleitos[105]. Sendo assim, geram expectativas do eleitorado sobre como seu governo agiria em determinadas questões, em contraste com as propostas de seus adversários. Desta forma, o eleitor pode escolher seu representante de acordo com a plataforma política que o agradar. Essa visão teórica, no entanto, comporta alguns desvios dos representantes eleitos, devido à impossibilidade de conhecer as opiniões dos representados sobre todo e qualquer assunto.

Coelho, Cunha Filho e Pérez Flores (2013) afirmam que Drake (1992), ao estudar o populismo na América Latina, descreveu a existência de um novo fenômeno, que chamou de *bait and switch*, no qual os candidatos à presidência lançariam em suas campanhas um discurso baseado em ideias redistributivas com o intuito de atrair o apoio dos estratos mais pobres da sociedade para, em seguida, aplicarem as políticas de ajuste neoliberal. De acordo com o autor, seria mesmo possível que os mandatários realmente preferissem implementar tais políticas redistributivas, mas seriam forçados a políticas de cunho ortodoxo em razão dos constrangimentos oriundos dos imperativos do mercado.

Roberts (1995) propõe que o argumento do *bait and switch* seria uma das características principais de um novo tipo de populismo na América Latina, que apesar de ser apoiado pelas classes subalternas, teria adotado as reformas orientadas para o mercado. Os

[105] Desde a segunda metade do século XVIII, os políticos utilizam os manifestos de campanha como veículo para a publicidade de suas intenções, assim como o uso dos discursos, debates e outros meios.

dois exemplos paradigmáticos desse novo comportamento citados por Roberts (1995) seriam os governos dos presidentes Alberto Fujimori, no Peru, e Carlos Menen, na Argentina.

Contudo, devemos esclarecer que foi Susan Stokes (2001) a primeira autora que definiu e caracterizou o fenômeno da *policy switch* como efetivamente é, não se dedicando apenas a descrevê-lo como características do populismo. A pesquisadora analisou 44 eleições na América Latina entre 1982 e 1995,[106] concebendo três tipos possíveis de ação política dos representantes: 1) representantes que coincidem suas crenças com a do eleitor médio. Competem revelando suas verdadeiras intenções e agem de acordo com estas quando eleitos; 2) representantes que não coincidem suas crenças com as do eleitor médio, mas acreditam que suas preferências pessoais não sobrepujariam as preferências dos eleitores a ponto de induzir uma mudança eleitoral — não obstante, se levarem em consideração a opinião de seu gabinete, podem implementar políticas consistentes com as mensagens de campanha —; e 3) representantes que ocultam suas reais intenções durante a campanha e depois de eleitos tomam um caminho oposto ao sugerido, realizando políticas que acreditam serem melhores do que as pretendidas por seu eleitorado.

Dessa maneira, a autora caracteriza *policy switch como:*

> Regimes que não desejam nada mais do que promover o bem-estar do seu eleitorado podem algumas vezes não somente renegar as promessas de campanha, como de fato dissimulá-las e depois mudá-las para medidas impopulares. Mas o fato de que representantes possam violar seu mandato não deve induzir à complacência sobre a importância de seus mandatos para a democracia. Primeiramente, a manutenção do *accountability* de governos é um negócio

[106] Stokes considera os seguintes casos como *policy switch*: Argentina, 1989; Bolívia, 1989; Costa Rica, 1990; República Dominicana, 1990; Equador, 1988, 1992; Peru, 1990; Venezuela, 1988, 1993.

> arriscado, nem sempre fácil para a administração dos eleitores. Por sua dificuldade, tanto maus quanto bons governantes podem ser provocados a violarem seus mandatos. Segundo, a violação dos mandatos pode indicar que os eleitores estão mal informados sobre suas escolhas e sobre a realidade do país. Afinal, eles não podem fazer boas escolhas a não ser que estejam bem informados, e os governantes que os iludem sobre suas escolhas possivelmente perpetuam impressões equivocadas (Stokes, 2001, p. 6).

Para Stokes (2001), os políticos latino-americanos atuariam estrategicamente ao prometer políticas que acreditam ter mais apelo junto ao eleitorado. No entanto, quando eleitos, adotariam programas conservadores com o intuito de maximizar o desempenho econômico e, por consequência, suas chances de reeleição. Stokes (2001) afirma que a *policy switch* sempre ocorreria unidirecionalmente na América Latina: da esquerda para a direita.

De forma muito semelhante, um relevante contingente de presidentes teria sido eleito com plataformas e alianças de centro-esquerda, prometendo medidas populares e contrárias ao neoliberalismo e, uma vez no poder, desempenhando exatamente o oposto, ampliando as reformas estruturais, realizando novos acordos com organismos internacionais de financiamento e aprofundando o ajuste macroeconômico. Tais ações teriam gerado um cenário de grande instabilidade política, muitas vezes redundando em quedas presidenciais.

Campello (2013) utiliza a base teórica desenvolvida por Stokes (2001) e amplia os argumentos e o banco de dados da referida autora, expandindo de 44 para 89 casos pesquisados[107]. Campello (2013) procura esclarecer o porquê de Stokes (2001) não ter conse-

---

107 Campello (2011) considera os seguintes casos como *policy switch*: Argentina, 1989, 1999; Bolívia, 1993; Brasil, 2002; Costa Rica, 1990; 1994; República Dominicana, 2000; Equador, 1988, 1996, 1998, 2002; Nicarágua, 2006; Venezuela 1988, 1998.

guido explicar razoavelmente a unidirecionalidade da *policy switch* sempre ocorrer da esquerda para a direita. Apesar de testar diversas variáveis políticas, a principal conclusão de Campello (2013) indica que o fator mais importante para esclarecer a ocorrência do estelionato eleitoral teria origem econômica: episódios de crises cambiais explicariam 77% das *policy swtiches*. Dentre os fatores políticos representativos, o mais relevante seria a força dos poderes constitucionais do Executivo: quanto maior a capacidade de decreto dos presidentes, maiores são as chances da *policy switch* ser bem-sucedida. Apesar de Campello (2013) e Stokes (2001) não terem empregado em suas análises variáveis relativas ao tamanho do partido dos presidentes ou da coalizão de governo, podemos perceber mais uma vez a importância da análise dos poderes presidenciais de decreto para a estabilidade política.

Deste modo, parece claro que a *policy switch* (que pode ser traduzida para o português como estelionato eleitoral ou mudança programática para explicar a mudança de rumos entre as propostas realizadas durante a campanha eleitoral e o momento imediatamente posterior, quando o candidato é eleito e assume o caminho oposto ao prometido), empregada por alguns dos presidentes dos países analisados neste livro, tornou-se um dos principais motivos de insatisfação popular nas últimas décadas, quando realmente realizada. De forma relativamente semelhante, presidentes foram eleitos com plataformas e alianças de centro-esquerda, prometendo medidas populares e contrárias ao neoliberalismo e, uma vez no poder, realizavam exatamente o oposto, ampliando mais as reformas estruturais, realizando novos acordos com organismos internacionais de financiamento e aprofundando o ajuste macroeconômico. Tais ações teriam gerado em diversos países um cenário de grande instabilidade política e mobilização popular, geralmente patrocinada pelos movimentos sociais organizados, redundando muitas vezes em quedas presidenciais.

Destarte, os presidentes que escondem suas reais intenções e as modificam posteriormente podem ser caracterizados como não responsivos, pois agem contra a opinião pública. Entretanto, esses mandatários podem estar atuando de acordo com o que acreditam ser o melhor para o seu eleitorado. Portanto, podem efetivamente estar representando sua *constituency*. As principais causas de violação dos mandatos conferidos pelo eleitorado aos seus representantes, segundo Stokes (2001), são: 1) conflitos de crença entre políticos e eleitores; 2) eleições competitivas; 3) incertezas sobre o voto; 4) políticas públicas com efeitos incertos; 5) partidos políticos recentes; e 6) governos com apoio de coalizões minoritárias.

Alcántara Sáez (2004) chama a atenção também para a presença de governos de caráter minoritário na América Latina ao longo da última década, ou seja, aqueles que não tinham uma maioria estável de apoio no Congresso. Segundo o autor, esse fato acabou contribuindo para a profusão do esquecimento de suas promessas de campanha. Sendo assim, sustenta que a repetida alusão dos governos aos recorrentes obstáculos impostos pelos respectivos parlamentos e sua ação concreta acabaram constituindo um componente de primeira ordem no panorama político, estando na base das rupturas das promessas eleitorais.

Ao que parece, foram poucos os casos em que a *policy switch* não provocou insatisfação popular. Nos casos paradigmáticos de Menem e Fujimori, a utilização dessa estratégia conseguiu trazer bons resultados em um primeiro momento, possibilitando inclusive a reeleição de ambos, devido aos bons resultados iniciais dos ajustes macroeconômicos de Argentina e Peru. Com o passar do tempo, no entanto, graças à piora dos indicadores econômicos e das condições de vida da população, os respectivos países iniciaram uma grave crise econômica e política, obrigando os ex-presidentes a abandonarem o cenário político.

No Peru, a veiculação de diversas denúncias de corrupção (os chamados *vladivídeos*, entre outros) e o descontentamento da população com a situação econômica do país (e com o presidente em si, que passou a ser visto como traidor) forçaram a renúncia de Fujimori. Já na Argentina, a deterioração da economia do país foi responsável pelo alijamento de Menem da política do país após sua saída da presidência. A conclusão dos episódios ocorridos nos dois países é clara: a população pode até esquecer a traição eleitoral, se os presidentes conseguem obter bons resultados econômicos e melhorias no bem-estar dos cidadãos em um primeiro momento. Entretanto, se tal situação não consegue se sustentar ao longo do tempo e acontece o retorno das crises econômicas e a deterioração dos indicadores sociais, a crise política volta a ser instalada e dificilmente o presidente poderá sair da crise sem ter que renunciar ao seu mandato.

No entanto, quando a *policy switch* não redunda diretamente em benefícios para a economia e para o bem-estar da população, geralmente os resultados são crises políticas e quedas presidenciais. O maior exemplo dessa dinâmica seria o Equador, que desde a vitória de Abdalá Bucaram em 1996, apoiado em um discurso crítico ao ajuste neoliberal e aos organismos internacionais de financiamento, presenciou um cenário de instabilidade crônica que tinha como um de seus principais elementos a sucessão de presidentes que adotaram a *policy switch*. Tanto Jamil Mahuad, deposto em 2000, como Lúcio Gutiérrez, em 2005, foram exemplos claros do estelionato eleitoral que não deu certo e que teve como principal resultado uma grave crise política e a posterior queda dos mandatários (Coelho, 2007).

O único caso de uma *policy switch* reversa, em que um presidente realizou sua campanha eleitoral na direita e que com o passar do tempo se direcionou para a esquerda, teria sido o do presidente de Honduras, Manuel Zelaya (Coelho, Cunha Filho e Pérez Flores, 2013). Como explicam os referidos autores, o mandatário hondurenho também passou por uma grave crise política no país, em que a principal força de oposição às novas políticas não se encontrava na população ou nos movimentos sociais, como aconteceu nos demais países, mas sim na elite política e militar do país, que organizou o golpe cívico-militar que retirou Zelaya do poder em 2009.

Em todos os casos de queda de presidentes em que um processo de *policy switch* esteve presente como uma das principais variáveis explicativas, tanto o Legislativo como o Judiciário tiveram importante papel para a destituição dos presidentes. Membros de ambos os poderes fundamentavam seus discursos de oposição aos mandatários mencionando o estelionato eleitoral como um dos motivos-chave para a deposição dos presidentes, ressaltando a traição dos anseios populares expressos no sufrágio universal e a consequente necessidade de se retomar a soberania popular via *impeachment* presidencial.

As considerações de Anastasia, Ranulfo e Santos (2004, p. 194) sobre as consequências de práticas das *policy switches* para as democracias sul-americanas se encaixam perfeitamente nos casos analisados nesse trabalho. São elas: 1) violam as preferências dos cidadãos ao substituir a agenda por eles escolhida nas urnas por outra definida alhures, o que afeta negativamente a *representatividade da representação*; 2) aumentam a desconfiança política e o desapego dos cidadãos relativamente aos valores e aos procedimentos democráticos; 3) acarretam a necessidade de organização de supercoalizões e muitas vezes exigem mudanças constitucionais e, consequentemente, maiorias qualificadas.

No entanto, cabe ressaltar que a *policy switch* não redundaria necessariamente em crise política e derrocada da coalizão, como parece ser o caso de alguns países na América do Sul, até porque o fenômeno do chamado estelionato eleitoral de modo algum pode ser considerado um acontecimento exclusivo da região. Não existe uma relação obrigatória entre a ocorrência do estelionato eleitoral e a queda de presidentes.

Com o passar do tempo e o reconhecimento das consequências de muitos casos de *policy switch* malsucedidos, uma das possíveis hipóteses que ilustra esta seção seria a de que determinadas instituições que delegaram "superpoderes" ao Executivo ao longo das últimas décadas não necessariamente estariam dispostas a continuar com essa delegação[108], ou talvez estariam empreendendo exatamente o caminho oposto, buscando novamente a equidade na balança de poderes, o que poderia ter resultado no histórico recente de crises em alguns dos países analisados.

Contudo, devemos levar em consideração que o chamado "estelionato eleitoral" na América Latina teria diminuído consideravelmente a partir dos anos 2000. Os novos presidentes eleitos ou parecem ter aprendido com as experiências desastrosas do passado ou efetivamente modificaram o teor de suas ações em uma guinada de centro-esquerda, de modo que em sua atuação política e econômica procuraram adotar trajetórias mais lineares (Panizza, 2006; Silva, 2011). Dito isto, uma das perguntas possíveis para futuros trabalhos seria sobre a continuidade ou não da dinâmica da *policy switch* no contexto contemporâneo. Seria o chamado "estelionato eleitoral" um fenômeno datado frente à atual conjuntura de governos progressistas (Soares, 2008) na América Latina?

CONFLITOS ENTRE PODERES E A INFLUÊNCIA DAS COALIZÕES DE GOVERNO

Como visto até aqui, o conflito entre poderes na América Latina — principalmente entre Executivo e Legislativo — pode ser percebido de diferentes maneiras no período analisado, sendo normalmente utilizado como uma das variáveis explicativas da ocorrência de crises políticas e quedas de presidentes na região. Com o fortalecimento do Executivo e o aumento progressivo de seu poder de agenda, muitas vezes o Congresso atuou de maneira reativa às iniciativas dos mandatários, bloqueando suas ações como moeda de uso corrente e estratégia de barganha política. Portanto, uma das sugestões teóricas aqui discutidas assevera que o resultado

[108] Essa discussão faz referência explícita ao conceito de democracia delegativa de Guillermo O´Donnel (1998).

do embate entre os referidos poderes estaria diretamente relacionado à existência e ao tamanho da coalizão legislativa de apoio ao chefe do Executivo e à sua capacidade de negociação.

Na literatura recente sobre a formação de coalizões de governo na América Latina, diversos são os autores que defendem que maiorias divididas e governos minoritários dificultam a governabilidade e a formulação de políticas públicas, uma vez que as forças de oposição ao presidente possuiriam um potencial poder de veto capaz de impedir a aprovação das iniciativas do Executivo. Nesse sentido, Linz (1994) argumenta que o sistema parlamentarista garantiria mais durabilidade aos governos do que o presidencialista, e Mainwaring (1993) sustenta que o multipartidarismo no presidencialismo dificultaria as relações de cooperação entre o Executivo e o Legislativo.

Argumentando na mesma direção, Pachano (2006) conclui que uma das principais dificuldades dos países da região seria a formação de maiorias parlamentares para a sustentação dos governos. Nesse sentido, as negociações do Executivo junto ao Legislativo, em especial aos partidos políticos, sempre constituem motivo de tensão e barganha política. Frequentemente os partidos capitalizariam as insatisfações populares visando ao aumento de seu poder de negociação, eventualmente deflagrando o início de uma crise ou um conflito aberto entre poderes.

Chasquetti (2001) retoma o extenso debate provocado por Shugart e Carey (1992), Valenzuela (1993), Linz (1994), entre outros, sobre o desempenho do presidencialismo e de suas instituições. A ampliação do objeto de estudo e a formulação de novos métodos de análise demonstraram que a discussão sobre qual o melhor desenho institucional para a estabilidade política exigia, na verdade, abordagens mais elaboradas e complexas do que as propostas elaboradas por Valenzuela (1993), Mainwaring (1993) e Linz (1994) no início da década de 1990.

Desde então, vários pesquisadores têm se debruçado sobre o tema das coalizões a fim de conhecer sua importância e seu impacto nos regimes democráticos presidencialistas e multipartidaristas. Tais fatores são mais relevantes se considerarmos a fase de reinstitucionalização democrática no contexto das reformas estruturais dos anos 1990. Naquele contexto, vários presidentes da região formaram coalizões com o objetivo de garantir maiorias legislativas estáveis, proporcionando certos graus de segurança e previsibilidade ao conjunto de atores sociais e econômicos. Para Chasquetti (2001), o referido fenômeno deve ser considerado como resposta política específica de cada sistema político a problemas de governabilidade basicamente similares. Em outras palavras, as coalizões de governo foram os produtos da busca de alternativas aos problemas derivados da combinação de regimes presidencialistas e sistemas multipartidários.

Portanto, presidentes minoritários não constituiriam necessariamente garantia de crise política, já que os mandatários podem construir grandes coalizões de governo, o que, em grande parte, efetivamente realizam (Cheibub; Przeworski; Saiegh, 2004; Figueiredo; Canello; Vieira, 2012)[109]. De acordo com Chasquetti (2001), os sistemas presidencialistas multipartidários sem coalizões de governo seriam aqueles verdadeiramente problemáticos.

Negretto (2003) também contesta o argumento de parte da literatura em que presidentes minoritários no Congresso não seriam estáveis. Segundo o autor, três fatores deveriam ser considerados para analisar o desempenho do mandatário: 1) a posição de *policy* do partido do presidente; 2) a capacidade presidencial de manutenção de veto sobre medidas aprovadas pelo Congresso; e 3) o *status* legislativo dos partidos incluídos no gabinete.

Para Figueiredo, Canello e Vieira (2013, p. 868), os poderes de agenda do Executivo estariam associados com governos

---

[109] Os trabalhos de Abranches (1988) e Figueiredo e Limongi (1999) mostram como praticamente todos os presidentes brasileiros (à exceção do período final do mandato de Fernando Collor) construíram coalizões relativamente sólidas que possibilitaram estabilidade política em seus governos.

minoritários na direção inversa à prevista na literatura: poderes de agenda quando considerados de forma agregada não favoreceriam a formação de governos minoritários. Segundo os autores:

> Possivelmente por não se tratar de recursos que necessariamente permitam a implementação unilateral e discricionária de políticas, mas se prestem à promoção de negociações e à obtenção de acordos entre os partidos da base partidária relativos à agenda legislativa do presidente, tais poderes seriam mais importantes para governos majoritários (Figueiredo; Canello; Vieira, 2012, p. 868).

Em países como o Brasil, o chamado "presidencialismo de coalizão" (Abranches, 1988) geralmente "atuaria" em favor dos mandatários, que apesar de apresentarem eventuais dificuldades na negociação com o Legislativo, geralmente conseguem que seu poder de agenda seja efetivo. Já em outros países como Bolívia, Equador e Paraguai, a harmonia entre os poderes seria bem mais difícil, chegando muitas vezes a inviabilizar a governabilidade dos presidentes, constituindo um dos principais motivos para suas quedas. As saídas antecipadas de Bucaram, Mahuad e Gutiérrez no Equador; Sanchez de Lozada e Meza na Bolívia; e Lugo no Paraguai são ótimos exemplos dessa relação conflituosa e predatória.

No caso brasileiro, após a queda de Fernando Collor (1990-1992), explicada em grande parte por sua incapacidade de construir coalizões majoritárias, os governos seguintes de Fernando Henrique Cardoso (1995-2003) e Luiz Inácio Lula da Silva (2003-2011) demonstraram exatamente o oposto: que a formação de coalizões partidárias de amplo espectro ideológico (principalmente no governo Lula) facilitaram a governabilidade e a permanência dos mandatários no poder.

A obtenção de uma maioria legislativa também se mostrou fundamental para o sucesso do mandato de Néstor Kirchner (2003-2007) na Argentina, após os graves eventos de instabilidade política ocorridos entre 2001 e 2003. Kirchner assumiu o governo prometendo a manutenção das reformas iniciadas por Duhalde (2002-2003), entretanto, o presidente argentino iniciou sua gestão carente de uma sólida base política (em consequência de seu parco peso relativo dentro do Partido Justicialista), sem controle sobre os poderes Legislativo e Judiciário, e desprovido de respaldo dos grupos tradicionalmente aliados do *peronismo* (sindicatos e empresariado nacional).

Todavia, o então mandatário argentino obteve uma das suas mais importantes conquistas nas eleições legislativas de 2005, em que os candidatos ligados à sua coalizão, a chamada "Frente para a Vitória", obtiveram relevante sucesso eleitoral, proporcionando ao presidente significativo apoio na Câmara dos Deputados e maioria própria no Senado. Desse momento em diante, Kirchner se capitalizou para realizar grande parte das reformas que desejava desde o início de seu governo, tendo sua atuação e permanência no cargo garantidas graças ao apoio da coalizão.

O exemplo da República Dominicana também se mostra interessante para a reflexão aqui empreendida. A primeira administração de Fernández (1996-2000 e 2004-2008) não contou com o estabelecimento de uma coalizão de governo confiável e estável, visto que grande parte dos legisladores ainda estava ligada à administração anterior. Em razão disso, o mandatário teve que realizar diversos acordos *ad hoc* junto ao Congresso Nacional para obter sucesso em suas políticas de governo. Somente em 1998, após novas eleições legislativas, Fernández conseguiu que seu partido fosse o maior do congresso, estabelecendo a conciliação com outras legendas que lhe garantiram relativa tranquilidade daquele momento em diante, permitindo a implementação de diversas reformas políticas e econômicas que desejava desde os seus primeiros dias na presidência.

O paroxismo da tentativa de formulação de uma coalizão de governo estável e confiável ocorreu na Venezuela após o triunfo de Chávez no referendo de 2004. Na ocasião, o presidente anunciou sua intenção de reunir todos os membros de sua coalizão de governo em um único partido, o que de fato foi realizado com a criação do Partido Socialista Unido da Venezuela (PSUV).

O caso uruguaio é um ótimo exemplo contrafactual, demonstrando que nem sempre que o presidente se mostra incapaz de formar uma coalizão de governo majoritária necessariamente perderá o controle do país ou deixará a presidência. A administração de Luis Alberto Lacalle (1990-1995) tinha como um dos seus objetivos mais importantes realizar um conjunto de medidas que intencionavam levar a economia uruguaia na direção das reformas políticas e econômicas de cunho neoliberal[110]. No entanto, o chefe do Executivo não obteve o sucesso esperado por dois principais motivos: pela sua incapacidade de conseguir manter estável uma coalizão parlamentar de apoio; e pelo rechaço de grande parte da população uruguaia às suas medidas.

Apesar de não ter deixado o poder, Lacalle enfrentou diversas greves e protestos contra suas políticas ortodoxas, tendo seu ápice em 1992, na realização de uma consulta popular promovida por partidos de oposição e sindicatos, com o intuito de revogar a Lei de Empresas Públicas proposta por Lacalle[111] — que tinha como principal objetivo impulsionar o processo de privatização das empresas públicas uruguaias. Após meses de campanha e discussão nacional, o "sim" à revogação da Lei foi escolhido por 72% dos votantes. De acordo com Waskman (1993, p. 19), o referendo acabou se tornando mais uma consulta contra ou a favor do governo de Lacalle como um todo do que efetivamente uma decisão acerca da política de privatizações do governo. O autor

[110] Dentre seus principais atos na presidência, destaca-se a ampla reforma do Estado que incluía a privatização de bancos públicos e a quebra do monopólio estatal de atuação em diversas áreas-chave da economia, bem como a redução do déficit fiscal.

[111] De acordo com Guillermo Waskman (1993, p. 18), a Lei de Empresas Públicas era considerada pelo governo Lacalle como a chave da reforma do Estado e pedra angular de sua política econômica e autorizava o Poder Executivo a vender, sem controle parlamentar, as empresas públicas.

afirma, no entanto, que a situação não pode ser caracterizada como uma crise política em que o mandato de Lacalle realmente tivesse sido ameaçado.

Contudo, o resultado do referendo não modificou em grande parte as políticas ortodoxas de Lacalle, que prosseguiu seu governo em uma linha que pouco mudou em relação ao que já era feito antes do referendo, atribuindo sua derrota como uma "psicose majoritária contra tudo que é estrangeiro e que ainda assim não consegue explicar como alguém que pretende ser inteligente rechace dessa forma os investidores" (Waskman, 1993, p. 19).

Seu sucessor, Júlio Maria Sanguinetti (1995-2000), que já havia sido presidente entre 1985 e 1990, conseguiu o apoio de uma ampla coalizão que contou com a adesão de Brancos e Colorados até o final do seu governo. Graças ao controle da maioria das cadeiras no Congresso, o que seus antecessores não obtiveram, conseguiu realizar a maior parte das reformas que desejou, expressas na nova Constituição uruguaia promulgada em 2006 e aprovada pela cidadania no ano seguinte. A nova Carta Magna modificou a lei eleitoral, introduzindo o mecanismo das primárias partidárias (obrigando cada partido a apresentar apenas um candidato à presidência) e separando o calendário das eleições presidenciais das eleições municipais. Mas provavelmente a grande mudança da nova Carta Política estivesse plasmada na necessidade da realização de um segundo turno eleitoral, caso nenhum candidato obtivesse a maioria absoluta.

O próximo mandatário uruguaio, Jorge Battle Ibáñez (2000-2005) teve de lidar com uma grave crise econômica que se desdobrou em crise bancária, levando o governo a recorrer a empréstimos junto ao Fundo Monetário Internacional (FMI) e a tomar ações como a liquidação de quatro bancos nacionais, entre outras medidas impopulares. Seu governo também foi afetado por seguidos surtos de febre aftosa, gerando uma queda brusca nas exportações de carne bovina do país, o que provocou grandes prejuízos para a economia, aprofundando ainda mais a crise. Como consequência, as ruas do país foram palco de uma série de manifestações populares e greves organizadas por centrais sindicais contra as políticas de cunho ortodoxo tomadas pelo presidente. Em meio à crise econômica, sua administração foi perdendo apoio político, fato que foi expresso principalmente na saída do Partido Nacional (Brancos) da coalizão de governo, restando a Battle, no final do seu mandato, o controle de apenas 22% dos assentos legislativos (Erthal; Villano, 2007, p. 321).

Apesar da ocorrência de alguns episódios de crises políticas e econômicas seguidas de perda de apoio da coalizão, não houve no Uruguai nenhuma ameaça real de derrocada dos mandatos dos presidentes democraticamente eleitos ao longo do período analisado.

Já nos casos discutidos a seguir, retomo mais uma vez o argumento de que muitas vezes os presidentes acreditaram possuir maior legitimidade do que os demais poderes ou foram vítimas de uma oposição predatória que tinha como principal objetivo retirar os mandatários do poder a qualquer custo, discutindo agora as consequências desse pensamento para a formação de coalizões e para a governabilidade.

Um exemplo do primeiro caso citado acima foi o curto mandato de Jorge Serrano (1991-1993) na Guatemala, que assumiu o poder com o apoio de apenas 18 dos 116 membros do Congresso guatemalteco. Mesmo assim, como era praxe dos presidentes da época, resolveu implementar no país uma série de reformas liberalizantes. Em maio de 1993, sem contar com a formação de uma coalizão majoritária ou com iniciativas de acordos legislativos *ad hoc*, o presidente lançou mão de um autogolpe (diretamente inspirado nos atos de Fujimori, no Peru, em 1992), iniciando uma grave crise que envolveu as principais instituições do país. Desse momento em diante, sem muitas alternativas, restou ao presidente governar o país por meio de decretos-lei, aumentando ainda mais a crise na Guatemala. A situação se tornou então insustentável e, em pouco mais de um mês, após intensas negociações, Serrano decidiu renunciar à presidência. A equivocada estratégia de Serrano parece ter sido uma mescla malsucedida das administrações de Collor no Brasil e Fujimori no Peru, que com o passar do tempo também se mostraram fracassadas.

No Paraguai, a dificuldade para a constituição de coalizões de governo esteve diretamente relacionada à grande instabilidade política e presidencial do país, a começar pela saída prematura de Raúl Cubas (1998-1999) do poder. A posterior erosão da coalizão parlamentar que sustentava o governo Macchi (1999-2003) resultou em sucessivas tentativas de instauração de um processo de juízo político do então presidente, o que de fato ocorreu em dezembro de 2002, quatro meses antes das eleições presidenciais que ocorreriam em abril de 2003. A oposição, no entanto, não conseguiu reunir os votos suficientes para retirá-lo do poder.

Já no caso de Fernando Lugo (2008-2012), sua coalizão de apoio parlamentar nunca conseguiu ser majoritária no Congresso paraguaio, o que obrigou o governo a negociar separadamente com os partidos da oposição a aprovação de cada matéria específica. Extremamente diversificada e fragmentada, sempre foi muito difícil para o presidente coordenar seu apoio legislativo. Em razão disso, suas principais promessas de campanha não puderam ser concretizadas. Seu mandato foi marcado por diversas crises e tentativas de juízo político (e até mesmo de golpe militar, que levou o presidente a trocar toda a cúpula militar de seu governo em outubro de 2009).

A estratégia adotada por Lugo para contornar o baixo apoio legislativo foi a alta rotatividade ministerial, procurando diminuir os eventuais pontos de tensão com a demissão dos encarregados pelas pastas responsáveis por áreas em crise, ao mesmo tempo que buscava novas alianças com outros setores da política paraguaia. No entanto, as táticas de manejo de crise empreendidas por Lugo não foram capazes de evitar a escalada da oposição à sua gestão. A saída definitiva do Partido Liberal Radical Autêntico (PLRA) da coalizão de governo foi o evento decisivo para impulsionar o bem-sucedido processo de juízo político do presidente pelas forças da oposição.

Para Linz (1994, p. 17), a inevitabilidade da sucessão presidencial criaria uma espécie de tensão entre o ex-presidente e o seu sucessor. O novo chefe do Executivo sente a necessidade de demonstrar sua independência e de se distinguir de seu antecessor, mesmo que ambos pertençam ao mesmo partido. Isso pode levar a intrigas, afirma o autor, que tendem a fazer com que o ex-presidente trabalhe no subterrâneo para influenciar a próxima sucessão e minar as políticas do incumbente ou mesmo sua liderança no partido.

Refletindo na mesma direção dos autores descritos acima, mas modificando de certa maneira a argumentação, podemos perceber no período a evidente tensão entre os mandatários e seus vice-presidentes em momentos de crise. Geralmente oriundos de um acordo político entre o partido do presidente e a principal legenda da coalizão eleitoral, os vice-presidentes nem sempre são fiéis aos presidentes eleitos ao longo de todo mandato. Pelo contrário, podem acabar se tornando os principais porta-vozes da oposição e artífices das quedas dos mandatários.

Um dos exemplos dessa estratégia ocorreu na Bolívia, em 2003, quando protestos populares organizados primordialmente pelos movimentos indígenas contra o presidente Sánchez de Lozada (2002-2003) sitiaram La Paz e foram violentamente reprimidos pelas Forças Armadas, resultando em mais de 60 mortos e 500 feridos. Percebendo que seria um bom momento para agir e se descolar da figura desgastada de Sánchez de Lozada, o vice-presidente Carlos Mesa (2003-2005) anunciou seu desligamento do governo, alegando sua discordância das medidas oficiais de repressão às manifestações, dando o primeiro passo na direção de uma saída constitucional para a crise. A partir desse ato, Carlos Mesa, reputado como um intelectual respeitado e sem filiação partidária, foi visto pelas principais forças políticas do país como o sucessor necessário de Sánchez de Lozada, que, acuado pelos protestos que não cediam, renunciou à presidência e exilou-se nos EUA.

Algo muito semelhante ocorreu no Equador no auge da crise do governo de Lúcio Gutiérrez (2003-2005), quando seu vice-presidente, Alfredo Palacio (2005-2007), também anunciou seu desligamento do governo por discordar dos rumos tomados por Gutiérrez, com o claro intuito de se apresentar como uma solução possível e independente para a crise política que assolava o país naquele momento, o que de fato aconteceu.

No entanto, o caso mais extremo seria o de Federico Franco, vice-presidente de Fernando Lugo. Praticamente desde o primeiro dia de mandato de Lugo, Franco buscou deslegitimar e enfraquecer seu governo. Foram diversas as acusações de corrupção, má administração e incapacidade feitas por Franco contra Lugo, capitalizando o discurso da oposição ao mandatário eleito em torno da sua figura. Ao mesmo tempo que criticava o governo de Lugo, Franco sempre se dizia pronto para assumir a presidência, demonstrando suas supostas qualidades em inúmeras entrevistas e pronunciamentos realizados entre 2008 e 2012. Como era de se esperar, Franco foi a principal voz da oposição no processo de "juízo político *Express*" de Fernando Lugo, conseguindo enfim alcançar seu objetivo desde o início: a presidência do Paraguai.

REFORMAS CONSTITUCIONAIS E INSTABILIDADE

Pessanha (2002) afirma que os processos de transição política que se realizaram na América Latina, em sua maioria, foram consolidados com mudanças constitucionais, que, em alguns casos, sofreram descontinuidades ou profundas modificações. Tais processos muitas vezes ocorreram através da introdução de sucessivas emendas e desobediência ao texto constitucional produzido por maiorias parlamentares, sem a devida atenção aos princípios republicanos, responsáveis pelos limites e pelos instrumentos populares adequados ao controle do poder político.

Geralmente inscritas dentro do contexto de maior centralização do Executivo e hiperpresidencialismo, nem sempre tais reformas ocorreram de maneira pacífica ou apenas como uma delegação do Legislativo para os mandatários. Em muitos casos, o que aconteceu foi justamente o contrário, gerando embates entre o Executivo e os demais poderes. Analisar a forma como o referido conflito aconteceu nos ajuda a entender a origem de alguns episódios de crise política das últimas décadas.

Assim, um dos objetivos desta subseção será relacionar algumas tentativas de reformas constitucionais na América Latina a eventos de instabilidade política e presidencial, considerando tanto aquelas introduzidas de uma única vez, através de Assembleia Constituinte, como aquelas resultantes de um longo processo de negociação entre as principais forças políticas de seus países.

Quando refletimos sobre os antecedentes do golpe realizado em 2002 contra Hugo Chávez na Venezuela, percebemos que uma das raízes da crise pode ser identificada nas tentativas de reforma constitucional promovidas pelo então mandatário. Logo após assumir o governo, em 1999, Chávez convocou mediante decreto um referendo que o autorizou a organizar as eleições para uma Assembleia Constituinte, que se encarregaria de elaborar uma nova Constituição. A nova Carta Magna, aprovada no mesmo ano, estabeleceu as bases para sua administração: transformou o Parlamento bicameral em unicameral; modificou a estrutura do Judiciário; estabeleceu eleições para juízes; e esvaziou o sistema bipartidário, já enfraquecido nas últimas eleições.

Analistas consideram que os impactos da nova Constituição na oposição foram intensos e acabaram levando a uma organização das forças conservadoras contra o mandato de Hugo Chávez. Quando da ocasião do golpe de 12 de abril, o governo provisório comandado por Pedro Carmona tratou de anunciar as mudanças via decreto, que ao mesmo tempo que instituía o novo presidente interino, não reconhecia os deputados eleitos da Assembleia Nacional e outorgava a Carmona poderes extraordinários para renovar a totalidade dos poderes públicos, inclusive os Poderes Judiciário e Eleitoral.

Com o retorno de Chávez ao poder, novas mudanças constitucionais foram anunciadas e realizadas pelo mandatário. Todas, sem exceção, constituíram motivos de embates entre o presidente e a oposição, gerando sucessivos eventos de crise política na Venezuela até a morte do presidente, em 2013.

No caso equatoriano, chamam a atenção as intervenções de Lúcio Gutiérrez (2003-2005) no Judiciário e a mudança de coalizão legislativa para efetivar as mudanças constitucionais ao longo de seu mandato. Eleito com um discurso contrário ao ajuste neoliberal e com o apoio das forças de centro-esquerda (inclusive o movimento indígena), uma vez no poder Gutiérrez realizou a conhecida *policy switch*, entrando em conflito direto com seus antigos apoiadores. Sem ter opções dentro do Parlamento, o então mandatário equatoriano resolveu modificar sua base de apoio de partidos de centro-esquerda na direção da centro-direita com o objetivo de, enfim, implementar sua agenda de governo.

Buscando dar continuidade às políticas de ajuste macroeconômico, o passo seguinte de Gutiérrez foi realizar profundas mudanças no Judiciário do país, graças ao apoio de sua nova base parlamentar. Foram modificados os quadros da Corte Constitucional e do Tribunal Superior Eleitoral, e um novo vice-presidente foi indicado para o Congresso Nacional. No entanto, a principal modificação institucional foi a aprovação no Legislativo da remoção de 27 dos 31 juízes da Corte Suprema de Justiça (CSJ), que foram substituídos pelos indicados pelo presidente e por partidos da situação. Naquele momento, a CSJ se configurava como um verdadeiro ator com alto poder de veto da administração de Gutiérrez. Este foi provavelmente o estopim para a posterior escalada de protestos populares contrários às reformas constitucionais arbitrárias promovidas pelo então mandatário, que se desenvolveram cada vez mais e só terminaram com a destituição do presidente pelo Congresso Nacional (em um processo que também tem sua legalidade questionada, já que Gutiérrez foi acusado de abandono de cargo ainda que estivesse por todo o tempo no Palácio Presidencial de Carondelet).

No contexto regional, a intervenção na Suprema Corte é um dos expedientes mais utilizados por governantes que desejam um amplo controle do país revestido de uma suposta aparência de constitucionalidade. Do mesmo modo agiu Menem, aumentando o número de juízes da Corte Suprema argentina e estabelecendo um amplo domínio para realizar o pacote de reformas neoliberais. Com o controle da constitucionalidade nas mãos, Gutiérrez planejava dar prosseguimento às reformas de maneira mais vigorosa, hipertrofiando seus instrumentos de controle decisório.

Anos mais tarde, Néstor Kirchner conseguiu reformar novamente a Corte Suprema argentina, buscando desconstruir as modificações impostas por Menem. A reforma constituiu, entre outras iniciativas, na recomposição dos juízes, afastando os magistrados que teriam ligações com o *menemismo* e nomeando para seu lugar juízes com destacadas trajetórias profissionais e menos vinculados ao poder político.

Outro presidente equatoriano que teve que enfrentar vários episódios de instabilidade relacionados às diversas tentativas de reforma constitucional foi Rafael Correa. Desde que assumiu o poder, em 2007, o mandatário teve como principal objetivo "refundar o país" via convocação de uma nova Constituinte. Não obstante, Correa tinha no Congresso equatoriano seu principal ator de veto, já que o Movimento País, fundado por ele e responsável por sua candidatura à presidência, não havia lançado nenhum candidato ao Parlamento equatoriano nas eleições de 2006.

Desde então, a estratégia vitoriosa do presidente foi — sempre contando com sua alta popularidade junto ao eleitorado — realizar diversos referendos nacionais que permitiram sucessivas mudanças constitucionais no país, sendo o auge delas a promulgação de uma nova Constituição, em 2008. De maneira análoga ao que aconteceu com Chávez, cada nova tentativa de reforma promovida por Correa iniciava um novo conflito com os partidos e forças de oposição, levando o presidente a utilizar a estratégia plebiscitária com o objetivo de deslocar a discussão política do

Parlamento para a cidadania, invocando uma maior legitimidade da soberania popular para decidir os rumos do país. Em praticamente todos os casos, a estratégia de Correa mostrou-se vencedora.

Na Nicarágua, a administração de Enrique Bolaños (2002-2007) passou por uma grave crise que envolveu os três poderes, iniciada em janeiro de 2005 e que se perpetuou até o fim de seu mandato. O conflito teve início após a aprovação de uma emenda constitucional pelo Legislativo unicameral do país (controlado pela oposição representada pelo Partido Sandinista, de Daniel Ortega) que, dentre outros temas, enfraquecia os poderes do presidente e diminuía de maioria qualificada para maioria simples a quantidade de votos necessários no Congresso para derrubar um veto presidencial. Em resposta, o presidente Bolaños tentou de todas as maneiras impedir a votação e a posterior execução da Emenda Constitucional, apelando para a Corte Centro-Americana de Justiça (Ccaj) e vetando os seus pontos mais polêmicos. No mês seguinte, o Legislativo votou pela derrubada dos vetos parciais de Bolaños.

Em abril do mesmo ano, a Corte Centro-Americana de Justiça decidiu revogar a referida Emenda Constitucional, argumentando que o Congresso nicaraguense somente poderia realizar tais mudanças na Carta Magna do país via a instauração de uma Assembleia Constituinte, o que não ocorreu. Poucos dias depois, no entanto, a Corte Suprema de Justiça da Nicarágua (CSJ) emitiu uma decisão ratificando as mudanças constitucionais efetuadas pelo Legislativo do país e desconhecendo a decisão da Ccaj, argumentando que ela teria excedido seus poderes no julgamento. Desse momento em diante, o país ficou paralisado devido ao impasse formado, já que, de um lado, Bolaños afirmou que acataria a decisão da Ccaj e, de outros, os líderes dos partidos de oposição — e consequentemente a maioria dos legisladores — seguiram o que foi decidido pela CSJ.

Nos meses subsequentes, ocorreram vários episódios que demonstraram o conflito entre poderes e a paralisia decisória na Nicarágua, chegando até mesmo a envolver países da América

Central, convocados por Bolaños para intervir na crise. Em resposta, a Assembleia Nacional iniciou um processo que tinha por objetivo retirar a imunidade de Bolaños para que o presidente pudesse enfrentar acusações relacionadas a supostas irregularidades do financiamento de sua campanha eleitoral.

Finalmente, em outubro de 2005, Bolaños e o ex-presidente Daniel Ortega (que logo depois se lançou novamente como candidato à presidência, sendo posteriormente eleito) chegaram a um acordo que adiava para o ano de 2007 a realização das reformas constitucionais. Na prática, a decisão permitiu ao presidente terminar seu mandato de cinco anos. Após a realização do acordo, a Assembleia Nacional votou pelo fim dos procedimentos que buscavam retirar a imunidade do mandatário.

O último exemplo malsucedido de tentativa de reforma constitucional discutido nesta subseção foi a iniciativa de Manuel Zelaya em Honduras, que tentou reformar a Constituição e convocar um referendo popular para decidir sobre a possibilidade de permitir sua candidatura à reeleição presidencial. Como já discutido anteriormente neste trabalho, a referida tentativa foi o ponto de partida da grave crise que envolveu os três poderes do país, redundando meses mais tarde no golpe cívico-militar que retirou Zelaya do poder.

CONCLUSÃO

O principal objetivo do capítulo foi apresentar uma contribuição substantiva para os casos de instabilidade política e presidencial ocorridos na América Latina entre 1990 e 2012, lançando mão de duas das vertentes mais clássicas do estudo do tema: 1) a análise da ação da sociedade civil e dos movimentos sociais e 2) a explicação institucional.

Parece claro que nenhuma das duas dimensões possui um caráter predominantemente explicativo sobre a outra, mas que seria exatamente a combinação de ambas que aumentaria nosso entendimento sobre os fenômenos das crises políticas e quedas de presidentes. Portanto, devemos necessariamente levar em consideração a interação de ambas as dimensões tanto para entender o surgimento das crises como para compreender o seu desenvolvimento, mas principalmente para prever possíveis resultados.

Manifestações nas ruas contra presidentes não conseguem sozinhas retirar os mandatários do seu cargo. Do mesmo modo, os atores institucionais que querem iniciar um processo de juízo político contra os presidentes ganham mais força quando não agem sozinhos contra o chefe do Executivo, buscando influenciar a agenda pública para que esta se torne contrária à manutenção dos presidentes no poder. Praticamente todas as tentativas de derrubar mandatários que tiveram lugar exclusivamente na legislatura falharam. A queda dos governos geralmente envolveria uma "interação dialética" entre o povo e as instituições, em que os protestos das ruas adquirem um papel determinante.

Assim, o pior cenário para um mandatário seria manifestações nas ruas pedindo sua saída do poder ao mesmo tempo que conflitos institucionais estivessem acontecendo. Se o clamor das ruas consegue efetivamente chegar até o Legislativo e o presidente passa a ter dificuldades para controlar seu apoio majoritário no Congresso, a chance de uma queda seria muito grande. Como demonstrado, nem toda crise entre poderes redunda em queda presidencial, mas todas as quedas presidenciais no período analisado (excetuando-se as quedas de Manuel Zelaya e Fernando Lugo, que serão analisadas no próximo capítulo) contaram com a participação da sociedade civil e dos movimentos sociais nas ruas pedindo a saída dos presidentes.

No que diz respeito especificamente aos movimentos sociais, estruturei a discussão considerando dois argumentos fundamentais: a promoção das principais mobilizações contra presidentes e a influência e eventual organização de partidos que funcionaram como braços políticos para a representação institucional de seus interesses.

Podemos perceber que, dependendo da organização e da capacidade de mobilização junto à sociedade civil, essa atuação conjunta em momentos de crise possibilitou que ambos se transformassem em verdadeiros atores de veto junto ao Executivo. A importância dos movimentos sociais e da sociedade civil nos processos de crise política e principalmente na definição da estabilidade presidencial demonstra que os representados apareceram como força política definidora da manutenção ou não dos mandatários.

Destarte, longe de serem considerados elementos desestabilizadores da democracia na região, os movimentos sociais podem ser qualificados em grande parte como os principais defensores da soberania popular, utilizando as mobilizações contra presidentes como forma de restabelecer o equilíbrio político de seus países. Portanto, as mobilizações populares não devem ser vistas apenas como uma interrupção da ordem legal, caso contrário corremos o risco de perceber a democracia somente em sua chave formal, ignorando seus aspectos substantivos.

Sobre as explicações de cunho institucional, realizou-se inicialmente uma reflexão sobre a constante tensão relacionada ao progressivo acréscimo do hiperpresidencialismo na região e as possíveis consequências em relação à governabilidade, aos conflitos entre os poderes, à articulação dos sistemas partidários e à responsividade dos políticos eleitos aos anseios dos eleitores.

Como visto, uma das consequências do aumento dos poderes do Executivo foi a convicção de alguns mandatários de que possuíam maior legitimidade democrática e, consequentemente, direito a amplos poderes. Tal particularidade supostamente lhes permitiria agir de acordo com sua vontade, nem sempre respeitando o necessário equilíbrio com o Legislativo e o Judiciário ou mesmo a vontade popular.

Inseridos nesse contexto, podemos afirmar que ao longo dos anos 1990 e da primeira metade dos 2000, os mandatários que enfrentaram um maior número de crises políticas e quedas presidenciais geralmente reivindicaram a legitimidade adquirida pelo voto popular a seu favor, tanto nos momentos de crise como na execução de medidas arbitrárias ao longo de seus mandatos. Atuavam como se a vitória em uma eleição majoritária lhes desse a permissão para sua livre ação como representantes, mesmo que por vezes esse *mandato imperativo* significasse sobrepujar outros representantes também eleitos pelo povo, como com os parlamentares, ou mesmo as mínimas garantias institucionais e jurídicas do país, expresso, por exemplo, nas intervenções no Judiciário por parte do Executivo.

Caminharam nesse sentido, por exemplo, os presidentes que realizaram a chamada *policy switch* ou estelionato eleitoral, traindo suas promessas de campanha e implementando as reformas de mercado. Em todos os casos de queda de presidentes em que um processo de *policy switch* esteve presente como uma das principais variáveis explicativas, tanto o Legislativo como o Judiciário tiveram importante papel para a destituição dos presidentes. Membros de ambos os poderes fundamentavam seus discursos de oposição aos mandatários mencionando o estelionato eleitoral como um dos motivos-chave para a deposição dos presidentes, ressaltando a traição dos anseios populares expressos no sufrágio universal e a consequente necessidade de se retomar a soberania popular via *impeachment* presidencial.

Com o passar do tempo e o reconhecimento das consequências de muitos casos de *policy switch* malsucedidos, uma das possíveis hipóteses seria a de que determinadas instituições que delegaram "superpoderes" ao Executivo ao longo das últimas décadas não necessariamente estariam dispostas a continuar com essa delegação, ou talvez estariam empreendendo exatamente o caminho oposto, buscando novamente a equidade na balança de poderes, o que poderia ter resultado no histórico recente de crises em alguns dos países analisados. A boa notícia é que os últimos presidentes eleitos parecem ter aprendido com as experiências desastrosas do passado, diminuindo consideravelmente os episódios de estelionato eleitoral a partir dos anos 2000.

Foram consideradas também explicações ligadas aos conflitos entre poderes e a influência das coalizões de governo, relacionando o resultado do embate entre os referidos poderes à existência e ao tamanho da coalizão legislativa de apoio ao chefe do Executivo, bem como à sua capacidade de negociação.

Finalmente, a análise institucional aqui empreendida se debruçou sobre abordagens que discutiam a atuação dos vice-presidentes em momento de crise política com real chance de queda dos mandatários, além da influência das tentativas de reformas constitucionais em relação à instabilidade presidencial. Em ambos os casos, muitas vezes as consequências foram a exacerbação do conflito entre o Executivo e os demais poderes, gerando episódios de graves crises domésticas e eventuais saídas antecipadas de mandatários.

UM NOVO MODELO DE DESTITUIÇÃO DE PRESIDENTES OU A RELEITURA DE VELHAS PRÁTICAS?

O presente capítulo deriva diretamente das conclusões do anterior (O papel da sociedade e das instituições na definição das crises políticas e quedas de presidentes) e tem por objetivo apresentar contribuições substantivas para o debate das crises políticas e quedas de presidente na América Latina entre 1990 e 2012.

Em um primeiro momento, discuto o conjunto de dados compilados sobre o período da pesquisa, considerando o fenômeno da instabilidade presidencial na América Latina, para posteriormente oferecer uma breve reflexão sobre três últimos casos de instabilidade presidencial e suas consequências: Honduras (2009), Equador (2010) e Paraguai (2012). Ao final, sugiro a adoção do conceito de "crises políticas com real chance de queda do Executivo", por acreditar se tratar de um refinamento de outros conceitos, buscando ampliar a precisão da análise ao abarcar temas nem sempre considerados pela literatura.

APRESENTAÇÃO DOS DADOS MAIS RECENTES

O objetivo desta seção é apresentar ao leitor o conjunto de dados mais recentes sobre o fenômeno da instabilidade presidencial na América Latina. Com o intuito de evitar generalizações, buscarei apreciar os casos em dois momentos distintos e consecutivos: 1) os momentos de crises presidenciais e 2) as efetivas quedas presidenciais, que, como já dito anteriormente, não ocorrem necessariamente no mesmo período.

Os dados aqui compilados foram reunidos e atualizados a partir da base de dados disponibilizada por Aníbal Pérez-Liñán em sua página pessoal na internet[112], sendo utilizados na análise realizada no livro *Presidential impeachment and the new political instability in Latin America* (2007), republicado dois anos depois, em espanhol, sob o título *Juicio político al presidente y nueva inestabilidad politica en America Latina* (2009). Originalmente, a base de dados de Pérez-Liñán continha dados atualizados até 2005. Parte do esforço analítico do presente capítulo consistiu na atualização das informações e posterior codificação dos dados de 2005 até 2012 nos moldes estipulados pelo cientista político argentino, a partir da pesquisa nos seguintes bancos de eventos: *Keesing's World News Archive* (http://www.keesings.com/) e Observatório Político Sul-Americano (Opsa — http://www.opsa.com.br/).

DEFINIÇÃO DO CONCEITO DE "CRISES PRESIDENCIAIS"

O conceito de "crises presidenciais" utilizado neste trabalho deriva das reflexões de Aníbal Pérez-Liñán (2008), que busca compreender as quedas recentes de mandatários na América Latina, problematizando o que chamou de "novo padrão de instabilidade política".

Pérez-Liñán (2008, p. 105) identifica as três categorias que permitem caracterizar o fenômeno das quedas presidenciais com maior clareza: 1) renúncia antecipada, 2) juízo político e 3) golpe legislativo. Em todas as possibilidades previstas pelo cientista político argentino, os dois principais e praticamente exclusivos atores a participar do processo das quedas de mandatários são o Executivo e o Legislativo.

---

[112] Pérez-Liñán possui uma excelente página na internet onde disponibiliza todas as bases de dados utilizadas em seus livros e artigos: http://www.pitt.edu/~asp27/Presidential/Impeachment.html.

Partindo dessa percepção, Pérez-Liñán (2008) afirma que um elemento central para a definição do conceito de crise presidencial parece ser a tensão institucional, em especial aquela entre o presidente e o parlamento. O autor entende por crise presidencial: 1) todo processo pelo qual o Congresso tenta remover o mandatário de seu cargo; 2) se o presidente tenta fechar o Congresso; e 3) quando um dos poderes apoia um movimento civil ou militar contra o outro (Pérez-Liñán, 2008, p. 109). A definição operativa de Pérez-Liñán para crises presidenciais considera qualquer episódio no qual o Executivo ameace dissolver o Congresso ou respalde uma reforma constitucional que tenha esse propósito, tente levar a cabo um golpe contra o parlamento ou "suspenda" o mandato da legislatura (ainda que não proclame sua dissolução por decreto). Inclui ainda toda situação na qual o Congresso anuncie a decisão de iniciar um processo de juízo político contra o presidente, de declará-lo incapacitado ou de forçar sua renúncia; na qual o Congresso debata qualquer dessas alternativas ou que legitime um levante militar ou civil contra o Executivo, aceitando posteriormente sua "renúncia" ou nomeando seu sucessor (Pérez-Liñán, 2009, p. 84).

ANÁLISE DOS DADOS

A seguir, serão apresentados os dados mais recentes sobre o tema da instabilidade política e presidencial na América Latina. Os dois primeiros gráficos e a primeira tabela fazem referência a um período maior do que aquele originalmente analisado neste trabalho — 1950 a 2012 —, enquanto as demais tabelas apresentam os dados dos eventos compreendidos entre 1990 e 2012.

A intenção inscrita na ampliação do período de análise se justifica pelo desejo da realização de uma espécie de percurso histórico da democracia na região, demonstrando também o momento de predomínio do autoritarismo e a atual preponderância dos regimes democráticos. Serão apresentados também dados relativos à ocorrência de crises presidenciais entre 1950 e 2012, mostrando o aumento dos episódios a partir do início dos anos 1990, justamente o período analisado neste livro.

Cabe ressaltar, no entanto, a especificidade dos dados aqui utilizados. A classificação de regimes democráticos utilizada por Pérez-Liñán (2009) deriva daquela concebida por Mainwaring, Brinks e Pérez-Liñán (2001), já apresentada no primeiro capítulo desta obra, que codifica os países como democráticos quando são cumpridas quatro condições: 1) quando o presidente e os membros da legislatura são eleitos em eleições livres e justas; 2) a existência de boas proteções para as liberdades civis; 3) um eleitorado que inclua a maior parte da população adulta; e 4) a não ocorrência de nenhuma invasão de militares ou qualquer outro ator não eleito nos domínios dos poderes eleitos constitucionalmente. Se alguma das quatro condições não estiver presente, o país é codificado como não democrático (autoritário), e se houver a violação "parcial" de qualquer das condições, o país é classificado como semidemocrático[113] (Pérez-Liñán, 2009, p. 80).

Logo, a base de dados possui um número maior de semidemocracias do que democracias, já que o conceito de semidemocracias seria mais abrangente por permitir violações parciais de alguma das quatro condições estabelecidas para um regime democrático. Ressalto também que a base de dados utilizada neste trabalho excluiu os casos de regimes autoritários.

Apesar de o conceito de semidemocracia não ter sido empregado ao longo do livro, acredito que sua utilização se mostra interessante neste momento por problematizar as diferentes concepções de democracia discutidas no primeiro capítulo de uma maneira objetiva e fundamentada em dados. Como será visto a seguir, a principal inferência dessa alteridade consiste em um número

113 Dentre os exemplos de violações "parciais" citados por Pérez-Liñán, estariam acusações de fraude eleitoral em certas regiões do país, mas que não alterariam o resultado das eleições (Pérez-Liñán, 2009, p. 80).

historicamente maior de semidemocracias, que praticamente se estabilizou no início dos anos 1990, chegando atualmente a 17 casos. Com o passar dos anos o número de democracias aumentou progressivamente, chegando muito próximo da quantidade de semidemocracias, compreendendo 15 casos em 2012. Os três casos de semidemocracias que não foram considerados como democracias plenas em 2012 são: Bolívia, Equador e Honduras.

GRÁFICO 1 | **EVOLUÇÃO DAS DEMOCRACIAS E SEMIDEMOCRACIAS (1950-2012)**

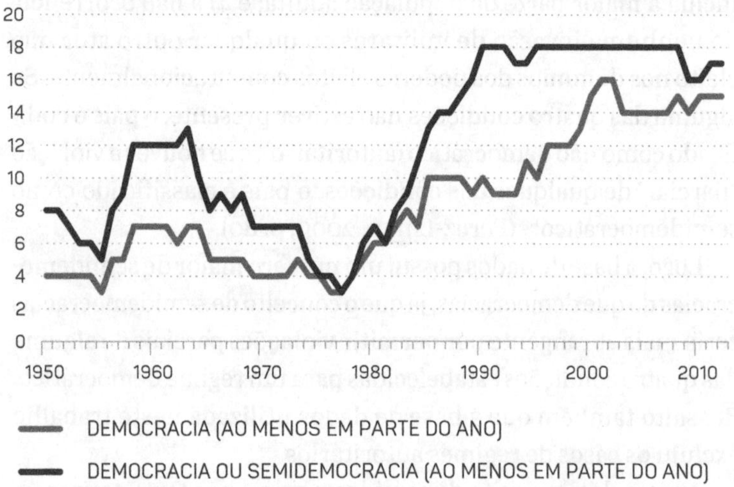

FONTE: ELABORAÇÃO PRÓPRIA A PARTIR DO BANCO DE DADOS SOBRE CRISES PRESIDENCIAIS E INSTABILIDADE POLÍTICA NA AMÉRICA LATINA, ORGANIZADO POR ANÍBAL PÉREZ-LIÑÁN E ATUALIZADO POR ANDRÉ LUIZ COELHO.

Embora não seja exatamente o período analisado neste trabalho, o gráfico 1 mostra-se relevante ao demonstrar a evolução histórica da democracia na região, indicando tanto as ondas democráticas (Huntington, 1994) como os períodos de autoritarismo. O itinerário da democracia na América Latina mostra um aumento do número de casos entre a segunda metade da década de 1950 até a primeira metade da década seguinte — período definido por Huntington (1994) como a segunda onda democrática, que logo teria fim com o início do último grande período dominado pelo autoritarismo na região. Entre a primeira metade dos anos 1960 e o fim da década de 1970, ocorreu uma queda expressiva no contingente de democracias e semidemocracias na América Latina. Nesse momento, apenas Colômbia, Costa Rica e Venezuela eram considerados países democráticos pela maior parte literatura especializada da área.

Essa tendência só começou a ser revertida a partir de 1979, quando o Equador se tornou o primeiro país da chamada "terceira onda democrática" na região (Huntington, 1994). No que diz respeito às semidemocracias, o crescimento efetivo ocorre ao longo da década de 1980 e se estabiliza a partir da década seguinte. Já os casos de países democráticos continuam crescendo entre as décadas de 1980 e 1990, se estabilizando a partir dos anos 2000.

GRÁFICO 2 | **CRISES PRESIDENCIAIS POR ANO (1950-2012)**

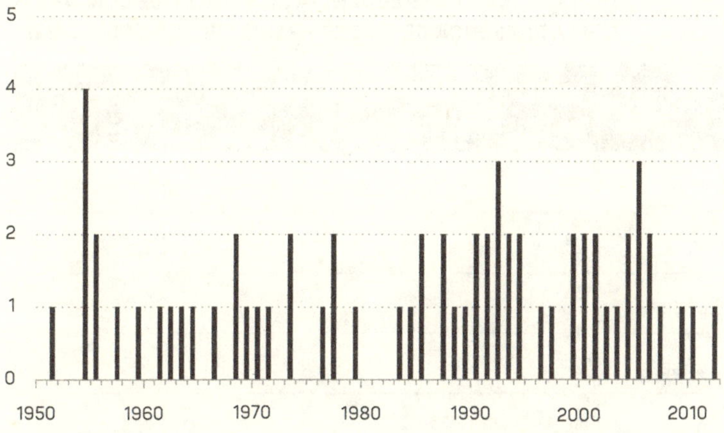

FONTE: ELABORAÇÃO PRÓPRIA A PARTIR DO BANCO DE DADOS SOBRE CRISES PRESIDENCIAIS E INSTABILIDADE POLÍTICA NA AMÉRICA LATINA, ORGANIZADO POR ANÍBAL PÉREZ-LIÑÁN E ATUALIZADO POR ANDRÉ LUIZ COELHO.

No gráfico 2, podemos perceber que ocorreram ao todo 65 crises presidenciais entre 1950 e 2012. Salta aos olhos o maior número de crises presidenciais que tiveram lugar depois de 1990, exatamente o período compreendido por este trabalho. Assim, entre 1990 e 2012, ocorreram 32 casos, com uma média de 1,45 casos por ano; enquanto no período anterior, entre 1950 e 1989, foram 33 casos, representados por uma média de 0,67 casos por ano.

Os resultados do gráfico 2 nos mostram uma maior instabilidade presidencial a partir de 1990, o que é absolutamente natural, visto que foi exatamente deste momento em diante que a maior parte dos países da América Latina já havia ingressado na democracia. Assim, o período anterior não seria menos instável do que o atual pelo simples motivo da não existência de crises presidenciais em regimes autoritários. Logo, podemos dizer que a ocorrência de crises presidenciais é algo inerente ao presidencialismo da região e até mesmo bem-vindo de certa maneira, pois representa a existência do conflito mediado pela política e não pelas armas.

TABELA 4 | **DISTRIBUIÇÃO DE FREQUÊNCIA DOS ANOS QUE CONTARAM COM A PRESENÇA DE CRISES PRESIDENCIAIS (1950-2012)**

	NÚMERO DE ANOS COM A PRESENÇA DE CRISE PRESIDENCIAL	%
0 crise	20	31,9
1 crise	25	39,8
2 crises	15	23,3
3 crises	2	3,3
4 crises	1	1,7

FONTE: ELABORAÇÃO PRÓPRIA A PARTIR DO BANCO DE DADOS SOBRE CRISES PRESIDENCIAIS E INSTABILIDADE POLÍTICA NA AMÉRICA LATINA, ORGANIZADO POR ANÍBAL PÉREZ-LIÑÁN E ATUALIZADO POR ANDRÉ LUIZ COELHO.

A partir dos dados da tabela acima podemos inferir que os anos sem nenhum evento desse tipo representaram aproximadamente 31,9% dos casos, enquanto a ocorrência de apenas uma crise por ano foi majoritária, com aproximadamente 39,8%. Já os anos com duas, três e quatro quedas representaram, respectivamente, 23,3%, 3,3% e 1,7%. Assim, podemos perceber que em pouco mais de dois terços dos anos compreendidos entre 1950 e 2012, o conjunto de países da América Latina enfrentou ao menos uma crise presidencial com real chance de queda dos mandatários, mostrando a importância do estudo do referido fenômeno.

A tabela 5 mostra os tipos possíveis de resultados quando da ocorrência das crises presidenciais. O primeiro valor que chama a atenção é o alto percentual acumulado dos eventos que não resultaram na estabilização das crises presidenciais: aproximadamente 54,5%. Isso quer dizer que, no caso da instauração de um cenário de crise presidencial, mais da metade das soluções possíveis implicaria de algum modo em um dano considerável à estabilidade política dos países, além da violação da escolha soberana dos eleitores via sufrágio, tanto para os presidentes como para os membros do Legislativo. De todas as saídas possíveis para uma crise presidencial, a remoção dos mandatários pela via constitucional (ainda que muitos casos possuam sérios problemas relacionados à condução e à legalidade dos processos de *impeachment*) representou 27,3% dos eventos.

Felizmente, as soluções que violaram a legalidade dos processos democráticos foram minoritárias. O autogolpe de Fujimori em 1992 foi o único a acontecer no período. Outro tipo de resolução que pode ser considerada de caráter negativo para a democracia na região é o golpe legislativo, que ocorreu quatro vezes: na Guatemala, em 1993; no Equador, em 2000; em Honduras, em 2009; e, finalmente, no Paraguai, em 2012. Já o terceiro modelo de resolução de crises, com aproximadamente 12,5%, foi a dissolução legal do Congresso, com quatro episódios, geralmente ligados à formação de uma nova Assembleia Constituinte.

TABELA 5 | **TIPO DE RESOLUÇÃO DE CRISES PRESIDENCIAIS (1990-2012)**

	GOLPE LEGISLATIVO	AUTOGOLPE	REMOÇÃO DO PRESIDENTE
	Guatemala/1993	Peru/1992	Brasil/1992
	Equador/2000		Venezuela/1993
	Honduras/2009		Equador/1997
	Paraguai/2012		Paraguai/1999
			Peru/2000
			Argentina/2001
			Bolívia/2003
			Bolívia/2005
			Equador/2005
TOTAL	**4**	**1**	**9**
%	**12,1**	**3,0**	**27,3**
% ACUMULADO	**12,1**	**15,1**	**42,4**

FONTE: ELABORAÇÃO PRÓPRIA A PARTIR DO BANCO DE DADOS SOBRE CRISES PRESIDENCIAIS E INSTABILIDADE POLÍTICA NA AMÉRICA LATINA, ORGANIZADO POR ANÍBAL PÉREZ-LIÑÁN E ATUALIZADO POR ANDRÉ LUIZ COELHO.

DISSOLUÇÃO DO CONGRESSO	ESTABILIZAÇÃO	TOTAL
Colômbia/1991	Bolívia/1990	
Guatemala/1994	Equador/1990	
Venezuela/1999	Peru/1991	
Equador/2007	Nicarágua/1992	
	República Dominicana/1994	
	Colômbia/1996	
	Paraguai/2001	
	Paraguai/2002	
	Equador/2004	
	Nicarágua/2004	
	Peru/2005	
	Bolívia/2006	
	Paraguai/2006	
	Equador/2010	
4	**15**	**33**
12,1	**45,5**	**100**
54,5	**100**	

Outro ponto a ser ressaltado consiste no relevante número de estabilizações das crises presidenciais, proporcionando aos presidentes a permanência em seus cargos. O elevado percentual de 45,5% dos eventos de estabilização mostra que, apesar da grande instabilidade presidencial do período, muitas vezes as forças políticas conseguiram resolver as crises dentro dos marcos constitucionais, permitindo o retorno do consenso e a vitória da negociação política.

Na tabela 6, inicialmente, nota-se a predominância da permanência da democracia na região: apenas cinco crises presidenciais tiveram como resultado sua interrupção. Dentre essas, três representaram a remoção dos presidentes: Serrano na Guatemala, em 1993; Mahuad no Equador, em 2000; Zelaya em Honduras, em 2009; e Lugo no Paraguai, em 2012; enquanto apenas uma significou o fechamento do Congresso: o autogolpe de Fujimori no Peru, em 1992.

Já nas situações em que a democracia foi preservada, o principal resultado das crises presidenciais no período analisado foi o "empate" entre Legislativo e Executivo, com a permanência dos titulares de ambos os poderes em seus cargos, incidindo no retorno da estabilidade aos respectivos países.

No entanto, nas ocasiões em que apenas um dos ramos poderia sair vencedor, o vitorioso geralmente foi o parlamento. Os resultados mostram nove casos de remoção de presidentes contra apenas quatro de fechamento legal do Congresso. Como discutido no capítulo anterior, o hiperpresidencialismo latino-americano ao mesmo tempo que delega poderes extraordinários aos mandatários — que ao longo da década de 1990 possuíram mais poderes que o Legislativo em muitos países da região —, também cobra resultados efetivos na direção do bem-estar da população. Se as promessas de campanha não forem cumpridas, em um contexto de piora nos indicadores sociais e econômicos, o Congresso tende a levar a melhor na "queda de braço" contra o chefe do Executivo, precipitando sua saída do poder.

TABELA 6 | **RESULTADOS DAS CRISES PRESIDENCIAIS EM RELAÇÃO À SEPARAÇÃO DE PODERES E À PERMANÊNCIA DA DEMOCRACIA (1990-2012)**

NÃO QUEBRA			QUEBRA	
REMOÇÃO PRESIDENTE	FECHAMENTO CONGRESSO	EMPATE	REMOÇÃO PRESIDENTE	FECHAMENTO CONGRESSO
Brasil 1992	Colômbia 1991	Bolívia 1990	Guatemala 1993	Peru 1992
Venezuela 1993	Guatemala 1994	Equador 1990	Equador 2000	
Equador 1997	Venezuela 1999	Peru 1991	Honduras 2009	
Paraguai 1999	Equador 2007	Nicarágua 1992	Paraguai 2012	
Peru 2000		República Dominicana 1994		
Argentina 2001		Colômbia 1996		
Bolívia 2003		Paraguai 2001		
Bolívia 2005		Paraguai 2002		
Equador 2005		Equador 2004		
		Nicarágua 2004		
		Peru 2005		
		Bolívia 2006		
		Paraguai 2006		
		Equador 2010		

FONTE: ELABORAÇÃO PRÓPRIA A PARTIR DO BANCO DE DADOS SOBRE CRISES PRESIDENCIAIS E INSTABILIDADE POLÍTICA NA AMÉRICA LATINA, ORGANIZADO POR ANÍBAL PÉREZ-LIÑÁN E ATUALIZADO POR ANDRÉ LUIZ COELHO.

TABELA 7 | **INTERVENÇÕES MILITARES EM CRISES PRESIDENCIAIS (1990-2012)**

PAÍS	ANO
Argentina	1990
Nicarágua	1992
Peru	1992
Venezuela	1992
Guatemala	1993
Paraguai	1996
Honduras	1999
Equador	2000
Venezuela	2002
Honduras	2009
Equador	2010

FONTE: ELABORAÇÃO PRÓPRIA A PARTIR DO BANCO DE DADOS SOBRE CRISES PRESIDENCIAIS E INSTABILIDADE POLÍTICA NA AMÉRICA LATINA, ORGANIZADO POR ANÍBAL PÉREZ-LIÑÁN E ATUALIZADO POR ANDRÉ LUIZ COELHO.

A tabela 7 nos mostra que a maior parte desses eventos ocorreu ao longo da década de 1990, quando a presença do autoritarismo ainda estava viva na memória dos atores políticos. Entre 1990 e 1999, ocorreram sete intervenções militares em crises presidenciais; enquanto, entre 2000 e 2012, aconteceram quatro eventos desse tipo.

Nem todas as intervenções militares obtiveram êxito e conseguiram tomar o poder. Na verdade, apenas duas delas resultaram na saída de presidentes legalmente eleitos: a deposição de Mahuad no Equador, em 2000, e o golpe contra Manuel Zelaya, em 2009.

O outro tipo de intervenção militar bem-sucedida foram o autogolpe de Fujimori no Peru, em 1992, e de Serrano na Guatemala, em 1993. Os sete casos restantes representaram a derrota da solução autoritária, demonstrando que, diferentemente de seu passado recente, a sociedade civil latino-americana não estaria mais disposta a perder a democracia de vista.

Chama a atenção também o período sem interferências militares nos assuntos democráticos compreendido entre o golpe sofrido por Hugo Chávez na Venezuela, em 2002, e o golpe contra Manuel Zelaya em Honduras, no ano de 2009. Como será demonstrado a seguir, a intervenção dos militares junto às elites hondurenhas contra o presidente resultou em surpresa para a maior parte dos analistas políticos, uma vez que o "fantasma" da ingerência das forças militares na política doméstica dos países latino-americanos era cada vez mais visto como algo pertencente apenas ao passado da região. Esse "otimismo democrático" se mostrou mais uma vez equivocado no ano seguinte, quando ocorreu a tentativa de golpe de parte das forças policiais e militares equatorianas contra o presidente Rafael Correa.

OS TRÊS CASOS MAIS RECENTES DE INSTABILIDADE PRESIDENCIAL E SUAS CONSEQUÊNCIAS: HONDURAS (2009), EQUADOR (2010) E PARAGUAI (2012)

A finalidade desta seção é discutir de maneira objetiva, porém substantiva, os três últimos casos de instabilidade presidencial na América Latina entre 1990 e 2012 e suas peculiaridades, ressaltando a opção de parte da oposição desses países pela utilização de um expediente que parecia fadado ao esquecimento: os golpes contra presidentes.

Os episódios aqui analisados são os seguintes: o "golpe cívico-militar" seguido da expulsão do país de um presidente que ainda vestia pijamas — a deposição de Manuel Zelaya em Honduras no ano de 2009; a trajetória vitoriosa de Rafael Correa sobre a instabilidade crônica equatoriana e o malfadado golpe policial de 2010; e o "juízo político *Express*" que derrubou o governo de Fernando Lugo no Paraguai em 2010.

A opção pela análise dos três casos separadamente neste capítulo se deve à importância desses episódios como consequência direta dos eventos de instabilidade política e presidencial ocorridos nas décadas de 1990 e 2000. Como demonstrado ao longo deste trabalho, os principais eventos de crises políticas e quedas de mandatários no período ocorreram em um contexto de implementação do neoliberalismo, piora nas condições sociais, crises econômicas e estelionato eleitoral de presidentes que eram eleitos com plataformas de centro-esquerda e governavam com atitudes de centro-direita.

Um dos primeiros efeitos dessa conjuntura foi o aprendizado dos presidentes que foram eleitos a partir dos anos 2000 que não deveriam trair os desejos dos seus eleitores conforme aconteceu no passado. Nesse quadro se inscrevem os presidentes progressistas (Soares, 2008), ou da chamada *marea rosa* (Panizza, 2006), que efetivamente tentaram realizar governos de centro-esquerda na região. No entanto, o alijamento de determinados grupos de centro-direita que historicamente fizeram parte das administrações dos seus países teve consequências funestas para a democracia na América Latina, como será visto a seguir.

A dinâmica dos três acontecimentos aqui apresentados já foi relatada em detalhes no segundo capítulo deste trabalho, de modo que a intenção, neste momento, será tratar dos seus impactos para o debate teórico-metodológico das crises políticas e da instabilidade presidencial em si. Com isso, busca-se mostrar a plausibilidade de se encarar que os três últimos casos de crises políticas tenham ocorrido em meio a uma estratégia de golpes contra os mandatários como um novo modelo possível da ação política das elites conservadoras e antidemocráticas na região, reeditando com nova roupagem velhas práticas que pareciam distantes da vivência democrática contemporânea da América Latina.

O "GOLPE CÍVICO-MILITAR" CONTRA MANUEL ZELAYA EM HONDURAS

De acordo com Llanos e Marsteintredet (2010, p. 175), a destituição de Manuel Zelaya da presidência em Honduras pode ser caracterizada com um golpe de Estado em meio a um processo eleitoral que estava em curso e não foi interrompido. Para os autores, o caso hondurenho se destaca por ter como causa dominante: a escalada de um conflito entre as instituições e as elites do país, a intervenção dos militares como poder moderador via convite de instituições civis, a falta de mobilização popular antes do golpe e, finalmente, a irrupção de uma crise internacional e de protestos nas ruas, que tiveram lugar somente após a queda do presidente.

Coelho, Cunha Filho e Pérez Flores (2013, p. 8) argumentam que Honduras sob a presidência de Manuel Zelaya pode ser caracterizada como um exemplo de um fenômeno relativamente comum na América Latina: o chamado estelionato eleitoral ou *policy switch* (Stokes, 2001), ou seja, quando um presidente é eleito baseado em suas promessas de campanha e, quando assume o poder, adota uma plataforma política diametralmente oposta àquela prometida anteriormente. Os autores argumentam que o que torna esse caso particularmente interessante consiste no fato de que em todos os outros episódios descritos pela literatura, a *policy switch* ocorre da esquerda para a direita, ou seja, quando candidatos lançam sua campanha eleitoral com uma plataforma de centro-esquerda e posteriormente se direcionam para a centro-direita. De acordo com Coelho, Cunha Filho e Pérez Flores (2013, p. 8), Zelaya parece ser o único caso em que ocorreu justamente o oposto.

Conforme afirmam os autores, Manuel Zelaya, o presidente de um país muito pobre e extremamente dependente da exportação de petróleo, chegou ao poder em meio a um cenário de crise energética e deterioração do saldo em conta corrente (Coelho; Cunha Filho; Pérez Flores, 2013, p. 18). Como uma das medidas para resolver o problema da insuficiência de energia, Zelaya encontrou, na oportunidade oferecida pela Venezuela de comprar petróleo a preço baixo em troca de apoio para suas políticas de esquerda, uma das poucas alternativas possíveis para o país naquele momento. Uma vez que esse primeiro alinhamento tomou forma e novas iniciativas foram sendo estabelecidas, a dinâmica da *policy switch* foi se consolidando com o tempo.

Como afirmam com Llanos e Marsteintredet (2010, p. 175), a deposição de Zelaya pelos militares foi o ponto culminante de um tenso processo político que teve vários meses de duração e esteve ligado principalmente à tentativa do presidente de reformar a Constituição e, com isso, tentar sua reeleição.

A principal iniciativa do então presidente Manuel Zelaya nesse sentido ocorreu em março de 2009, quando decidiu convocar um referendo popular para decidir sobre o tema da reeleição. Seu desejo inicial, no entanto, seria enviar o pedido de consulta popular para o Congresso Nacional. Contudo, Zelaya logo percebeu que não poderia contar com o apoio do Legislativo e resolveu mudar de estratégia. Naquele momento, o parlamento hondurenho era controlado por seu opositor Roberto Micheletti, que iniciou uma feroz oposição a Zelaya a partir da metade de seu governo, intencionando bloquear a agenda do presidente através de seus poderes institucionais (Coelho; Cunha Filho; Pérez Flores, 2013, p. 7).

O que fica claro na deposição de Zelaya e o aproxima da grande maioria das quedas de presidentes ocorrida no período analisado neste trabalho é a escalada do conflito entre poderes, que chegou a um novo patamar quando o Procurador Geral derrubou o decreto que autorizava a organização do referendo popular, provocando em seguida a edição de um novo decreto pelo presidente, com as motivações similares ao anterior. O novo documento, entretanto, substituiu a expressão "consulta popular" por "pesquisa de opinião", objetivando evitar uma crise constitucional, uma vez que, de acordo com a Carta Magna do país, o Congresso Nacional hondurenho seria a única instituição legítima a aprovar um referendo popular. Em resposta, Michelleti conseguiu a aprovação de uma lei pelo Congresso que tinha a finalidade preventiva de evitar o referendo nacional patrocinado pelo mandatário. A nova lei estabelecia que nenhum referendo poderia ser realizado em um período inferior a 180 dias das eleições presidenciais, marcadas para o fim daquele ano.

A crise institucional tomou proporções ainda maiores após a demissão do comandante das Forças Armadas, o general Vásquez Velásquez, que se recusou a obedecer a uma ordem do mandatário para organizar a logística do referendo e, por isso, foi acusado por Zelaya de tramar um golpe para derrubá-lo da presidência (o que de fato ocorreu dias depois). Em resposta, a Corte Suprema do país — que também estava sob a influência de Michelleti — ordenou o retorno de Vásquez Velásquez ao seu cargo, o que foi negado por Zelaya.

Os membros da Suprema Corte e do Congresso Nacional (sob o comando de Roberto Micheletti) consideraram os últimos atos de Zelaya inconstitucionais e expediram uma ordem de prisão contra o presidente. Assim, na madrugada do dia 28 de junho de 2009, Zelaya foi surpreendido em sua casa e, de pijamas, escoltado até o aeroporto e enviado para a Costa Rica. No mesmo dia, o Congresso hondurenho declarou vaga a presidência e nomeou Micheletti o novo mandatário[114].

De acordo com Coelho, Cunha Filho e Pérez Flores (2013, p. 8), o golpe significou o fim do governo de Zelaya, mas não da crise política do país, que durou até o final do ano — ou provavelmente até um pouco depois disso. Dentre as consequências do golpe de 2009, estão: a expulsão de Honduras da Organização dos Estados Americanos (OEA); diversas tentativas malsucedidas de Zelaya de retornar à presidência, incluindo uma série de manifestações em todo o país de cidadãos que exigiam sua volta; seu retorno

[114] O vice-presidente de Zelaya, Elvin Santos, já havia renunciado com o objetivo de estar habilitado para concorrer às eleições presidenciais de novembro de 2009.

clandestino a Honduras e o posterior refúgio na embaixada do Brasil, que foi cercada pelas tropas leais ao governo de Micheletti; a formação de um movimento de resistência de orientação ideológica de extrema esquerda, algo inédito na história recente do país; e, finalmente, a mediação efetuada por Colômbia e Venezuela, que permitiu o retorno de Zelaya ao país dois anos após o golpe, com seus direitos políticos restaurados e com as acusações penais contra sua pessoa consideradas extintas. Foi exatamente esse acordo que permitiu o retorno de Honduras à OEA.

Para Cálix (2010, p. 34), o golpe de Estado em Honduras desnudou sua fragilidade democrática oculta após quase três décadas ininterruptas de eleições, além de demonstrar as dificuldades de consolidação institucional em um país golpeado pela desigualdade e pela pobreza.

Em resumo, podemos afirmar que, em contraste com a maioria das quedas presidenciais na América do Sul, a queda de Zelaya ocorreu na ausência de protestos socais ou de um escândalo de corrupção (Llanos; Marsteintredet, 2010, p. 175). No entanto, dados do estudo de opinião pública *Latinobarómetro*[115] de 2008 mostram que a administração de Zelaya era uma das quatro mais mal avaliadas da América Latina.

De acordo com Llanos e Marsteintredet (2010, p. 180), o golpe contra Zelaya constituiu a primeira iniciativa desse tipo a obter êxito desde o autogolpe de Fujimori, no Peru, em 1992. Tal afirmação é controversa, pois tanto a queda de Mahuad no Equador, em 2000, como o malfadado golpe impetrado contra Hugo Chávez, em 2002, também podem ser percebidos como exemplos de golpes militares que ocorreram depois do autogolpe de Fujimori. Entretanto, a confirmação do sucesso da ação militar conferida

---

115 O *Latinobarómetro* é uma entidade de direito privado sem fins lucrativos, sediada em Santiago do Chile, e que produz estudos e relatórios sobre a opinião pública e o estado da democracia na América Latina (http://www.latinobarometro.org/latino/latinobarometro.jsp).

pelo Legislativo ao referendar os golpes contra Mahuad e Zelaya, bem como a ação de Fujimori, serviram para dar uma capa de legitimidade aos novos governos.

Llanos e Marsteintredet (2010, p. 180) afirmam que uma das diferenças entre o golpe sofrido por Zelaya e outros episódios específicos de deposição de presidentes na região foi o fato de que, nestes últimos, os militares teriam atuado de forma mais marginal. Nessa nova estratégia, os militares decidiram retirar seu apoio ao presidente e, implicitamente, apoiar a oposição. Esse novo modelo de ação denotaria uma diferença sutil da atuação dos militares no caso hondurenho, principalmente em relação a alguns episódios ocorridos anteriormente, no qual os militares somente decidiram retirar seu apoio aos mandatários quando a disputa entre os poderes já parecia decidida e vencida pelos parlamentares oposicionistas. Assim ocorreu com oposição à queda de Bucaram no Equador em 1997, quando este se negou a aceitar a declaração do Congresso que definia sua "incapacidade mental", afirmando se tratar de um golpe de Estado. Na ocasião, foi preciso que os militares retirassem seu apoio ao presidente para que ele deixasse o poder. Algo semelhante teria ocorrido nas deposições de Sánchez de Lozada, na Bolívia; Lúcio Gutiérrez, no Equador; e Jorge Serrano, na Guatemala.

Em outras palavras, os militares em Honduras decidiram adiantar sua ação política no meio do conflito entre poderes, e não somente no final do processo (como acontecia antes), escolhendo o lado do Legislativo e com isso ajudando a antecipar o fim do mandato de Zelaya.

Desta forma, ao contrário do que acontecia no passado, Llanos e Marsteintredet (2010, p. 180) afirmam que o golpe cívico-militar sofrido por Manuel Zelaya não teve as mesmas características comuns a esse tipo de evento no passado recente da América Latina. Não pode, portanto, ser considerado um "golpe tradicional", que se caracteriza por ser gerado no interior das Forças Armadas com o propósito de se instalar um novo governo, geralmente sob o comando dos militares. Contudo, a atuação das Forças Armadas na destituição de Zelaya teria assumido os moldes da ação de um "poder moderador" (Llanos; Marsteintredet, 2010). Finalmente, os autores afirmam que o golpe contra Zelaya, em última instância, pode ser percebido como um ato que buscou e teve como resultado o reestabelecimento do *status quo* (conservador) e da continuidade de um sistema político de traços democráticos questionáveis.

O TRIUNFO DE RAFAEL CORREA SOBRE A INSTABILIDADE CRÔNICA DO EQUADOR

A malfadada tentativa de golpe policial contra o presidente Rafael Correa deve ser percebida como a vitória da democracia e da soberania popular contra o histórico de instabilidade e disputa política predatória das elites pelo poder no Equador. Inscrito em um cenário no qual desde 1996 nenhum presidente eleito conseguia terminar seu mandato, o economista Rafael Correa concorreu à presidência do país apresentando como principal proposta desarticular o que chamava de "partidocracia corrupta" enraizada no sistema político equatoriano, buscando romper com o poder mafioso dos partidos e grupos empresariais a eles vinculados (Boschi; Gaitán apud Pernasetti, 2011, p. 9).

Desde o primeiro momento de seu governo, Correa fiou sua permanência no poder à necessidade do apoio majoritário dos eleitores. No que foi chamado por muitos de "democracia plebiscitária", desde que assumiu a presidência, Correa venceu todas as disputas eleitorais que concorreu. Sua primeira vitória veio nas eleições presidenciais de 2006. Logo depois de assumir o poder, em janeiro de 2007, e sem ter nenhuma condição de aprovar nada no Congresso, dominado pela oposição, decidiu promover uma consulta popular para que os cidadãos equatorianos decidissem se queriam ou não a instalação de uma Assembleia Constituinte para a promulgação de uma nova Carta Magna para o país, em que a opção pelo "sim" foi a escolhida com 81,72% dos votos.

Como pode ser percebido, nos primeiros meses de seu governo, o mandatário ignorou o Congresso, democraticamente eleito pelo sufrágio, e legislou via decretos executivos. Se tradicionalmente o presidencialismo latino-americano tende a concentrar grandes poderes nas mãos do Executivo, Correa cumpriu exatamente a mesma trajetória de outros mandatários da região ao governar o país por meio de medidas unilaterais.

Contudo, cabe a ressalva de que talvez essa tenha sido a única saída encontrada pelo presidente para evitar a constante disputa entre os poderes e a eventual paralisia decisória que usualmente assolava o país, redundando necessariamente em crise política. Enquanto no passado presidentes minoritários chegavam a um ponto em que não tinham mais condições de governabilidade em razão da polarização com o Legislativo, Correa manobrou para que o Congresso eleito em 2006, no qual era minoritário, tivesse uma vida curta perante a necessidade de ser substituído pela Assembleia Constituinte, na qual conseguiu obter maioria.

Com isso, o Congresso foi dissolvido e novas eleições foram convocadas, tendo como resultado a escolha de 73 candidatos do Movimento Pátria Altiva e Soberana (Pais) — presidido por Correa — e de mais sete representantes da base aliada, dentre os 130 assentos. Após a redação da nova Carta, ocorreu outro referendo popular, em setembro de 2008, que aprovou a Constituição, obtendo 63,94% dos votos válidos, significando o quarto triunfo consecutivo do presidente. Em decorrência da aprovação da nova Constituição, eleições gerais foram convocadas em 2009, e o mandato de Correa, que tinha apenas dois anos, foi interrompido. No entanto, o mandatário pôde se candidatar novamente à presidência, sagrando-se vitorioso já no primeiro turno com 51,95% de aprovação.

Ainda que alguns atos quando refletidos exclusivamente à luz da teoria democrática possam parecer antidemocráticos ou autoritários, cabe lembrar que o presidente equatoriano sempre chamou o povo às ruas para decidir sobre seu futuro. Ao longo de todo processo político, a ampla participação e aceitação popular erigiu Correa à condição de grande vitorioso, conferindo-lhe a legitimidade necessária para suas ações.

Contando com o apoio popular, Correa conseguiu não só sua manutenção no poder, como também a implementação de sua agenda (bastante semelhante em alguns pontos à de seus antecessores, que, no entanto, falharam fragorosamente). Foram notáveis seus altos índices de popularidade ao longo de todos os seus mandatos. Também de maneira diferente dos outros presidentes, que, via de regra, logo após assumirem a presidência e se depararem com o advento das crises políticas e econômicas, viam sua popularidade cair a níveis muito baixos, Correa conseguiu o apoio constante de maior parte da população equatoriana, o que se mostrou essencial para o sucesso de suas iniciativas.

Sua ação difere de seus antecessores em um ponto crucial: ele cumpriu suas promessas de campanha. Enquanto os últimos presidentes equatorianos realizaram a chamada *policy switch* ou estelionato eleitoral, prometendo um governo de centro-esquerda e, após eleitos, promoveram uma guinada radical na direção oposta, com a criação e o deslocamento de uma nova coalizão rumo à centro-direita, Correa cumpriu a maior parte de suas promessas.

Correa ampliou sua margem de manobra reformando a legislação dos contratos de exploração junto às petrolíferas estrangeiras, aumentando consideravelmente a arrecadação do Estado com os lucros da renda do petróleo. Ainda que tal medida possa ser questionável em alguns pontos, como no fato de trazer insegurança jurídica para o investimento externo no país, tais contratos se encontravam defasados com relação ao preço dos hidrocarbonetos no mercado internacional.

O expressivo apoio popular somado à relação favorável com os movimentos sociais do país (que até aquele momento ainda não tinham se deslocado para a oposição, como aconteceu anos depois) foram fundamentais para sua permanência no poder após anos de instabilidade política e presidencial crônica no

Equador. Se os outros mandatários oscilavam entre o apoio e a forte oposição dos movimentos sociais (em especial dos movimentos indígenas), Correa conseguiu que esses movimentos se mantivessem na posição de observadores — se não apoiavam diretamente o presidente, também não lhe faziam oposição. Em relação à importância dos movimentos indígenas para a vida política do país, cabe ressaltar que desde 2006 todas as principais manifestações e, principalmente, quedas presidenciais tiveram a participação obrigatória do movimento indígena.

Foi provavelmente por conta do relevante apoio popular ao longo de suas duas administrações que Correa conseguiu manter-se no poder quando da tentativa de golpe ocorrida em 30 de setembro de 2010. Na ocasião, setores da Polícia Nacional e parte das Forças Aéreas equatorianas tomaram o 1º Regimento de Quito e o aeroporto internacional da cidade em protesto contra as modificações feitas pelo Executivo à Lei do Serviço Público[116].

Após reunir-se com ministros de Estado, o presidente Correa optou por dirigir-se ao quartel para dialogar com os manifestantes, sendo recebido com bombas de gás lacrimogêneo, além de gritos que exaltavam o ex-presidente Lúcio Gutiérrez, seu principal opositor. Em resposta, Correa iniciou um discurso exaltado condenando a postura dos policiais amotinados e alardeando que se tratava de uma tentativa de golpe de Estado. Logo após seu pronunciamento, amplamente divulgado na mídia nacional e internacional, o presidente foi levado ao Hospital Militar por conta dos efeitos das bombas de gás e por ter tido seu joelho recém-operado atingido por um dos policiais que protestavam. No trajeto, o veículo presidencial sofreu disparos e um dos oficiais que fazia a escolta do presidente foi baleado e faleceu.

---

[116] Segundo os policiais, os protestos se deveram ao veto parcial do presidente Correa à Lei do Serviço Público, prevendo cortes de bônus salariais, condecorações e gratificações, tanto da categoria quanto das Forças Armadas.

Uma das evidências de que o evento então em curso não pode ser caracterizado apenas como um motim policial — mas uma tentativa de golpe — foi confirmada diante do fato de que a sede do Parlamento equatoriano também foi cercada por policiais que impediram a entrada de parlamentares, principalmente governistas, e da imprensa, permitindo apenas que membros da oposição tivessem acesso ao prédio. Após algumas horas de incerteza sobre a real condição do presidente, que permanecia no Hospital Militar sob custódia dos revoltosos, Rafael Correa foi finalmente libertado por meio da ação de uma tropa militar de elite que se manteve fiel ao governo, abrindo caminho para o resgate e trocando tiros com os insurgentes. O saldo final do episódio resultou em 13 mortos e 244 feridos, o que denota a escalada da violência e a gravidade do ocorrido.

A trajetória de triunfos de Correa, expressa tanto em suas vitórias eleitorais como na sua permanência no poder após o golpe de setembro de 2010, tóma um vulto ainda maior quando consideramos o ambiente político equatoriano, semelhante em muitos sentidos ao de seus antecessores, com baixa margem de manobra para a ação do Executivo, principalmente devido às deficiências econômicas estruturais e ao histórico recente de instabilidade política.

Novas eleições presidenciais e legislativas ocorreram no Equador em 17 de fevereiro de 2013, consagrando mais uma vez Rafael Correa, o primeiro presidente reeleito do país desde a redemocratização em 1978, com 57,17% dos votos válidos.

O "JUÍZO POLÍTICO EXPRESS" DE FERNANDO LUGO

A destituição de Fernando Lugo repete o histórico recente de quedas presidenciais latino-americanas e algumas de suas características paradigmáticas, como a alta polarização das forças políticas, o conflito entre poderes e a utilização do processo de juízo político como principal instrumento para retirar presidentes.

No entanto, apresenta também algumas diferenças em relação a esse modelo, pelas seguintes características: a ausência total de protestos populares contra o presidente destituído e um processo de impedimento que tinha como principal atributo a avaliação subjetiva do desempenho do mandatário (não havia nenhuma evidência substantiva de desrespeito às leis paraguaias), consagrada em um rito sumário cuja tramitação do processo de *impeachment* transcorreu em menos de 48 horas, levantando sérios questionamentos em relação à sua legitimidade e à garantia de ampla defesa do presidente deposto.

A política paraguaia é marcada por um extenso histórico de autoritarismo e uma experiência democrática ainda recente. Uma das conclusões desse texto aponta para a permanência de práticas políticas predatórias adotadas pelas elites e por alguns dos principais grupos partidários do país, tornando a democracia paraguaia uma das mais frágeis da região. Como afirma Mayra Goulart (2009, p. 8), se o governo de Andrés Rodríguez (1989-1993) foi o responsável por permitir a transição institucional para as regras democráticas, foi apenas no governo de Nicanor Duarte Frutos (2003-2008) que estas foram respeitadas sem irrupções autocráticas, haja vista terem ocorrido tentativas de golpe em 1994, 1996 e 2000. Visando enriquecer o debate, recorro às palavras de Santiago Basabe sobre a queda de Lugo:

> Parece-me claro que não houve uma violação do procedimento constitucional e por isso não houve golpe de Estado. Em relação ao formal, ao estritamente normativo, não existiram violações que deem conta de uma remoção distinta do que foi estabelecido constitucionalmente. Não obstante, a política é mais complexa que o direito. A política exige que em cenários como o vivido pelo Paraguai as decisões dos atores estejam revestidas fundamentalmente de legitimidade. Nesse momento é que a decisão do Senado paraguaio se presta a uma interpretação mais profunda acerca da concepção que temos na América Latina da democracia

e seus procedimentos que, novamente para além do formal, devem ser seguidos e respeitados. Ao final, o problema agora atravessado pelo Paraguai é o problema da maioria dos países da região: existe uma visão parcial e conjuntural do que constitui o regime democrático e do real poder dos votos (Basabe, 2009).

A simples comparação entre o processo de juízo político enfrentado pelo ex-presidente Luiz González Macchi, em 2003, e por Fernando Lugo, em 2012, nos mostra algumas semelhanças em relação aos atores e ao tipo de instrumento constitucional escolhido para a retirada do presidente. Concomitantemente, cabe ressaltar ainda a discrepância em relação ao tempo total para a tramitação do processo, que levou mais de três meses no caso de Macchi, e menos de 48 horas para Lugo. Questões importantes como o conhecimento das acusações e a devida preparação da defesa foram desrespeitados, impedindo a garantia constitucional de ampla defesa do réu. A partir do momento que tomou conhecimento do teor completo das acusações, o presidente Lugo teve cerca de 12 horas para formular sua defesa e apenas duas horas para se defender perante o julgamento no Senado. O processo de juízo político está amparado no artigo 225 da Constituição paraguaia de 1992, que reproduzo abaixo:

ARTÍCULO 225 — DEL PROCEDIMIENTO

El Presidente de la República, el Vicepresidente, los ministros del Poder Ejecutivo, los ministros de la Corte Suprema de Justicia, el Fiscal General del Estado, el Defensor del Pueblo, el Contralor General de la República, el Subcontralor y los integrantes del Tribunal Superior de Justicia Electoral, sólo podrán ser sometidos a juicio político por mal desempeño de sus funciones, por delitos cometidos en el ejercicio de sus cargos o por delitos comunes.

> La acusación será formulada por la Cámara de Diputados, por mayoría de dos tercios. Corresponderá a la Cámara de Senadores, por mayoría absoluta de dos tercios, juzgar en juicio público a los acusados por la Cámara de Diputados y, en caso, declararlos culpables, al sólo efecto de separarlos de sus cargos, En los casos de supuesta comisión de delitos, se pasarán los antecedentes a la justicia ordinaria.

O caráter relativamente vago do artigo 225 permite uma série de interpretações sobre o trâmite do processo, o que serve para aumentar ainda mais a polêmica. Logo, os oposicionistas encontraram uma maneira questionável do ponto de vista da legitimidade para resolver a questão. Coincidentemente, no mesmo dia em que o processo de juízo político contra Lugo foi iniciado, o senador Hugo Esteban Estigarribia Gutiérrez, do Partido Colorado, apresentou o projeto de resolução de número 553.615, que "regulamenta o procedimento para o juízo político na honorável Câmara dos Legisladores da Nação", sendo aprovado imediatamente na mesma sessão em que foi apresentado. O referido projeto estabeleceu as bases e o rito para o julgamento de Lugo, que ocorreu logo em seguida.

Cabe ressaltar, no entanto, que o mesmo Parlamento paraguaio que processou e julgou culpado o presidente Lugo em menos de 48 horas não deu prosseguimento ao projeto de número 550.316, de iniciativa do deputado Victor Alcides Bogado, que propugnava, em 31 de maio de 2012, o juízo político contra os ministros da Corte Suprema de Justiça (CSJ) do país. Ou seja, os mesmos ministros da Corte Suprema de Justiça que estavam sendo processados (mas não julgados) pelo Parlamento paraguaio rejeitaram *in limine* (sem analisar) a ação de inconstitucionalidade proposta pelo então presidente Fernando Lugo contra o julgamento político que motivou seu impedimento — Lugo alegou que o Senado paraguaio não lhe concedeu o devido tempo para a apresentação da sua defesa. Cabe, portanto, a relativização do julgamento de uma Corte Suprema que também está ameaçada por um processo de juízo político nos mesmos moldes e pelos mesmos atores que acabaram por derrubar o então presidente.

Para além da discussão jurídica sobre a estrita validade legal do processo de juízo político (que não constitui de maneira alguma a proposta desta seção) que derrubou um presidente legitimamente eleito pela vontade soberana do povo paraguaio, os determinantes de cunho político aqui apresentados demonstram que a destituição de Lugo não pode ser enxergada apenas pela ótica de sua validade processual, mas sim da intensa pressão das forças políticas envolvidas no processo, presentes na celeridade de sua tramitação que acabou por não permitir a ampla defesa do réu, ainda mais quando levamos em consideração um julgamento de teor tão subjetivo como o do "desempenho do presidente em suas funções".

A discussão acerca da legitimidade do juízo político de Lugo acaba desembocando em polêmica semelhante à queda do então presidente de Honduras, Manuel Zelaya, em junho de 2009. Os perpetradores do processo de impedimento alegaram a legalidade do fato baseados em uma interpretação doutrinária controversa de uma Carta Constitucional pouco clara, alegando o respeito a todas as normas legais. Já os apoiadores de Zelaya chamaram o evento de "golpe cívico-militar", que teria sido promovido por membros do próprio partido do ex-presidente, que em aliança às Forças Armadas e às elites econômicas, teriam contado com a conivência da oposição legislativa. O argumento a favor do golpe levava em consideração o fato de Zelaya ter sido surpreendido de pijamas, detido e enviado no primeiro voo para fora do país em um rito de poucas horas.

Cabe ainda nesta seção a breve reflexão sobre a suposta "parlamentarização" do sistema político paraguaio. Lembro que o Paraguai é uma República Presidencialista e que uma das principais diferenças entre parlamentarismo e presidencialismo consiste na inexistência do chamado "voto de desconfiança" do Parlamento ao chefe do Executivo. Os defensores do sistema parlamentarista argumentam que o voto de desconfiança é um dos seus principais trunfos, por permitir a destituição legal de um mandatário que perdeu seu caráter majoritário. Por sua vez, os entusiastas do presidencialismo afirmam que as exigências formais para um processo de impedimento presidencial tornam o sistema mais estável, por isso seria um requisito desejável e principalmente necessário em democracias recém-saídas de longos períodos autoritários, como no caso da América Latina. Sendo assim, podemos afirmar que uma maneira de entendermos a queda de Fernando Lugo consiste em imaginar que o então chefe do Executivo paraguaio sofreu uma espécie de "voto de desconfiança travestido em juízo político". O problema é que o Paraguai ainda é um país presidencialista.

No ainda breve período de redemocratização latino-americana, podemos recordar outros processos recentes de impedimento na região que tiveram sua legalidade contestada. Recorro a dois episódios ocorridos no Equador: a destituição de Abdalá "El Loco" Bucaram, em 1996, por incapacidade mental, ainda que nenhuma junta médica tivesse chegado a examiná-lo de fato; e o processo de *impeachment* de Lucio Gutiérrez em 2005, que foi retirado do poder pela acusação de "abandono do cargo", ainda que estivesse no palácio presidencial (Coelho, 2007).

O que chama a atenção no caso paraguaio é a ferrenha oposição que Lugo teve de enfrentar ao longo de seu governo, principalmente aquela efetuada pelo Partido Colorado e pela Unace, que tentaram de tudo para inviabilizar seu governo. Com o passar do tempo, seu apoio parlamentar foi desmoronando até que sua coalizão de governo se tornou inexistente. Forças que anteriormente eram leais ao governo, quando perceberam que a possibilidade de queda presidencial era grande, deixaram os ministérios e passaram a fazer oposição ao presidente.

Do mesmo modo, podemos perceber uma espécie de "dependência de trajetória" do padrão histórico praticado no Paraguai. O processo de impedimento de Lugo não respeitou todos os procedimentos legais ou mesmo a democracia (aqui entendida como o desejo da maioria dos cidadãos expresso nas urnas, legitimando a soberania popular dos mandatários). O que se percebe, ao contrário, é a constante disputa política travada pelas principais forças conservadoras do país, que, de maneira predatória, buscam o poder mesmo que isso signifique desrespeito às leis e à vontade popular expressa em mandatos fixos de seus presidentes.

A queda de Lugo derrubou o "compromisso democrático de diálogo e paz" firmado em maio de 2011 pelos ex-presidentes paraguaios Juan Carlos Wasmosy, Raúl Cubas e Luis González Macchi, e pelos seus respectivos vice-presidentes, no marco das comemorações do bicentenário da independência do Paraguai. O "juízo político *Express*", nas palavras do ex-mandatário, incidiu frontalmente contra a já conturbada experiência democrática do país.

Tais questionamentos trazem à tona outra discussão imprescindível para compreendermos melhor a democracia na região, e já realizada no capítulo anterior: a da representatividade política. Afinal, quem é mais representativo: o presidente ou os parlamentares?

Como dito anteriormente, a destituição de Fernando Lugo da presidência paraguaia parece reviver, de certa forma, alguns modelos clássicos de outras quedas na região, ao passo que apresenta algumas particularidades. O modelo de destituição presidencial praticado recentemente em Honduras parece ter inspirado os parlamentares paraguaios em sua opção por um processo de juízo político extremamente rápido e contra presidentes de orientação ideológica mais à esquerda, ao contrário da maioria dos outros casos anteriores, em que os presidentes ligados à direita foram depostos.

Diferentemente da teoria de Hochstetler (2007), que afirmava que todas as quedas de mandatários na América Latina desde a redemocratização contaram necessariamente com a presença da sociedade civil e dos movimentos sociais como atores determinantes para a manutenção ou queda de presidentes, o caso paraguaio parece ser o primeiro a se distanciar desse modelo. Nas semanas que antecederam a instituição do processo de juízo político de Lugo, não aconteceram manifestações, protestos ou qualquer mobilização significativa por parte da população.

Por outro lado, o grande apoio popular de Rafael Correa no Equador parece ter sido um dos motivos principais para o fracasso da tentativa de golpe policial realizado em 2010. Tais eventos nos mostram a necessidade de uma maior reflexão teórica e conceitual sobre o tema das crises políticas e quedas de presidentes na América Latina.

A SUGESTÃO DO CONCEITO DE "CRISES POLÍTICAS COM REAL CHANCE DE QUEDA DO EXECUTIVO"

Como discutido nos capítulos anteriores, existe uma grande variedade de conceitos e interpretações quando o tema em questão se refere aos eventos de instabilidade política latino-americana. Não há consenso na literatura e são praticamente infindáveis as possíveis perspectivas sobre o fenômeno. Não obstante, a utilização de tais conceitos requer cuidado, já que pode servir muitas vezes de embasamento/justificativa para a ação política[117].

O conceito utilizado na análise estatística descritiva deste capítulo foi o de crises presidenciais elaborado por Pérez-Liñán (2008), que definia como elemento central a tensão institucional entre o presidente e o parlamento, conforme as condições relatadas a seguir: 1) todo processo pelo qual o Congresso

[117] Principalmente por forças conservadoras, que podem atuar de acordo com o discurso do restabelecimento da ordem democrática. Países considerados instáveis, por exemplo, podem ser considerados antidemocráticos e consequentemente sofrer tanto uma intervenção externa como uma tentativa de golpe por forças ligadas à oposição, ambos calcados no discurso que busca legitimar a ação política no sentido de assegurar o retorno da estabilidade democrática ao país.

tenta remover o mandatário de seu cargo; 2) se o presidente tenta fechar o Congresso; e 3) quando um dos poderes apoia um movimento civil ou militar contra o outro (Pérez-Liñán, 2008, p. 109).

A crítica possível à definição de crises presidenciais de Pérez-Liñán (2008) reside no fato de que o autor considerou quase exclusivamente apenas o presidente e o Congresso como elementos primordiais para sua definição, deixando de lado outros atores igualmente importantes, como o Judiciário, os militares e a sociedade civil organizada em movimentos sociais. Caminhando nesse sentido, uma das principais críticas de Marsteintredet (2009, p. 6) sobre as conclusões de Pérez-Liñán (2009) seria que os "escândalos presidenciais" e o juízo político constituiriam apenas um tipo de interrupção presidencial. Ou seja, a partir da análise de um tipo específico de queda presidencial, o autor teria generalizado suas conclusões para os demais casos (ainda que constituídos de uma dinâmica diferente).

Creio, no entanto, na possibilidade do refinamento do conceito de crises presidenciais em razão dos resultados da pesquisa empreendida ao longo deste trabalho, sugerindo o formato daquele que considero mais adequado para se referir ao fenômeno da instabilidade presidencial na América Latina: o conceito de "crises políticas com real chance de queda do Executivo". Tal escolha se deve a uma série de fatores, relacionados a seguir: 1) a necessidade de normatizar a discussão, utilizando um único conceito e evitando eventuais conflitos teóricos e provável falta de clareza e objetividade; 2) o aumento da precisão do conceito, considerando a proposta do presente livro, que relaciona estabilidade política a quedas presidenciais; 3) a necessidade de um conceito que seja o mais objetivo possível; e 4) a facilidade de compreensão e, principalmente, da quantificação de tais eventos para uso estatístico, vislumbrando a criação de um conceito que possa ser mensurável.

Dito isto, defino o conceito de "crises políticas com real chance de queda do Executivo" como qualquer evento ou conjuntura crítica em que um presidente (chefe de governo) eleito democraticamente enfrente a real possibilidade de fim antecipado de seu mandato constitucional, por algum dos motivos relacionados a seguir (separados ou em conjunto): 1) abertura de processo legislativo de *impeachment*; 2) abertura de processo legal por Cortes Supremas (mesmo quando não previsto na lei do país) que tenham como objetivo retirar do poder um presidente constitucionalmente eleito; 3) possibilidade de golpe de Estado por forças contrárias ao governo, com participação de militares; e 4) manifestações populares da sociedade civil e/ou dos movimentos sociais que tenham como principal intuito a deposição de presidentes.

CONCLUSÃO

Neste capítulo procurei oferecer contribuições para o estudo das crises políticas e das quedas de mandatários, apresentando inicialmente o conjunto dos dados mais recentes sobre o fenômeno da instabilidade presidencial na América Latina para, em seguida, discutir três casos recentes de instabilidade presidencial na região: Honduras (2009), Equador (2010) e Paraguai (2012). Ao final do capítulo, sugeri a adoção do conceito de "crises políticas com real chance de queda do Executivo", por acreditar se tratar de um refinamento de outros conceitos, buscando ampliar a precisão da análise ao abarcar temas nem sempre considerados pela literatura.

Os dados compilados nesta pesquisa demonstram que, a partir de 1990, as crises presidenciais se intensificaram — apenas quatro anos não registraram a ocorrência desses eventos (1996, 1999, 2009 e 2011). Se no período autoritário não havia tantas crises políticas, também não existia democracia. Dessa maneira, a maior "estabilidade" das crises políticas no período autoritário seria explicada simplesmente porque crises políticas não eram permitidas ou desejadas, muito menos a legítima manifestação dos desejos da população nas ruas exigindo que sua vontade fosse respeitada.

Dentre os tipos possíveis de resolução de crises presidenciais, o que inicialmente chama a atenção é o alto percentual acumulado dos episódios que não resultaram na estabilização das crises presidenciais, totalizando aproximadamente 54,5%. Isso quer dizer que, no caso da instauração de um cenário de crise presidencial, mais da metade das soluções possíveis implicaria de algum modo em um dano considerável à estabilidade política dos países. De todas as saídas plausíveis para uma crise presidencial, a remoção dos mandatários representou aproximadamente um terço dos eventos totais.

Entretanto, nota-se a permanência da democracia na região: apenas cinco crises presidenciais tiveram como resultado sua interrupção. Essa é a grande diferença em relação ao passado da América Latina, marcado pela alternância de períodos autoritários e democráticos. Nas situações em que a democracia foi preservada, o principal resultado das crises presidenciais foi o "empate" entre Legislativo e Executivo, com a manutenção dos titulares de ambos os poderes em seus cargos, incidindo no retorno da estabilidade aos respectivos países. Contudo, nas ocasiões em que apenas um dos ramos poderia sair vencedor, o vitorioso geralmente foi o parlamento, tendo como principal resultado da queda de braço a destituição dos mandatários.

Não obstante, ainda podemos perceber a resistência de traços do autoritarismo na América Latina. Entre 1990 e 1999, ocorreram sete intervenções militares em crises presidenciais; enquanto, entre 2000 e 2012, aconteceram quatro eventos desse tipo. Felizmente, nem todas as intervenções militares obtiveram êxito e conseguiram tomar o poder.

Com o objetivo de discutir os três casos mais recentes de instabilidade presidencial na América Latina e suas peculiaridades, ainda pouco analisados pela literatura, realizei um breve relato dos seguintes episódios: o "golpe cívico-militar" que resultou na deposição de Manuel Zelaya em Honduras no ano de 2009; a trajetória vitoriosa de Rafael Correa sobre a instabilidade crônica equatoriana e o malfadado golpe policial de 2010; e o "juízo político *Express*" que derrubou o governo de Fernando Lugo no Paraguai em 2010.

O intuito desta parte do capítulo consistiu em tratar os impactos dos episódios descritos acima para o debate teórico-metodológico das crises políticas com real chance de queda de presidentes e da instabilidade presidencial em si. Com isso, buscou-se mostrar a plausibilidade de se encarar que os três últimos casos de crises políticas teriam ocorrido em meio a uma estratégia de golpes ilegais contra os mandatários, consistindo em um novo modelo possível da ação política das elites conservadoras e antidemocráticas na região.

Tais grupos teriam percebido a necessidade da construção de uma nova estratégia de ação que não contasse com a utilização das organizações populares. A escolha da oposição nesses países foi por uma ação rápida e objetiva, que não concedia tempo para a conscientização e posterior mobilização dos seus cidadãos nas ruas. Em todas essas dinâmicas, ao contrário do que aconteceu no passado, não ocorreu um longo processo que tivesse como característica a contínua adesão da população às manifestações contrárias aos mandatários.

Uma possível explicação para essa nova estratégia se encontra na percepção e na aprendizagem das elites conservadoras de que o sistema político dos países latino-americanos, ao longo das últimas décadas, geralmente voltava ao equilíbrio depois de longos períodos conturbados somente após a queda dos mandatários. Estes eram comumente identificados pela população como as principais fontes dos problemas dos países, já que muitas vezes traiam a soberania popular ao realizarem campanhas prometendo mandatos de centro-esquerda, mas quando eleitos governavam com medidas de centro-direita.

Cabe ressaltar, portanto, que, se ao longo dos últimos anos — após uma relativa estabilização política inscrita em um momento em que a América Latina vivia o *boom* eleitoral de governos progressistas (Soares de Lima, 2008), ou da chamada *marea rosa* (Panizza, 2006) — as elites conservadoras da região atuaram de maneira objetiva para retirar os presidentes identificados com valores de esquerda, visando o reequilíbrio das forças políticas inscritas nas quedas dos mandatários. No entanto, conscientes de que não poderiam contar com o apoio popular para isso, se uniram a setores oposicionistas dos respectivos Congressos e das Forças Armadas para efetivar suas ações, realizadas de forma eminentemente extraconstitucional.

Esse novo tipo de destituição capitaneada pela direita contra presidentes de esquerda reforça a validade das explicações de cunho institucional. Uma vez que a sociedade civil e os movimentos sociais perdem seu protagonismo, os congressos continuam sendo os principais atores no processo da destituição dos mandatários, agora auxiliados novamente pelas forças militares conservadoras e em alguns casos pelas Cortes Supremas.

CONCLUSÕES FINAIS

O principal objetivo deste livro foi responder à seguinte pergunta: por que caem os presidentes na América Latina? Para empreender a pesquisa, analisei as crises políticas e quedas de mandatários ocorridas entre 1990 e 2012, período imediatamente posterior à redemocratização e ao início das reformas políticas e econômicas de cunho neoliberal, adotando duas principais dimensões explicativas: as variáveis ligadas às instituições políticas e a ação da sociedade civil e dos movimentos sociais.

Apesar de a região ter presenciado grande instabilidade nas últimas décadas, um fato chama a atenção e diferencia o atual momento dos episódios ocorridos no passado: os presidentes caem, mas a democracia continua na maioria dos casos. A permanência da democracia traz novos questionamentos que tentaram ser respondidos por este trabalho: quais as implicações das crises políticas com real chance de queda de mandatários e da instabilidade presidencial para a democracia da América Latina? Será que os episódios de quedas de presidentes poderiam ser caracterizados como uma ampliação do controle popular e das instituições sobre os atos dos chefes do Executivo inscritos em um contexto de aumento do hiperpresidencialismo nas últimas décadas?

Dessa forma, iniciei o primeiro capítulo apresentando a discussão conceitual sobre diferentes concepções de democracia, fazendo especial referência à estabilidade do presidencialismo latino-americano a partir do histórico de contribuições teóricas que se inicia no final da Segunda Guerra Mundial e vai até pouco depois da virada do milênio. Em seguida, descrevi os principais eventos de crises políticas com chance de queda de presidentes, bem como a própria dinâmica das quedas dos mandatários.

A terceira parte foi dedicada a analisar o "estado da arte" da teoria contemporânea sobre o tema da instabilidade presidencial a partir de obras inscritas em um contexto no qual a democracia já se encontra relativamente consolidada. O quarto capítulo apresentou a análise das crises políticas e quedas de mandatários, lançando mão de duas das vertentes mais clássicas do estudo do tema: 1) a ação da sociedade civil e dos movimentos sociais e 2) a explicação institucional. O quinto e último capítulo apresentou o conjunto de dados mais recentes sobre o fenômeno em estudo para, em seguida, oferecer uma breve reflexão sobre três casos de instabilidade presidencial e suas consequências: Honduras (2009), Equador (2010) e Paraguai (2012).

Retomando brevemente os principais resultados encontrados no primeiro capítulo, inicialmente empreendeu-se uma discussão introdutória sobre as diferentes concepções contemporâneas acerca da democracia, especialmente aquelas que fazem referência aos países da América Latina, adotando a definição de Mainwaring, Brinks e Pérez-Liñán (2001) como paradigma. De acordo com os autores, a democracia abarcaria todo regime que agregasse quatro características: 1) um governo eleito em eleições livres e justas; 2) a existência de boas proteções para as liberdades civis; 3) um eleitorado que inclua a maior parte da população adulta e; 4) a não ocorrência de nenhuma interferência de militares ou qualquer outro ator não eleito nos domínios dos poderes eleitos constitucionalmente.

Em seguida, teve lugar o debate sobre a literatura clássica que analisa a estabilidade política na região, cujas primeiras obras surgiram ainda na primeira metade do século XX e tinham como uma de suas características predominantes a recorrência em relacionar estabilidade política a questões econômicas, como, por exemplo, as teorias da modernização e as teorias de transição democrática. Contudo, muitos autores latino-americanos dedicaram-se a demonstrar as falhas desse tipo de argumento, ressaltando sua visão conservadora, linear e evolucionista. Destacam-se entre os críticos aqueles ligados à "teoria da dependência", que observaram o baixo poder explicativo e o caráter etnocêntrico e conservador da teoria da modernização.

Apesar de também considerarem a influência das variáveis econômicas, a discussão desenvolvida a partir dos anos 1990 relacionava estabilidade política e democrática muito mais a condições de governabilidade e estabilidade presidencial, inscrevendo a discussão primordialmente na esfera da política, e não da economia, concentrando a explicação em variáveis institucionais.

Os primeiros autores dessa geração possuíam um tom alarmista sobre as possibilidades do presidencialismo e mesmo da democracia na região, principalmente quando comparados com o modelo parlamentarista europeu. Por isso, acreditavam que governos com apoio minoritário no Congresso levariam necessariamente a situações prejudiciais para a governabilidade. Os autores da geração seguinte, também institucionalistas, criticaram duramente as previsões catastróficas dos seus antecessores, demonstrando que a instabilidade política no presidencialismo latino-americano não seria uma condição intrínseca ao sistema, mas surgiria apenas em alguns arranjos institucionais específicos, como no caso de presidentes minoritários que não conseguiram ou não quiseram formar coalizões de governos em sistemas multipartidários.

Finalmente, com o retorno definitivo da democracia na região e com o passar dos anos, um novo fenômeno foi sendo observado: a instabilidade presidencial em um contexto de estabilidade democrática, exatamente o tema debatido pelos autores do terceiro capítulo, que buscou apresentar as obras mais relevantes dos últimos dez anos que analisam o tema das crises políticas e quedas de presidente na América Latina. A novidade dessa nova leva de autores foi associar as explicações institucionalistas à sociologia política das mobilizações populares.

O já citado terceiro capítulo deste trabalho apresentou principalmente as reflexões de três autores: o argentino Aníbal

Pérez-Liñán, a canadense Kathryn Hochstetler e o norueguês Leiv Marsteintredet, que perceberam que, diferentemente do que acontecia no passado, as quedas de presidentes não ocorrem mais com a ajuda das forças militares. Teria ocorrido um aprendizado por parte das forças conservadoras acerca do alto custo da realização de um golpe militar clássico nos moldes concretizados no passado, já que nas últimas décadas tanto a população como a opinião pública internacional não veem com bons olhos o retorno do autoritarismo, exercendo forte pressão para que esse tipo de estratégia não seja mais utilizada.

Assim, o novo padrão de destituição de mandatários identificado pela literatura ocorreria principalmente em razão dos conflitos do chefe do Executivo com as demais instituições do país (principalmente o Legislativo) em um contexto de forte pressão das ruas pela saída dos presidentes, geralmente identificados pela maioria da população como os principais culpados pelas crises políticas e econômicas, dentro das normas constitucionais vigentes.

O quarto capítulo deste livro procurou analisar o fenômeno da instabilidade política e presidencial na América Latina entre 1990 e 2012, lançando mão de duas das vertentes mais clássicas do estudo do tema: 1) a análise da ação da sociedade civil e dos movimentos sociais e 2) a explicação institucional. Mostrou-se que nenhuma das duas dimensões possui um caráter predominantemente explicativo sobre a outra, mas que seria exatamente a combinação de ambas que aumentaria o poder explicativo sobre o surgimento das crises, seu desenvolvimento e, principalmente, a previsão de possíveis resultados.

Assim, a reflexão sobre a instabilidade política e presidencial na América Latina deve necessariamente levar em consideração a atuação da sociedade civil e dos movimentos sociais nos episódios de crises políticas e quedas de mandatários. Se na primeira década dos anos 2000 a participação dos cidadãos foi consideravelmente incentivada em vários níveis do processo político, como, por exemplo, nas novas Constituições promulgadas na Bolívia, no

Equador e na Venezuela; o histórico do século XX nos mostrou justamente o contrário.

Cabe recordar que, algumas décadas atrás, a teoria da modernização caracterizava de maneira negativa a ação da mobilização popular, com argumentos majoritariamente demofóbicos, em que os atores sociais eram percebidos como elementos desestabilizadores das democracias, inscritos em um grande "medo das massas". Naquele contexto, qualquer perturbação da ordem institucional vigente provocada pela mobilização social poderia ser enquadrada como um evento de instabilidade e de risco para a sobrevivência do regime.

Entretanto, a recente experiência latino-americana aqui retratada demonstrou que a participação das "massas" nos episódios que envolveram a real chance de queda de presidentes foi decisiva para a manutenção dos anseios da soberania popular, muitas vezes traída pela ação dos mandatários via estelionato eleitoral. Quando percebida por uma ótica progressista, a participação da sociedade civil e dos movimentos sociais esteve longe de desestabilizar a democracia, como defendido no passado, mas contribuiu para o desenvolvimento do regime democrático na região: políticos e políticas indesejadas pela maioria da população foram substituídos em grande medida graças à ação decisiva dos cidadãos, que clamavam pelo cumprimento das promessas de campanha e por políticas que privilegiassem não só as elites, mas a totalidade dos grupos historicamente marginalizados e em situação de vulnerabilidade econômica.

Desse modo, a reflexão sobre o atual estado e as perspectivas sobre a democracia na América Latina deve obrigatoriamente considerar os representantes da sociedade civil organizada não como elementos desestabilizadores, mas como atores que irão garantir o equilíbrio democrático na região, vetando presidentes e políticas que vão de encontro aos anseios da maioria da população. No lugar de serem alijados da política, os atores sociais devem estar cada vez mais inseridos em todas as fases do processo, visto que a democracia é um arranjo político que busca maximizar o bem-estar dos seus cidadãos. Democracias que não sejam de massa estão necessariamente equivocadas. No entanto, cabe a ressalva que em alguns casos tais grupos podem ser subtraídos e instrumentalizados pelas elites conservadoras, passando a atuar diretamente contra o equilíbrio democrático e até mesmo serem utilizados como pretexto para uma ação ilegal e golpista, como aconteceu no Brasil em 2016.

Parte da luta dos movimentos sociais e da sociedade civil organizada também pode ser compreendida como uma disputa protagonizada por grupos historicamente marginalizados com o objetivo de chegarem ao poder. Países como a Venezuela, por exemplo, mantiveram a mesma elite no comando do país por praticamente meio século, a partir do conhecido Pacto de *Punto Fijo*. Na Bolívia, no Equador e no Peru, o grande contingente de cidadãos de origem indígena passou a maior parte do século XX sem a possibilidade de se candidatar a cargos eletivos[118].

A história da América Latina retratada neste livro mostra as consequências para a estabilidade política e presidencial das promessas não cumpridas, do advento do neoliberalismo e da redemocratização na região, em curso desde o final da década de 1970. Com a chegada da década de 1990, tais grupos, que já não se encontravam necessariamente à margem do processo político, resolveram buscar seu protagonismo, mostrando que não estavam mais dispostos a permanecer inseridos em uma dinâmica excludente. Dessa maneira, participaram ativamente da saída de praticamente todos os presidentes no período compreendido entre

---

[118] Os movimentos étnicos desses países conseguiram diversas vitórias nas últimas décadas, como, por exemplo: o ensino bilíngue nas escolas; modificações nos sistemas eleitorais no sentido da descentralização administrativa e diminuição das barreiras para a presença de partidos políticos étnicos, antes minoritários ou inexistentes; cotas para a representação parlamentar; reforma política incorporando direitos indígenas no Equador e na Bolívia, com o reconhecimento de um Estado Plurinacional, entre outras.

1990 e 2012, mostrando-se fundamentais para a estabilidade política e presidencial na América Latina.

Como é sabido, um dos eixos principais para uma democracia moderna e efetiva, ou "a poliarquia" imaginada por Dahl, é justamente a inclusão, a participação política. Dessa maneira, representantes clássicos da burguesia proprietária latino-americana como Collor, Andrés Pérez, Sánchez de Lozada, entre outros, foram retirados do poder em grande parte pela ação dos grupos populares que pediam de volta a soberania inscrita na delegação de seus mandatos individuais aos presidentes, responsabilizando os mandatários pelas promessas não cumpridas.

Contudo, o aumento da participação política e o desenvolvimento da democracia na América Latina não trouxe necessariamente mais estabilidade política. Se, por um lado, grupos que historicamente estiveram fora do processo político agora podem participar e eleger seus representantes —, muitos inclusive identificados à sua imagem e semelhança (como a eleição de um indígena para a presidência da Bolívia ou de um operário no Brasil) —, por outro, a estabilidade política artificial do passado, presente no comando quase que exclusivo das elites, não se sustenta mais.

Se no histórico da América Latina as elites civis conservadoras se aliaram aos militares e governaram por longos períodos autoritários, a realidade entre 1990 e 2012 foi diferente. Partindo de uma concepção otimista, a instabilidade política desse período chega até mesmo a ser desejada, especialmente quando comparada ao medo que dominava o passado e impedia a manifestação dos desejos da soberania popular. Não existe instabilidade presidencial nas ditaduras porque esse tipo de arranjo não permite a participação ou o conflito de ideias e ideologias.

A despeito da maior parte dos problemas enfrentados no período, foram encontradas soluções institucionais em quase todos os casos, permitindo que o conflito e as pressões oriundas de diversos setores da sociedade fossem solucionados ou com a estabilização das crises e a consequente permanência dos presidentes em seus cargos, ou com a retirada dos mandatários do poder. O elemento central autoritário do passado — as Forças Armadas — já não conseguia mais protagonizar a política ou retomar o poder de maneira isolada, tendo como base o uso extensivo da violência. Não que os militares não tenham atuado no período, inclusive para retirar presidentes, no entanto, mesmo quando isso aconteceu, cabe ressaltar que não foram a principal força, mas sim aliados das elites nos chamados golpes cívico-militares. Ou, mais recentemente, se lançando como candidatos na política institucional/partidária e concorrendo a cargos eletivos no contexto democrático (ainda que em muitos casos isso tenha se tornado um contrassenso, com militares eleitos na democracia, mas que defendem o autoritarismo).

Finalmente, o argumento que perpassa toda essa produção teórica seria de que esse novo padrão de instabilidade na América Latina, inscrito em um contexto de permanência dos regimes democráticos, constitui justamente o resultado do aprofundamento da democracia na região, e não de sua falta, como defendido por muitos ao longo das últimas décadas. Logo, podemos concluir que a instabilidade política e presidencial seria uma das principais consequências do desenvolvimento da democracia na região, quando as regras do jogo político e democrático são respeitadas.

Dessa maneira, permite-se que a polarização da sociedade, mais extrema em alguns países que em outros, possa ser discutida dentro da arena eleitoral e legislativa com maior legitimidade (como, por exemplo, na ampliação do número de partidos políticos e no respeito à atuação dos movimentos sociais organizados, antes duramente reprimidos em alguns países da região). No lugar das guerras civis sangrentas do passado, o conflito passa a ser encenado majoritariamente dentro da arena política. Grande parte dos movimentos guerrilheiros do passado, bem como seus principais líderes, deixou de lado a luta armada e constituiu partidos políticos, chegando até mesmo a eleger presidentes, como nos casos do Brasil, com Dilma Rousseff; da Nicarágua, com Daniel Ortega; e do Uruguai, com Pepe Mujica.

Entretanto, nem sempre o dissenso consegue ser resolvido apenas na arena das instituições políticas formais. A radicalização dos discursos em um ambiente progressivamente polarizado pode gerar situações em que a permanência dos mandatários no poder se tornaria insustentável. Nesse cenário, a única saída possível seria o recomeço de toda experiência democrática, representada tanto na saída do presidente de seu cargo como em propostas de refundação do Estado em novos termos, como aquelas experimentadas na Bolívia, no Equador e na Venezuela.

Como visto ao longo do livro, principalmente no quarto capítulo, o emprego da *policy switch* (estelionato eleitoral) por presidentes legitimamente eleitos contrariou os anseios populares e o exercício do respectivo *accountability* vertical. As aspirações do eleitorado, traduzidas no voto em propostas de mudança, nem sempre tiveram correspondência na arena política real. Todavia, se considerarmos a possibilidade do *accountability* vertical ser relacionado não somente ao sufrágio, mas a qualquer manifestação popular de controle dos atos dos governantes, veremos que as mobilizações populares contrárias aos presidentes que efetuaram o estelionato eleitoral, através da ação da sociedade civil e dos movimentos sociais, fiscalizaram e puniram os mandatários que não corresponderam às suas expectativas.

A atuação da sociedade civil e dos movimentos sociais refinou ainda mais o conceito de O´Donnel (1998), indo além da participação na arena eleitoral a cada quatro ou cinco anos. Tais atores, portanto, exerceram seu poder de fiscalização e decisão nos momentos que julgaram necessário, se tornando um dos principais artífices das quedas presidenciais.

Logo, a discussão contemporânea sobre representação política encontra um excelente material de estudo na América Latina das últimas décadas. Utilizando os argumentos de Pitkin (1972, p. 144), é possível afirmar que a ação dos presidentes que insistiam em disputas com outros poderes constitucionais e com o eleitorado estaria longe da visão pluralista e do conceito de mandato vinculado de representação. Em outras palavras, tal afirmação só é possível devido à baixa responsividade dos mandatários junto à sua *constituency*, que muitas vezes se aproximaram mais da visão conservadora de mandato independente, que considera que uma vez escolhido o representante por meio do sufrágio, este deve ter total liberdade de ação em seus atos, exercendo o bom senso para agir na defesa do interesse dos seus representados.

Portanto, a ocorrência de crises políticas e quedas de mandatários em um contexto de quebra de promessas eleitorais, mas não da democracia, traz novamente à tona o infindável debate sobre o mandato independente e o mandato vinculado. Os presidentes que escondem suas reais intenções e as modificam posteriormente podem ser caracterizados como não responsivos, pois agem contra a opinião pública.

Entretanto, outra possível interpretação seria a de que esses mandatários podem ter atuado de acordo com o que acreditavam ser o melhor para o seu país e, portanto, estarem efetivamente representando sua *constituency*. Stokes (2001) afirma que a *policy switch* pode ocorrer por outras razões, como, por exemplo, o fato de que, uma vez no cargo, o presidente toma conhecimento de uma série de informações que não possuía e que acabam o convencendo da necessidade de ajustes em suas políticas em nome do interesse público. Outra possibilidade plausível seria pensar que os mandatários realmente tenham imaginado que uma vez implementadas as reformas econômicas neoliberais, os eleitores iriam entender que essa teria sido a melhor escolha política e, posteriormente, aceitariam as decisões pretéritas dos mandatários em razão da melhoria das suas condições de vida.

Refletindo sobre as afirmações acima, os presidentes que realizaram a *policy switch* podem argumentar que agiram na direção daquilo que Burke advogava, ou seja, a priorização dos interesses da nação sobre os interesses particulares dos eleitores — "uma nação com um interesse". Sob essa ótica, provavelmente pensaram aqueles chefes do Executivo que realizaram as reformas neoliberais mesmo sem a anuência da população, acreditando que o mandato delegado, expresso tanto na votação majoritária oriunda do sufrágio quanto na delegação dos legislativos nacionais no início dos anos 1990, seria uma espécie de salvo-conduto para sua livre ação.

No entanto, foram recorrentes as crises entre os presidentes e os congressos nacionais. Assim, uma das conclusões deste trabalho seria a de que determinadas instituições que delegaram "superpoderes" ao Executivo ao longo das últimas décadas não necessariamente estariam dispostas continuar com essa delegação, ou talvez estivessem empreendendo exatamente o caminho oposto, buscando novamente a equidade na balança de poderes, provavelmente influenciando o histórico recente de crises em alguns dos países analisados. Se no quarto capítulo deste livro apresentamos o *modus operandi* do hiperpresidencialismo na região, expresso na delegação do Legislativo aos mandatários para que esses implementassem as reformas políticas e econômicas preconizadas pelo Consenso de Washington, também demonstramos o fracasso desses presidentes em melhorar as condições de vida e os indicadores sociais de seus países, resultando no descontentamento popular das chamadas "promessas não cumpridas".

Dessa maneira, o recrudescimento dessa "boa vontade" do início da década de 1990 com os presidentes da região ocasionou, muitas vezes, no retorno do conflito com os congressos nacionais, que não estariam mais dispostos a ter um papel de subalternidade. Como demonstrado, quando não ocorreu a estabilização das situações de crise política com real chance de queda dos presidentes, geralmente o vencedor da queda braço entre o Executivo e o Legislativo foi o parlamento, responsável direto pela destituição dos mandatários em um cenário de conflito e paralisia decisória. Desta maneira, faço referência à atuação dos legislativos nacionais frente a essa nova dinâmica, trazendo à tona a necessidade da reconsideração da representatividade democrática dos presidentes que realizaram a chamada *policy switch* ou que foram acusados de corrupção em seus mandatos.

No entanto, cabe ressaltar que a *policy switch* não redunda necessariamente em crise política e derrocada da coalizão, como parece ser o caso de alguns países na América do Sul, até porque o fenômeno do chamado estelionato eleitoral não pode ser considerado exclusivo da região. Devemos levar em consideração, ainda, que o estelionato eleitoral na América Latina teria diminuído consideravelmente a partir dos anos 2000. Os novos presidentes eleitos ou parecem ter aprendido com as experiências desastrosas do passado, ou efetivamente modificaram o teor de suas ações em uma guinada de centro-esquerda, de modo que em sua atuação política e econômica procuraram adotar trajetórias mais lineares (Panizza, 2006; Silva, 2011). Dito isto, uma das perguntas possíveis que guiarão futuras pesquisas sobre o tema da instabilidade política e presidencial seria a continuidade ou não da dinâmica da *policy switch*. Seria o chamado "estelionato eleitoral" um fenômeno datado frente à conjuntura de governos progressistas (Soares, 2008) nas décadas de 2000 e 2010 na América Latina?

O quinto capítulo deste trabalho apresentou o conjunto de dados que demonstrou que a partir de 1990 as crises presidenciais se intensificaram. Dentre os tipos possíveis de resolução de crises presidenciais, o que inicialmente chama a atenção é o alto percentual acumulado dos episódios que não resultaram na estabilização das crises presidenciais, que atingiu aproximadamente 54,5%. De todas as saídas plausíveis para uma crise presidencial, a remoção dos mandatários representou aproximadamente um terço dos eventos totais.

No entanto, a democracia permaneceu na região e apenas cinco crises presidenciais tiveram como resultado sua interrupção. Quando a democracia foi preservada, o principal resultado no período analisado foi o "empate" entre Legislativo e Executivo, com a manutenção dos titulares de ambos os poderes em seus cargos, incidindo no retorno da estabilidade aos respectivos países. Contudo, nas ocasiões em que apenas um dos ramos poderia sair vencedor, o vitorioso geralmente foi o parlamento, tendo como resultado majoritário da queda de braço a destituição dos mandatários.

O conjunto de eventos relacionados até agora teve como consequência uma mudança na dinâmica das crises presidenciais ocorridas a partir de 2009, tendo agora como protagonistas presidentes ligados à esquerda. Assim, um dos principais objetivos deste trabalho foi mostrar a plausibilidade de se encarar os três últimos casos de crises políticas ocorridas até 2012 como uma estratégia de golpes ilegais contra os mandatários, consistindo em um novo modelo possível da ação política das elites conservadoras e antidemocráticas na região. Faço referência direta aos seguintes episódios: o "golpe cívico-militar" que resultou na deposição de Manuel Zelaya em Honduras, no ano de 2009; a tentativa de golpe policial contra Rafael Correa no Equador, em 2010; e o "juízo político *Express*" que derrubou o governo de Fernando Lugo no Paraguai, também em 2010.

Assim, os grupos conservadores de oposição perceberam a necessidade da construção de uma nova estratégia de ação que não contasse com a utilização das organizações populares, escolhendo uma ação rápida que não concedia tempo para a conscientização e posterior mobilização da população nas ruas, exatamente o oposto do que aconteceu no passado. Trata-se, portanto, de uma espécie de aprendizagem das elites conservadoras de que o sistema político dos países latino-americanos, ao longo das últimas décadas, geralmente voltava ao equilíbrio depois de longos períodos conturbados após a queda dos mandatários, identificados como principais responsáveis pelos problemas dos países. Dessa maneira, tais grupos, conscientes de que não poderiam contar com o apoio popular para retirar os presidentes identificados com valores de esquerda, se uniram a setores oposicionistas dos respectivos Congressos, das Forças Armadas e das Cortes Supremas para efetivar suas ações, realizadas de forma eminentemente extraconstitucional, visando o reequilíbrio das forças políticas inscritas nas quedas dos mandatários.

Esse novo modelo de destituição capitaneada pela direita contra presidentes de esquerda reforça a validade das explicações de cunho institucional. Uma vez que a sociedade civil e os movimentos sociais perdem seu protagonismo, os congressos continuam sendo os principais atores no processo da destituição dos mandatários, agora auxiliados novamente pelas forças militares conservadoras e pelas Cortes Supremas. Como é sabido, os anos seguintes nos mostraram que essa estratégia não foi uma tendência passageira. Pelo contrário, esse novo modelo de ação política e de destituição de presidentes democraticamente eleitos se sofisticou. Os golpes ocorridos no Brasil em 2016 e na Bolívia em 2019 e a instabilidade política crônica que teve lugar no Peru a partir da renúncia de Pedro Pablo Kuczynski em 2016 são infelizes exemplos dessa nova realidade.

Dentre as novas reflexões sobre a análise institucional estaria inscrita a crença de Marsteintredet (2008) sobre a flexibilidade do presidencialismo latino-americano, que leva a crer que tanto as quedas antecipadas de presidentes como a ampla utilização de mecanismos institucionais como juízo político e renúncia, por exemplo, demonstrariam uma espécie de parlamentarização do presidencialismo. Considerando a validade desse tipo de argumento, os mandatos constitucionais não seriam mais tão fixos assim, o que permitiria (ou não) a manutenção da ordem democrática com a queda do governo em crise e a substituição por outro, de maneira pactuada, em uma espécie de recomeço (*reset*) das administrações redundando na origem de um novo ciclo político. Essa explicação seria oposta às formulações de Linz (1990), para quem uma das maiores fraquezas do presidencialismo seria exatamente sua falta de flexibilidade, se comparado ao parlamentarismo.

Mas quais as consequências da instabilidade presidencial para a democracia latino-americana? As interpretações no plano normativo são variadas. Marsteintredt (2008) expressa um ponto de vista otimista ao sustentar que as interrupções presidenciais indicam um nível crescente de prestação de contas, tanto horizontal como vertical. A parlamentarização da política latino-americana levaria a uma maior capacidade dos congressos nacionais para remover os chefes do Executivo quando estes perdem apoio legislativo, ao mesmo tempo que os protestos populares operariam como uma espécie de mecanismo revogatório de fato quando os presidentes perdem apoio dos setores populares. Dentro desse contexto, o voto de desconfiança não viria do parlamento, mas sim da "confiança perdida" do eleitorado, que busca então retirar o presidente do seu cargo. Os mecanismos de flexibilização, portanto, superaram a rigidez constitucional, sacrificando a sobrevivência do governo para evitar a quebra do regime.

Mustapic (apud Llanos; Marsteintredet, 2010, p. 28) sugere a possibilidade de uma mudança na atual definição de presidencialismo, considerando que a frequência dos casos de quedas de mandatários na América Latina significaria que os regimes presidenciais deveriam ser definidos a partir de mandatos fixos para os legisladores, mas não para os presidentes. Assim, a dissolução do Congresso seria encarada como um sinal de ruptura democrática, enquanto o fim prematuro de um mandato presidencial estaria dentro dos limites possíveis do tipo de regime definido acima.

Pérez-Liñán (2008), entretanto, afirma que a remoção do presidente geralmente não consegue eliminar as causas mais profundas que originaram as crises institucionais. Segundo o autor, a concentração do poder presidencial facilitaria a corrupção e o abuso e conduziria, em tempos difíceis, a protestos generalizados que poderiam contribuir para a interrupção do mandato do chefe do Executivo. Contudo, a destituição de um presidente não seria suficiente para acabar com uma tradição política em que o Poder Executivo não presta contas à cidadania. Para o autor, um dos problemas seria o fato de que a mesma coalizão social que tomou as ruas para depor um mandatário usualmente respalda a concentração de poder nas mãos do novo presidente que promete (novamente) acabar com a velha política e a corrupção.

Hochstetler (2011, p. 127) chama a atenção para um fenômeno já citado ao longo deste trabalho: a atuação da sociedade civil e de alguns movimentos sociais para a manutenção de presidentes em momentos de crise política com real chance de queda de mandatários, como ocorreu no golpe contra Hugo Chávez na Venezuela, em 2002. A força da população também foi fundamental no posterior *recall* feito por Chávez para decidir se os venezuelanos desejavam ou não sua permanência no poder. Hochstetler (2011) argumenta que a tática de referendos e *recalls* poderia servir para ajudar os presidentes a se manterem no cargo, caso conseguissem implementar essa alternativa nos momentos de crise. A realidade das últimas décadas, no entanto, mostrou que na grande maioria das vezes, eles não tiveram tempo ou apoio popular.

Contudo, algumas estratégias bem-sucedidas conseguiram diminuir a tensão entre representantes e representados em alguns países, ampliando também a chance dos presidentes se manterem no poder até o final de seus mandatos constitucionais. Faço referência ao aumento da participação cidadã em várias instâncias do processo político, ocorrida principalmente nos países andinos. Como uma resposta ao estelionato eleitoral e ao hiperpresidencialismo do passado recente, algumas iniciativas foram tomadas em países específicos (como Bolívia, Equador e Venezuela) no sentido de ampliar o número de referendos e consultas populares como um meio legítimo de aprofundar a democracia e evitar maiores crises. O aumento da participação cidadã ao longo dos mandatos presidenciais pode servir para diminuir ou mesmo evitar crises, flexibilizando a polarização dos atores através do reconhecimento e da aceitação da opinião soberana da maioria da população por membros oriundos das forças distantes do centro, exatamente os grupos com maior chance de iniciar uma crise política em seus países.

A utilização desse tipo de instrumento, apesar de controversa e custosa, tanto do ponto de vista de sua organização como por seus custos financeiros, pode ter resultados muito importantes tanto para redirecionar os presidentes sobre os rumos de suas políticas como para rechaçar atitudes contrárias aos desejos da soberania popular. Diversos foram os casos em que as consultas populares obtiveram êxito quando efetivamente realizadas. Um dos mais relevantes consistiu na oposição da cidadania contra o aprofundamento das reformas neoliberais no Uruguai por meio do rechaço da população à implementação da Lei de Empresas Públicas proposta por Luis Alberto Lacalle, em 1992.

Do mesmo modo, quando a tentativa de chamar a população para decidir se deseja ou não um referendo sobre algum tema específico não dá certo, uma situação política que já se encontrava complicada pode piorar ainda mais, acirrando os ânimos dos partidários do governo e da oposição, ampliando a possibilidade do surgimento de uma crise política ou mesmo de uma paralisia decisória no país. Foi o que aconteceu com a administração de Alfredo Palácio no Equador, entre 2005 e 2006, em suas diversas tentativas, por diferentes caminhos, de promover uma Assembleia Constitucional para reformar a Carta Magna equatoriana. Não conseguiu seu objetivo e ainda inviabilizou o restante do seu governo, em razão dos conflitos com os partidos de oposição que levaram posteriormente à paralisia decisória no país.

Coelho, Cunha Filho e Pérez Flores (2011, p. 15) mostram que a aposta por instituições participativas no marco dos sistemas políticos latino-americanos contemporâneos sinalizou a abertura do processo decisório para novos atores com demandas pela ampliação da participação. Mas, ao mesmo tempo, destacam questões oriundas do debate teórico em torno das instituições democráticas que anunciam o desafio que comporta implementar em sua forma plena todos esses novos mecanismos. A partir da década de 2010, com o retorno da centro-direita ao poder em vários países da América Latina, as iniciativas de ampliação da participação popular foram sumariamente abortadas, sendo substituídas por medidas que aumentaram a centralização do poder no Executivo e afastaram o povo das decisões políticas, principalmente aqueles e aquelas que se encontravam nos grupos marginalizados e minoritários em seus países.

Desta forma, creio ser necessária a realização de novos estudos que analisem o retorno da centro-direita e do conservadorismo na América Latina, principalmente quando consideramos que em muitos casos isso aconteceu pela via antidemocrática do neogolpismo (gestado nos já citados eventos de 2008 em Honduras, 2010 no Equador e 2012 no Paraguai) e não pela via eleitoral. A década de 2020 se mostra um excelente campo para essas novas pesquisas, principalmente pelo aparente retorno da centro-esquerda ao poder em muitos países da região. Como pode ser percebido na Argentina, na Bolívia e no Chile, por exemplo, as forças de centro-esquerda parecem continuar apostando nas instituições políticas e nas eleições como forma de chegar (e se manter) no poder. A questão que se coloca, entretanto, é a viabilidade de uma estratégia legalista em um contexto em que boa parte da oposição já se mostrou golpista e pouco interessada na manutenção das regras do jogo nos marcos legais e constitucionais necessários para a estabilidade política e presidencial na América Latina.

ANEXO

TABELA 1 | PERÍODO PRESIDENCIAL E QUEDAS ANTECIPADAS

ANO	ARGENTINA	BOLÍVIA	BRASIL	COSTA RICA	CHILE
1990	MENEM	ZAMORA	SARNEY/ COLLOR	CALDERÓN	PINOCHET/ ALWYN
1991					
1992			COLLOR/ CARDOSO		
1993		ZAMORA/ LOZADA			
1994				CALDERÓN/ FIGUERES	ALWYN/ FREI
1995	MENEM		FRANCO/ CARDOSO		
1996					
1997		LOZADA/ BANZER			
1998				FIGUERES/ RODRÍGUEZ	
1999	MENEM/ DE LA RUA		CARDOSO/ CARDOSO		
2000					FREI/ LAGOS
2001	DE LA RUA/ PUERTA/SAÁ/ CAMAÑO	BAZNER/ QUIROGA			
2002	CAMAÑO/ DUHALDE	QUIROGA/ LOZADA		RODRÍGUEZ/ PACHECO	
2003	DUHALDE/ N. KIRCHNER	LOZADA/MESA	CARDOSO/ LULA		
2004					
2005		MESA/ RODRÍGUEZ			
2006		RODRÍGUEZ/ MORALES		PACHECO/ ÁRIAS	LAGOS/ BACHELET
2007	N. KIRCHNER/ C. KIRCHNER		LULA/LULA		
2008					
2009					
2010		MORALES/ MORALES		ÁRIAS/L.C. MIRANDA	BACHELET/ PIÑERA
2011	C. KIRCHNER/ C. KIRCHNER		LULA/ ROUSSEFF		
2012					
TOTAL 1	**6 ELEITOS/ 1 QUEDA**	**6 ELEITOS/ 1 QUEDA**	**6 ELEITOS/ 1 QUEDA**	**6 ELEITOS/ 0 QUEDA**	**5 ELEITOS/ 0 QUEDA**
TOTAL 2	**6 ELEITOS/ 3 QUEDAS**	**6 ELEITOS/ 2 QUEDAS**	**6 ELEITOS/ 1 QUEDA**	**6 ELEITOS/ 0 QUEDA**	**5 ELEITOS/ 0 QUEDA**
PERÍODO	**4 ANOS**	**5 ANOS**	**4 ANOS**	**4 ANOS**	**4 ANOS**

COLÔMBIA	EL SALVADOR	EQUADOR	GUATEMALA	HONDURAS
VARGAS/ GAVÍRIA				CALEJJAS
			SERRANO	
		DURÁN BALLÉN		
			SERRANO/ LEÓN CARPIO	
GAVÍRIA/ SAMPER	CALDERON			CALEJAS/ REINA
		DURÁN BALLÉN/ BUCARAM	LEÓN CARPIO/ ARZÚ	
		BUCARAM/ ARTEAGA/ALARCÓN		
SAMPER/ PASTRANA		MAHUAD		REINA/ FLORES
	CALDERON/ FLORES			
		MAHUAD/ GUSTAVO NOBOA	ARZÚ/ PORTILLO	
PASTRANA/ URIBE				FLORES/ MADRURO
		NOBOA/ GUTIÉRREZ		
	FLORES/SACA		PORTILLO/BERGER	
		GUTIÉRREZ/ PALÁCIO		
URIBE/ URIBE				MADRURO/ ZELAYA
		PALÁCIO/CORREA		
			BERGER/COLOM	
	SACA/FUNES			ZELAYA/ MICHELETTI
URIBE/ SANTOS		CORREA/CORREA		MICHELETTI/ LOBO
			COLOM/MOLINA	
7 ELEITOS/ 0 QUEDA	**4 ELEITOS/ 0 QUEDA**	**5 ELEITOS/ 3 QUEDAS**	**5 ELEITOS/ 1 QUEDA**	**6 ELEITOS/ 1 QUEDA**
7 ELEITOS/ 0 QUEDA	**4 ELEITOS/ 0 QUEDA**	**5 ELEITOS/ 4 QUEDAS**	**5 ELEITOS/ 1 QUEDA**	**6 ELEITOS/ 2 QUEDAS**
4 ANOS	**5 ANOS**	**4 ANOS**	**4 ANOS**	**4 ANOS**

ANO	MÉXICO	NICARÁGUA	PANAMÁ	PARAGUAI	PERU	
1990		CHAMORRO			PÉREZ/ FUJIMORI	
1991						
1992						
1993			BALLADARES	RODRÍGUEZ/ WASMOSY	FUJIMORI/ FUJIMORI	
1994	ZEDILLO					
1995						
1996				WASMOSY/ OVIEDO/WASMOSY		
1997		CHAMORRO/ ALEMÁN				
1998				WASMOSY/CUBAS		
1999			BALLADARES/ MOSCOSO	CUBAS/ MACCHI	FUJIMORÍ/ FUJIMORÍ	
2000	ZEDILLO/FOX				FUJIMORI/ PANIAGUA	
2001					PANIAGUA/ TOLEDO	
2002		ALEMÁN/ BOLAÑOS				
2003				MACCHI/ DUARTE		
2004			MOSCOSO/ TORRIJOS			
2005						
2006	FOX/ CALDERÓN				TOLEDO/ GARCÍA	
2007		BOLAÑOS/ ORTEGA				
2008				DARTE/ LUGO		
2009			TORRIJOS/ MARTINELLI			
2010						
2011					GARCÍA/ HUMALA	
2012		ORTEGA/ ORTEGA		LUGO/ FRANCO		
TOTAL 1	**3 ELEITOS/ 0 QUEDA**	**6 ELEITOS/ 0 QUEDA**	**4 ELEITOS/ 0 QUEDA**	**6 ELEITOS/ 2 QUEDAS**	**6 ELEITOS/ 1 QUEDA**	
TOTAL 2	**3 ELEITOS/ 0 QUEDA**	**6 ELEITOS/ 0 QUEDA**	**4 ELEITOS/ 0 QUEDA**	**6 ELEITOS/ 2 QUEDAS**	**6 ELEITOS/ 1 QUEDA**	
PERÍODO	**6 ANOS**	**5 ANOS**	**5 ANOS**	**5 ANOS**	**5 ANOS**	

R. DOMINICANA	URUGUAI	VENEZUELA	TOTAL	%
BALAGUER	SANGUINETTI/ LACALLE	PÉREZ		
		PÉREZ/BARRETO/ VELÁZQUEZ		
BALAGUER		VELÁZQUEZ/ CALDERA		
	LACALLE/ SANGUINETTI			
BALAGUER/ FERNÁNDEZ				
		CALDERA/ CHÁVEZ		
FERNÁNDEZ/ MEJÍA	SANGUINETTI/ BATTLE			
			22 ANOS 18 PAISES 396 ANOS DE MANDATO	
		CHÁVEZ/ CARMONA/ CHÁVEZ		
MEJÍA/ FERNÁNDEZ				
	BATTLE/VÁZQUEZ			
		CHÁVEZ/ CHÁVEZ		
FERNÁNDEZ/ FERNÁNDEZ				
	VÁZQUEZ/ MUJICA			
FERNÁNDEZ/ SANCHEZ		CHÁVEZ/ CHÁVEZ		
6 ELEITOS/ 1 QUEDA	**5 ELEITOS/ 0 QUEDA**	**5 ELEITOS/ 2 QUEDAS**	**95 ELEITOS/ 14 QUEDAS**	**15%**
6 ELEITOS/ 1 QUEDA	**5 ELEITOS/ 0 QUEDA**	**5 ELEITOS/ 3 QUEDAS**	**95 ELEITOS/ 20 QUEDAS**	**21%**
4 ANOS	**5 ANOS**	**6 ANOS**		

REFERÊNCIAS

ABRANCHES, Sérgio. Presidencialismo de coalizão: o dilema institucional brasileiro. *Dados*, Rio de Janeiro, v. 31, n. 1, p. 5-34, 1988.

ACOSTA, Alberto. *Breve história econômica do Equador*. Brasília: Funag/IPRI, 2006.

AJENJO FRESNO, Natalia. Honduras: nuevo gobierno liberal con la misma agenda política. *Revista de ciencia política (Santiago)*, v. 27, n. ESP, p. 165-181, 2007.

ALCÁNTARA SAEZ, Manuel. Governabilidad en América Latina y la aparición de nuevos actores. In: *Etnicidad, autonomia y governabilidad en América Latina*. Salamanca: Universidad de Salamanca, 2004.

ALEXANDRE, Cristina. Bolívia: instabilidade política e dificuldade de inserção regional. *VVAA, A Agenda Sul-Americana: Mudanças e Desafios no início do Século XX*. Brasília, FUNAG, p. 69-102, 2007.

ALTMAN, David. *The politics of coalition formation and survival in multiparty presidential regimes*. University of Notre Dame, 2001.

AMORIM NETO, Octávio. *Presidencialismo e governabilidade nas Américas*. Rio de Janeiro: FGV, 2006.

ANASTASIA, Fátima; RANULFO, Carlos; SANTOS, Fabiano. *Governabilidade e representação política na América do Sul*. Rio de Janeiro: Fundação Konrad Adenauer; São Paulo: Fundação Unesp, 2004.

ANÍBAL MARTÍNEZ, Carlos. Guatemala a 15 meses del gobierno de Oscar Berger. *Nueva Sociedad*, Buenos Aires, n. 197, 2005.

AUMAITRE, José Vicente. Gobernabilidad democrática y reformas políticas en Venezuela. In: HOFMEISTER, Wilhelm (org.). *Reformas políticas en América Latina*. Rio de Janeiro: Fundação Konrad Adenauer, 2004.

AVRITZER, Leonardo; COSTA, Sérgio. Teoria crítica, democracia e esfera pública: concepções e usos na América Latina. *Dados*, Rio de Janeiro, v. 47, n. 4, p. 703-728, 2004.

BADILLO, Margarita Jiménez. Gobernando sin mayorías parlamentarias em América Latina. *Opinião Pública*, Campinas, v. 13, n. 1, p. 148-184, jun. 2007.

BAEZA, Mario Fernandez. Reformas Políticas para la calidad democrática: El caso de Chile. In: HOFMEISTER, Wilhelm (org.). *Reformas políticas en América Latina*. Rio de Janeiro: Fundação Konrad Adenauer, 2004.

BASABE, Santiago. *Sobre la destitución del Presidente Lugo*. 2009. Disponível em: http://www.santiagobasabe.com/uploads/1/2/1/4/12145125/sobre_la_destitucin_del_presidente_lugo.pdf. Acesso em: 25 jun. 2012.

BENETTI, Pedro. Entre o local e o nacional: Reflexões sobre as eleições municipais de 2012 no Chile. *Observador On-line*, v. 7, n. 12, dez. 2012. Disponível em: http://www.opsa.com.br/images/pdf/observador/observador_v_7_n_12.pdf. Acesso em: 15 fev. 2013.

BERNTZEN, Einar; SKINLO, Tor Einar. Peru 1990-2000: the Fujimori Legacy on presidentialism. In: LLANOS, Mariana; MARSTEINTREDET, Leiv (org.). *Presidential Breakdowns in Latin America*. New York: Palgrave Macmillan, 2010. p. 197-212.

BJUNE, Mare; PETERSEN, Stina. Guarding privileges and saving the day: Guatemalan elites and the settlement of the Serranazo. In: LLANOS, Mariana; MARSTEINTREDET, Leiv (org.). *Presidential Breakdowns in Latin America*. New York: Palgrave Macmillan, 2010. p. 164-180.

BOBBIO, Norberto; MATTEUCCI, Nicola; PASQUINO, Gianfranco. *Dicionário de política*. Brasília: UNB, 1998.

CABRERA, Nicolás; COTARELO, Maria Celia. Génesis y desarrollo de la insurrección espontánea de diciembre de 2001 en Argentina. In: CAETANO, Gerardo (org.). *Sujetos Sociales y nuevas formas de protesta en la historia reciente de América Latina*. Buenos Aires: Clacso, 2006.

CALERO, Pablo Saba. Crise, sufrágios e pugna pela hegemonia na Bolívia. *A Nova Democracia*, ano IV, n. 26, set. 2005. Disponível em: http://www.anovademocracia.com.br/no-26/603-crise--sufragios-e-pugna-pela-hegemonia-na-bolivia. Acesso em: 12 out. 2012.

CÁLIX, Álvaro. Honduras: de la crisis política al surgimiento de un nuevo actor social. *Nueva Sociedad*, Buenos Aires, n. 226, 2010.

CAMARGO, Alfredo José Cavalcanti Jordão de. *Bolívia: a criação de um novo país, a ascensão do poder político autóctone das civilizações pré-colombianas a Evo Morales*. Fundação Alexandre de Gusmão, 2006.

CAMPELLO, Daniela. The politics of financial booms and crises: Evidence from Latin America. *Comparative Political Studies*, v. 47, n. 5, 2013.

CAREY, John. Presidentialism and representative institutions. In: DOMINGUEZ, Jorge; SHIFTER, Michael (org.). *Constructing Democratic Governance in Latin America*. Baltimore: The John Hopkins University Press, 2003.

CARPES, Mariana; LEITE, Iara. O governo Uribe: militarização, processos de paz e política externa. In: SOARES, Maria Regina; COUTINHO, Marcelo (org.). *A agenda sul-americana*: mudanças e desafios no início do século XXI. Brasília: Ed. Funag, 2007.

CHASQUETTI, Daniel. Democracia, Multipartidarismo y Coaliciones en América Latina: Evaluando la Difícil Combinación. In: LANZARO, J. (org.). *Tipos de Presidencialismo y Coaliciones Políticas en América Latina*. Buenos Aires: Clacso, 2001. p. 319-359.

CHEIBUB, José Antônio. Minority Governments, Deadlock Situations, and the Survival of Presidential Democracies. *Comparative Political Studies*, v. 35, n. 3, p. 284-312, 2002.

CHEIBUB, José Antônio; PRZEWORSKI, Adam; SAIEGH, Sebastian. Government Coalitions and Legislative Success Under Parliamentarism and Presidentialism. *British Journal of Political Science*, v. 34, n. 4, p. 565-587, 2004.

COELHO, André Luiz. A queda de Lugo e a instabilidade política paraguaia. *Observador On-line*, v. 7, n. 6, jun. 2012. Disponível em: http://www.opsa.com.br/images/pdf/observador/observador_v_7_n_06_2012.pdf. Acesso em: 15 dez. 2012.

COELHO, André Luiz. *Reflexões sobre a crise política do Equador*: governabilidade e atuação do Executivo perante os conflitos entre os poderes, as pressões internacionais e os movimentos sociais. Dissertação (Mestrado em Ciência Política) — Instituto de Filosofia e Ciências Sociais, Universidade Federal do Rio de Janeiro, Rio de Janeiro, 2007.

COELHO, André Luiz; BOANADA, Vanessa. A vitória de Correa no Equador e as próximas eleições na América do Sul. *Boletim OPSA*, v. 2, p. 25-33, 2009. Disponível em: http://www.opsa.com.br/images/pdf/boletim/36_boletins_Boletim_02_mar_abr_2009.pdf. Acesso em: 13 jan. 2013.

COELHO, André Luiz; CUNHA FILHO, Clayton; PÉREZ FLORES, Fidel. A right-to-left policy switch? An analysis of the Honduran case under Manuel Zelaya. *International Political Science Review*, fev. 2013.

COELHO, André Luiz; CUNHA FILHO, Clayton; PÉREZ FLORES, Fidel. Mecanismos de democracia participativa: o que há de comum nas constituições da Bolívia, Equador e Venezuela? *Observador On-line*, v. 4, n. 7, jul. 2009. Disponível em http://www.opsa.com.br/images/pdf/observador/56_observador_topico_Observador_v_4_n_07.pdf. Acesso em: 15 jan. 2013.

COELHO, André Luiz; CUNHA FILHO, Clayton; PÉREZ FLORES, Fidel. Os desafios da participação: novas instituições democráticas e suas perspectivas na Bolívia, Equador e Venezuela. *Observador On-line*, v. 6, n. 10, out. 2011. Disponível em: http://www.opsa.com.br/images/pdf/observador/observador_v_6_n_10_2011.pdf. Acesso em: 20 jan. 2013.

COELHO, André Luiz; SANTANA, Carlos Henrique. Democracia e desenvolvimento no Equador: Instabilidade crônica e estelionato eleitoral. In: SOARES, Maria Regina; COUTINHO, Marcelo (org.). *A agenda sul-americana*: mudanças e desafios no início do século XXI. Brasília: Ed. Funag, 2007.

COLLETI, Claudinei. Avanços e impasses do MST e da luta pela terra no Brasil nos anos recentes. In: SEOANE, José (org.). *Movimientos sociales y conflicto en América Latina*. Buenos Aires: Clacso, 2004.

COLLIER, Ruth; COLLIER, David. *Shaping the political arena: critical junctures, the labor movement, and regime dynamics in Latin America*. Princeton: Princeton University Press, 1991.

COUTINHO, Marcelo. *Crises institucionais e mudança política na América do Sul*. Tese (Doutorado em Ciência Política) — Instituto Universitário de Pesquisa do Estado do Rio de Janeiro, Rio de Janeiro, 2005.

COUTINHO, Marcelo. Democracias Andinas: chegando tarde à festa? *Dados*, Rio de Janeiro, v. 49, n. 4, 2006.

COUTINHO, Marcelo; MIRELES, Pedro David; DELGADO, Ana Carolina. Por que protestam? Uma nova sociedade no horizonte sul-americano. *Estudos e Cenários*, p 1-58, maio 2008. Disponível em: http://observatorio.iuperj.br/pdfs/3_estudosecenarios_Estudos _e_cenarios_Coutinho_Mireles_Delgado.pdf. Acesso em: 13 maio 2007.

COX, Gary W.; MORGENSTERN, Scott. The increasing advantage of incumbency in the US states. *Legislative Studies Quarterly*, p. 495-514, 1993

CUNHA FILHO, Clayton. 2008, o ano da virada de Evo Morales? *Observador On-line*, v. 3, n. 12, dez. 2008. Disponível em: http://www.opsa.com.br/images/pdf/observador/49_observador_topico_Observador_v_3_n_12.pdf. Acesso em: 15 jan. 2013.

CUNHA FILHO, Clayton. O novo mapa político boliviano: uma interpretação a partir dos últimos resultados eleitorais. *Observador On-line*, v. 5, n. 6, jun. 2010. Disponível em http://www.opsa.com.br/images/pdf/observador/68_observador_topico_Observador_v_5_n_6.pdf. Acesso em: 15 jan. 2013.

CUNHA FILHO, Clayton; PÉREZ FLORES, Fidel. A dinâmica democrática venezuelana. *Boletim OPSA*, v. 6, p. 5-7, 2009. Disponível em: http://www.opsa.com.br/images/pdf/boletim/40_boletins_Boletim_06_nov_dez_2009.pdf. Acesso em: 13 jan. 2013.

CUNHA FILHO, Clayton Mendonça; DELGADO, Ana Carolina. Ideologia e pragmatismo: a política externa de Evo Morales. *Tensões Mundiais*, v. 6, n. 10, p. 287-310, 2010.

DAHL, Robert. *Poliarquia*: participação e oposição. São Paulo: EDUSP, 1997.

DÁVALOS, Pablo. *Ecuador: Plan Colombia, crisis institucional y movimientos sociales*. CLACSO, 2005.

DEHEZA, Grace Ivana. *Gobiernos de Coalición en el Sistema Presidencial*: América del Sur. Tese de Doutorado, European University Institute, Firenze, 1997.

DI PALMA, Giuseppe. *To craft democracies: An essay on democratic transitions*. Univ of California Press, 1990.

DINIZ, Eli. Globalização, reforma do estado e teoria democrática contemporânea. *São Paulo Perspectiva*, São Paulo, v. 15, n. 4, dez. 2001.

DINIZ, Eli. Governabilidade, governança e reforma do Estado. *Revista do Serviço Público*, Brasília, ano 47, v. 120, n. 2, p. 5-136, 1996.

DOS SANTOS, Theotônio. *Teoria da dependência*: balanço e perspectivas. Rio de Janeiro: Civilização Brasileira, 2000.

DOWNS, Anthony. An economic theory of political action. *Journal of Political Economy*, v. 65, n. 2, p. 135-150, 1957.

DRAKE, Paul. Comment. In: DORNBUSC, R; EDWARDS, S. (ed.). *The Macroeconomics of Populism in Latin America*. Chicago, IL: University of Chicago Press, 1992. p. 35-40.

EDWARDS, Sebastian. Crises and growth: a Latin American perspective. *Revista de Historia Economica-Journal of Iberian and Latin American Economic History*, v. 25, n. 1, p. 19-51, 2007.

ERTHAL, Juliana; MAGALHÃES, Bruno. Brasil: as dificuldades internas da liderança regional. In: SOARES, Maria Regina; COUTINHO, Marcelo (org.). *A agenda sul-americana*: mudanças e desafios no início do século XXI. Brasília: Ed. Funag, 2007.

ERTHAL, Juliana; VILLANO, Juliana. Uruguai: entre a estabilidade institucional e a dependência externa. In: SOARES, Maria Regina; COUTINHO, Marcelo (org.). *A agenda sul-americana*: mudanças e desafios no início do século XXI. Brasília: Ed. Funag, 2007.

FALERO, Alfredo. Sociedad civil y construcción de nueva subjetividad social en Uruguay: condicionamientos, conflictos, desafíos. In: SEOANE, José (org.). *Movimientos sociales y conflicto en América Latina*. Buenos Aires: Clacso, 2004.

FAUCHER, Philippe. Restaurando a governabilidade: o Brasil (afinal) se acertou? Dados, v. 41, n. 1, 1998.

FAUSTO, Boris; DEVOTO, Fernando. Brasil e Argentina: um ensaio de história comparada (1850-2002). São Paulo: Ed. 34, 2004.

FERES JR., João. A história do conceito de "Latin America" nos Estados Unidos. Bauru: EDUSC; 2005.

FERNANDES, Bernardo M. MST: formação e territorialização. São Paulo: Hucitec, 1996.

FIGUEIREDO, Argelina Cheibub. Instituições e política no controle do Executivo. Dados, Rio de Janeiro, v. 44, n. 4, p. 689-727, 2001.

FIGUEIREDO, Argelina Cheibub. The Collor impechment and presidental government in Brazil. In: LLANOS, Mariana; MARSTEIN-TREDET, Leiv (org.). Presidential Breakdowns in Latin America. New York: Palgrave Macmillan, 2010. p. 111-127.

FIGUEIREDO, Argelina Cheibub; CANELLO, Júlio; VIEIRA, Marcelo. Governos minoritários no presidencialismo latino-americano: determinantes institucionais e políticos. Dados, Rio de Janeiro, v. 55, n. 4, dez. 2012.

FIGUEIREDO, Argelina Cheibub; LIMONGI, Fernando. Executivo e Legislativo na Nova Ordem Constitucional. Rio de Janeiro: FGV, 1999.

FIORI, José Luís. A governabilidade democrática na Nova Ordem Econômica. Novos estudos CEBRAP, n. 43, nov. 1995.

FREIDENBERG, Flavia; ALCANTARA, Manuel (Coord.) Partidos políticos de América Latina. México: Instituto Federal Electoral/ Fondo de Cultura Econômica, 2003.

FRENCH-DAVIS, Ricardo. O "Efeito Tequila", suas origens e seu alcance contagioso. In: FRENCH-DAVIS, Ricardo; GRIFFITH-JONES, Stephany. Os fluxos financeiros na América Latina. Rio de Janeiro: Paz e Terra, 1997.

GAIO, Gabrielli. A destituição de Lugo: atores e eventos. Observador On-line, v. 7, n. 6, jun. 2012. Disponível em: http://www.opsa.com.br/images/pdf/observador/observador_v_7_n_06_2012.pdf. Acesso em: 15 dez. 2012.

GARRETÓN, Manuel Antonio. Cambios sociales, actores y acción colectiva en América Latina. Santiago do Chile: Cepal, 2000.

GOHN, Maria da Glória (org.) Movimentos sociais no século XXI. Petrópolis: Vozes, 2007.

GOHN, Maria da Glória. Teoria dos Movimentos Sociais: paradigmas clássicos e contemporâneos. São Paulo: Edições Loyola, 2006.

GOULART, Mayra. Os limites da alternância: a crise do governo Lugo e os riscos para a democracia paraguaia. Boletim OPSA, v. 6, p. 8-12, 2009. Disponível em: http://www.opsa.com.br/images/pdf/boletim/40_boletins_Boletim_06_nov_dez_2009.pdf. Acesso em: 13 jan. 2013.

GUTIÉRREZ, Andrés Colman. *Oposição usa mortes no campo para tentar derrubar presidente do Paraguai*. Opera Mundi, 22 jun. 2012. Disponível em: https://operamundi.uol.com.br/politica-e-economia/22594/oposicao-usa-mortes-no-campo-para-tentar-derrubar-presidente-do-paraguai. Acesso em jan. 2022.

HAGOPIAN, Frances; MAINWARING, Scott. *The Third wave of democratization in Latin America*: advances and setbacks. New York: Cambridge University Press, 2005.

HELENO, Eduardo. Alternância política e coalizão no presidencialismo paraguaio. *Boletim OPSA*, v. 5, n. 9, 2010. Disponível em: http://www.opsa.com.br/images/pdf/observador/71_observador_topico_Observador_v_5_n_9.pdf. Acesso em: 15 jan. 2013.

HINOJOSA, Victor J.; PÉREZ-LIÑÁN, Aníbal. Presidential Impeachment and. *Checking executive power: Presidential impeachment in comparative perspective*, in. BAUMGARTNER, Jody C.; KADA, Naoko (Ed.). *Checking executive power: Presidential impeachment in comparative perspective*. Greenwood Publishing Group, 2003. p. 65, 2003.

HIRST, Mónica. Los desafíos de la política sudamericana de Brasil. *Nueva Sociedad*, v. 205, p. 131-140, 2006.

HOCHSTETLER, Kathryn. Repensando o presidencialismo: contestações e quedas de presidentes na América do Sul. *Lua Nova*, São Paulo, n. 72, p. 9-46, 2007.

HOCHSTETLER, Kathryn. The fates of presidents in post-transition Latina America. *Journal of Politics in Latin America*, v. 3, n. 1, p. 125-141, 2011.

HOCHSTETLER, Kathryn; EDWARDS, Margaret. Failed Presidencies: Identifying and Explaining a South American Anomaly. *Journal of Politics in Latin America*, v. 1, n. 2, p. 31-57, jun. 2009.

HOCHSTETLER, Kathryn; PALMA, Alberto. Globalization, Partisan Politics, and Social Movements in Latin America. *Midwest Political Science Association 67th Annual National Conference*, The Palmer House Hilton, Chicago, IL, abr. 2009.

HOFMEISTER, Wilhelm (org.). *Reformas políticas en América Latina*. Rio de Janeiro: Fundação Konrad Adenauer, 2004.

HUNTINGTON, Samuel. *A terceira onda*: a democratização no final do século XX. São Paulo: Ática, 1994.

HUNTINGTON, Samuel. *Political order in changing societies*. New Haven: Yale University Press, 1968.

JATOBÁ, Daniel. *Democracia, política externa e integração regional:* um estudo comparativo das trajetórias de Argentina e Brasil. Tese (Doutorado em Ciência Política) — Intituto de Estudos Sociais e Políticos, Universidade do Estado do Rio de Janeiro, Rio de Janeiro, 2011.

JATOBÁ, Daniel; EPSTEYN, Juan. A Argentina nos primeiros cinco anos do século XXI: crise, transição e transformação. *A agenda sul-americana: mudanças e desafios no início do século XXI*. Brasília: Funag, 2007.

JONES, Mark. *Electoral Laws and the survival of presidential democracies*. Notre Dame: University of Notre Dame Press, 1995.

KESSLER, Timothy. A quebra do peso mexicano: causas, consequências e recuperação. *Revista de Economia Política*, São Paulo, n. 83, p. 121-145, jul./set. 2001.

KIM, Young Hun; BAHRY, Donna. Interrupted Presidencies in Third Wave Democracies. *The Journal of Politics*, v. 70, n. 3, p. 807-822, 2008.

LAISNER, Regina. Visões da democracia: o debate entre tradições e o caminho para um novo modelo. *Revista de Estudos e Pesquisas sobre as Américas*, v. 2, p. 12-27, 2008.

LALANDER, Richard. The impeachment of Carlos Andrés Pérez and the collapse of Venezuelan partyarchy. In: LLANOS, Mariana; MARSTEINTREDET, Leiv (org.). *Presidential Breakdowns in Latin America*. New York: Palgrave Macmillan, 2010.

LAMAS, Barbara. G. A disputa com os ruralistas: retenções e política de desenvolvimento na Argentina. *Observador on-line*, v. 3, p. 1-16, 2008

LA TORRE, Carlos. *Populismo, Democracia e Crises Políticas recorrentes no Equador*. Rio de Janeiro: Fundação Konrad Adenauer, 2006.

LEITE, Iara; PÉREZ FLORES, Fidel. Refundações, conflito e polarização na Venezuela de Chávez. In: SOARES, Maria Regina; COUTINHO, Marcelo (org.). *A agenda sul-americana*: mudanças e desafios no início do século XXI. Brasília: Fundação Alexandre de Gusmão, 2007. P. 341-374.

LEMGRUBER, Silvia. Estado, Mercado e as eleições argentinas. *Observador On-line*, v. 2, n. 10, set. 2007. Disponível em: http://www.opsa.com.br/images/pdf/observador/24_observador_topico_Observador_v_2_n_10.pdf. Acesso em: 15 jan. 2013.

LEMGRUBER, Silvia. Paraguai: transição inconclusa e integração reticente. In: SOARES, Maria Regina; COUTINHO, Marcelo (org.). *A agenda sul-americana*: mudanças e desafios no início do século XXI. Brasília: Ed. Funag, 2007.

LIJPHART, Arend. *Modelos de democracia*: desempenho e padrões de governo em 36 países. Rio de Janeiro: Civilização Brasileira, 2003.

LIJPHART, Arend et al. (Ed.). *Parliamentary versus presidential government*. Oxford University Press, 1992.

LIMONGI. Fernando. Prefácio. In: DAHL, Robert. *Poliarquia:* participação e oposição. São Paulo: EDUSP, 1997.

LINZ, Juan. Presidential or parliamentary democracy: Does it make a difference? In: LINZ, Juan; VALENZUELA, Arturo (ed.). *The failure of presidential democracy*: The case of Latin America (Volume 2). Baltimore: Johns Hopkins University Press, 1994. P. 3-87.

LINZ, Juan. The perils of presidentialism. *Journal of Democracy*, v. 1, p. 51-69, 1990.

LIPSET, Seymour. *O Homem Político*. Rio de Janeiro: Zahar, 1967.

LLANOS, Mariana; MARSTEINTREDET, Leiv (org.). *Presidential Breakdowns in Latin America*. New York: Palgrave Macmillan, 2010.

MACK, Luis Fernando. El ocaso de los patriarcas: un análisis de las elecciones de Guatemala de 2007. *Nueva Sociedad*, Buenos Aires, n. 213, 2008.

MAINWARING, Scott. Presidentialism, Multipartism and Democracy: The Difficult Combination. *Comparative Political Studies*, v. 26, n. 2, p. 198-228, 1993.

MAINWARING, Scott. *Christian democracy in Latin America: electoral competition and regime conflicts*. Stanford University Press, 2003.

MAINWARING, Scott; BRINKS, Daniel; PÉREZ-LIÑÁN, Anibal. Classificando regimes políticos na América Latina 1945-1999. *Dados*, Rio de Janeiro, v. 44, n. 4, 2001.

MAINWARING, Scott; PÉREZ-LIÑÁN, Anibal. Latin American Democratization since 1978: Democratic Transitions, Breakdowns, and Erosions. In: HAGOPIAN, Frances; MAINWARING, Scott (ed.). The Third Wave of Democratization in Latin America: Advances and Setbacks. New York: Cambridge University Press, p. 14–62. 2005.

MAINWARING, Scott; SCULLY, Timothy. Building Democratic Institutions: Party Systems in Latin America. Stanford: Stanford University Press, 1995.

MAINWARING, Scott; SCULLY, Timothy. Latin America: eight lessons for governance. Journal of Democracy, v. 19, n. 3, p. 112, 127, 2008.

MARSTEINTREDET, Leiv. Las consecuencias sobre el régimen de las interrupciones presidenciales en América Latina. América Latina Hoy, n. 49, p. 31-50, 2008.

MARSTEINTREDET, Leiv. The fall of President Balaguer: Presidential Breakdown or Democratic Transition? In: LLANOS, Mariana; MARSTEINTREDTED, Live (ed.). Presidential Breakdowns in Latin America. New York: Palgrave Macmillan, 2010.

MARSTEINTREDET, Leiv. Variation of executive instability in presidential regimes: three types of presidential interruption in Latin America. Meeting of the American Political Science Association, Toronto, Canada, set. 2009.

MAYA, Margaríta. Insurreciones de 2002 en Venezuela: causas e implicaciones. In: SEOANE, José (org.). Movimientos sociales y conflicto en América Latina. Buenos Aires: Clacso, 2004.

MELUCCI, Alberto. *A invenção do presente: movimentos sociais nas sociedades complexas*. vozes, 2001.

MERINO, Mauricio. *La transicíon votada*: crítica a la interpretación del cambio político en México. México: Fondo de Cultura Econômica, 2003.

MIGUEL, Luis Felipe. Representação política em 3-D: elementos para uma teoria ampliada da representação política. *Revista Brasileira de Ciências Sociais*, V. 18, n. 51, fev. 2003.

MIRZA, Christian. *Movimientos sociales y sistemas políticos en América Latina*: la construcción de nuevas democracias. Buenos Aires: Clacso, 2006.

MOORE JR., Barrington. *As Origens Sociais da Ditadura e da Democracia*: Senhores e Camponeses na Construção do Mundo Moderno. Lisboa: Edições Cosmos, 1975.

NEGRETTO, Gabriel. Minority Presidents and Types of Government in Latin America. *Encontro da Latin American Studies Association*, Dallas, Texas, mar. 2003.

NICOLAU, Jairo. *Sistemas eleitorais*: uma introdução. Rio de Janeiro: FGV, 1999.

OETTLER, Anika; PEETZ, Peter. Putsch in Honduras: Störfall in der defekten Demokratie. *Internationale Politik und Gesellschaft*, n. 1, p. 82-95, 2010.

O`DONNEL, Guillermo. *Accountability* horizontal e novas poliarquias. *Lua Nova*, n. 4, 1998.

O'DONNELL, G.; SCHMITTER, P. C.; WHITEHEAD, L.; LOWENTHAL, A. F. *Transitions from authoritarian rule: Southern Europe*. JHU Press, 1986.

OLIVEIRA, Tatiana. Colômbia: uma "nova direita" na América do Sul. *Boletim OPSA*, v. 4, p. 20-28, 2011. Disponível em: http://www.opsa.com.br/images/pdf/boletim/boletim_n_4_2011.pdf. Acesso em: 13 jan. 2013.

OLLIER, María Matilde. *La institucionalización democrática en el callejón*: la inestabilidad presidencial en el Cono Sur (1992–2003). América Latina Hoy 49: 73–103, 2008.

PACHANO, Simón. El proceso electoral ecuatoriano. *ARI*, n. 101, 2006. Disponível em: http://www.realinstitutoelcano.org/analisis/1042.asp. Acesso em: 4 nov. 2006.

PACHANO, Simón. Imagen, identidad y desigualdad en sociedades multiétnicas. In: PACHANO, Simón (Ed.). *Etnicidad, autonomia y governabilidad en América Latina*. Salamanca: Universidad de Salamanca, 2004.

PACHANO, Simón. (org.). *Political institutions, policymaking processes, and policy outcomes in Ecuador*. Ecuador: Latin American Research Network, Inter-American Development Bank, 2004.

PANIZZA, Francisco. La marea rosa. *Análise de Conjuntura OPSA*, n. 8, 2006.

PEETZ, P. Honduras: A coup that nobody wanted. *GIGA Focus Lateinamerika*, v. 7, p. 1-8, 2009.

PÉREZ FLORES, Fidel. Chávez ganha a disputa pela reeleição ilimitada. *Boletim OPSA*, v. 1, p. 6-14, 2009. Disponível em: http://www.opsa.com.br/images/pdf/boletim/35_boletins_Boletim_01_jan_fev_2009.pdf. Acesso em: 13 jan. 2013.

PÉREZ FLORES, Fidel. Eleição parlamentar na Venezuela: um balanço de duas faces. *Boletim OPSA*, v. 4, p. 12-16, 2010. Disponível em: http://www.opsa.com.br/images/pdf/boletim/44_boletins_Boletim_04_jul_ago_2010.pdf. Acesso em: 25 jan. 2013.

PÉREZ FLORES, Fidel. *Ideologia e política externa dos governos do Brasil e do México frente às opções de integração regional (1990-2006)*. Dissertação (Mestrado em Ciência Política) — Instituto de Filosofia e Ciências Sociais, Universidade Federal do Rio de Janeiro, Rio de Janeiro, 2007.

PÉREZ-LIÑÁN, Aníbal S. Pugna de poderes y crisis de gobernabilidad: hacia un nuevo presidencialismo? *Latin American Research Review*, p. 149-164, 2003.

PÉREZ-LIÑÁN, Aníbal. Democratization and Constitutional Crises in Presidential Regimes: Toward Congressional Supremacy? *Comparative Political Studies*, v. 38, n. 1, p. 51-74, fev. 2005.

PÉREZ-LIÑÁN, Aníbal. Instituciones, coaliciones callejeras e inestabilidad política: perspectivas teóricas sobre las crisis presidenciales. *América Latina Hoy*, n. 49, p. 105-126, 2008.

PÉREZ-LIÑÁN, Aníbal. *Juicio político al presidente y nueva inestabilidad politica en America Latina*. Buenos Aires: Fondo de Cultura Económica, 2009.

PERNASETTI, Fernanda. Consulta Popular no Equador: uma vitória para abrir os olhos. *Boletim OPSA*, v. 2, p. 16-22, 2011. Disponível em: http://www.opsa.com.br/images/pdf/boletim/48_boletins_Boletim_n_2_2011.pdf. Acesso em: 13 jan. 2013.

PERNASETTI, Fernanda. O Equador, a crise e a via institucional. *Boletim OPSA*, v. 4, p. 5-12, 2010. Disponível em: http://www.opsa.com.br/images/pdf/boletim/44_boletins_Boletim_04_jul_ago_2010.pdf. Acesso em: 13 jan. 2013.

PESSANHA, Charles. O poder Executivo e o processo legislativo nas Constituições brasileiras: teoria e prática. In: VIANNA, Luiz Werneck (org.). *A democracia e os três poderes no Brasil*. Belo Horizonte: UFMG; Rio de Janeiro: IUPERJ/FAPERJ, 2002.

PINHEIRO, Flávio. Chile: um país em movimento. In: SOARES, Maria Regina; COUTINHO, Marcelo (org.). *A agenda sul-americana*: mudanças e desafios no início do século XXI. Brasília: Ed. Funag, 2007.

PITKIN, Hanna. *The concept of representation*. Berkeley: University of California, 1972.

PNUD — Programa das Nações Unidas para o desenvolvimento. *A Democracia na América Latina*. São Paulo: LM&X, 2004.

POSTERO, Nancy Grey; ZAMOSC, Leon (ed.). *The struggle for Indigenous rights in Latin America*. Brighton: Sussex Academic Press, 2004.

PRZEWORSKI, Adam. A reforma do Estado: responsabilidade política e intervenção econômica. *Revista Brasileira de Ciências Sociais*, v. 11, n. 32, p. 1-18, out. 1996.

PRZEWORSKI, Adam. *Democracia e mercado*: reformas políticas e econômicas no Leste Europeu e na América Latina. Rio de Janeiro: Relume-Dumará, 1994.

PRZEWORSKI, Adam. The Mechanics of Regime Instability in Latin America. *Journal of Politics in Latin America*, v. 1, n. 1, p. 5-36, 2009.

PRZEWORSKI, Adam; ALVAREZ, Michael E.; CHEIBUB, José Antônio; LIMONGI, Fernando. *Democracy and development: political institutions and well-being in the world, 1950-1990*. Cambridge: Cambridge University Press, 2000.

PRZEWORSKI, Adam; STOKES, Susan; MANIN, Bernard. *Democracy, accountability, and representation*. Cambridge: Cambridge University Press, 1999.

REIS, Guilherme Simões. Disputa político-partidária no Uruguai: oponentes externos, adversários internos. *Observador On-line*, v. 6, n. 3, mar. 2011. Disponível em: www.opsa.com.br/pdfs/78_observador_topico_Observador_v_6_n_3.pdf. Acesso em: 15 jun. 2011.

ROBERTS, Kenneth. Neoliberalism and the transformation of populism in Latin America: The Peruvian case. *World Politics*, n. 48, n. 1, p. 82-116, out. 1995.

SÁEZ, Manuel Alcántara. Partidos políticos en América Latina: precisiones conceptuales, estado actual y retos futuros. *Revista de estudios políticos*, n. 124, p. 55-94, 2004.

SAMUELS, David; EATON, Kent. Presidentialism and, or, and versus parliamentarism: The state of the Literature and an Agenda for future research. In: *Conference on Consequences of Political institutions in democracy, Duke University*, 2002.

SAMUELS, David; HOCHSTETLER, Kathryn. Crisis and Rapid Reequilibration: The Consequences of Presidential Challenges and Falls in Latin America. *Comparative Politics*, n. 43, n. 2, jan. 2011.

SAMUELS, David J.; SHUGART, Matthew Soberg. Presidentialism, elections and representation. *Journal of Theoretical Politics*, v. 15, n. 1, p. 33-60, 2003.

SANT'ANNA, Julia. O que falta de social na socialista Bachelet? *Observador On-line*, v. 1, n. 7, set. 2006. Disponível em: http://www.opsa.com.br/images/pdf/observador/10_observador_topico_Observador_v_1_n_7.pdf. Acesso em: 15 fev. 2013.

SANTANA, Carlos Henrique. Desenvolvimento e reformas neoliberais no Brasil. Disponível em: http://www.opsa.com.br/images/pdf/artigos/47_artigos_Desenvolvimento%20e%20reformas%20neoliberais%20no%20Brasil.pdf. Acesso em: 20 dez. 2012.

SANTOS, Fabiano. *O poder legislativo no presidencialismo de coalizão*. Belo Horizonte: Editora UFMG; Rio de Janeiro: IUPERJ, 2003.

SANTOS, Fabiano; ALMEIDA, Acir; VILAROUCA, Márcio. Um modelo de governança de esquerda com aplicação para o caso da Venezuela e o mercado comum do Sul-Mercosul. In:

SANTOS, Wanderley Guilherme. *O cálculo do conflito:* estabilidade e crise na política brasileira. Belo Horizonte: Editora UFMG; Rio de Janeiro: IUPERJ, 2003.

SANTOS, Wanderley Guilherme. *Sessenta e quatro*: anatomia da crise. São Paulo: Vértice, 1986.

SARTORI, Giovanni. *A teoria da democracia revisitada*. São Paulo: Ática, 1994.

SCHUMPETER, Joseph. *Capitalismo, socialismo e democracia*. Rio de Janeiro: Zahar, 1984.

SEGOVIA, Susana. Indigenismo y movilización en Ecuador. In: SEGOVIA, Susana (ed.). *Etnicidad, autonomia y governabilidad en América Latina*. Salamanca: Universidad de Salamanca, 2004.

SHUGART, Matthew; CAREY, John. *Presidents and assemblies*: constitutional design and electoral dynamics. Cambridge: Cambridge University, 1992.

SILVA, Fabricio. Analisando democracias a partir das relações entre Estados e movimentos sociais: os casos da Venezuela, Bolívia e Equador. In: BRINGEL, Breno; GOHN, Maria da Glória (org.). *Movimentos sociais na era global*. Petrópolis: Vozes, 2012.

SILVA, Fabricio. *Vitórias na crise*. Rio de Janeiro: Ponteio, 2011.

SOARES DE LIMA, Maria Regina (org.). *Desempenho de governos progressistas no Cone Sul*. Rio de Janeiro: Edições IUPERJ, 2008.

SOARES DE LIMA, Maria Regina. Precedente perigoso. *Observador On-line*, v. 7, n. 6, jun. 2012. Disponível em: http://www.opsa.com.br/images/pdf/observador/observador_v_7_n_06_2012.pdf. Acesso em: 15 dez. 2012.

STEPAN, Alfred. Political development theory: the Latin American experience. *Journal of International Affairs*, p. 223-234, 1966.

STEPAN, Alfred; SKACH, Cindy. Constitutional frameworks and democratic consolidation: Parliamentarianism versus presidentialism. *World politics*, v. 46, n. 1, p. 1-22, 1993.

STOKES, Susan. *Mandates and Democracy*: Neoliberalism by Surprise in Latin America. Cambridge: Cambridge University Press, 2001.

TSEBELIS, George. Processo político em sistemas políticos: veto players no presidencialismo, parlamentarismo, multicameralismo e pluripartidarismo. *Revista Brasileira de Ciências Sociais*, v. 12, n. 34, 1997.

VALENZUELA, Arturo. Latin America: Presidentialism in Crisis. *Journal of Democracy*, v. 4, n. 4, p. 3-16, 1993.

VALENZUELA, Arturo. Latin American presidencies interrupted. *Journal of Democracy*, v. 15, n. 4, p. 5-19, 2004.

VAN COTT, Donna L. *From movements to parties in Latin America*: the evolution of ethnic politics. New York, Cambridge University, 2005.

VECCHIONE, Marcela. A tentativa de mudar o mesmo: novos discursos e velhas práticas no Peru pós-Fujimori. In: SOARES, Maria Regina; COUTINHO, Marcelo (org.). *A agenda sul-americana*: mudanças e desafios no início do século XXI. Brasília: Ed. Funag, 2007.

VIEIRA DE OLIVEIRA, Ana Carolina. A morte de Néstor Kirchner, política e integração regional. *Boletim OPSA*, v. 5, p. 5-12, 2010. Disponível em: http://www.opsa.com.br/images/pdf/boletim/36_boletins_Boletim_02_mar_abr_2009.pdf. Acesso em: 13 jan. 2013.

VILLA, Rafael. O sistema político equatoriano: continuidades da velha política através da moderna política. In: VILHENA DE ARAÚJO, Heloisa. *Os países da Comunidade Andina*. Brasília: Ed. Funag, 2004.

VILLA, Rafael. Venezuela: mudanças políticas na era Chávez. *Estudos Avançados*, São Paulo, v. 19, n. 55, 2005.

VILHENA DE ARAÚJO, Heloisa (org.). *Os países da Comunidade Andina*. Brasília: Funag, 2004.

VITULLO, Gabriel. Transitologia, consolidologia e democracia na América Latina: uma revisão crítica. *Revista de Sociologia* e Política, n. 17, nov. 2001.

WASKMAN, Guillermo. Uruguay: la gran derrota de Lacalle. *Nueva Sociedad*, Buenos Aires, n. 124, 1993.

WELNA, Christopher; MAINWARING, Scott. *Democratic accountability in Latin America*. New York: Oxford University, 2003.

WOLFF, Jonas. (De-)Mobilising the Marginalised: A Comparison of the Argentine Piqueteros and Ecuador's Indigenous Movement. *Journal of Latin American Studies*, v. 39, n. 1, p. 1-29, 2007.

YASHAR, Deborah J. *Contesting citizenship in Latin America: the rise of Indigenous Movements and the postliberal challenge*. Cambridge: Cambridge University Press, 2005.

1ª edição	junho 2022
impressão	meta
papel miolo	pólen soft 80g/m²
papel capa	cartão supremo 300g/m²
tipografia	abril e panton